筑摩選書

福間良明
Fukuma Yoshiaki

「働く青年」と教養の戦後史

「人生雑誌」と読者のゆくえ

「働く青年」と教養の戦後史　目次

凡　例

資料の引用に際しては、以下の基準に従っている。

（1）旧字体の漢字は、原則的に新字体に改めている。仮名遣いは原則的に引用元のとおりである。

（2）引用部の強調、ルビは、とくに断りのない限り、原文どおりである。

（3）読みやすさを考慮し、適宜句読点を加えたり漢字表記に改めた箇所もある。明らかな誤植と思われるものは修正を施している。

（4）中略は［中略］で示している。また引用中の筆者による注釈は［　］内に示している。

（5）出典については原則的に註に記載しているが、本文のなかで書誌情報（掲載誌・巻号など）に言及している場合は、それ以外の項目（論説・手記タイトル、執筆者名、掲載頁など）を文末等の［　］に記載している。

引用にあたっては、現代においては不適切な表現もそのままに記している。あくまで資料としての正確性を期するためであり、他意のないことをご了承いただきたい。

「働く青年」と教養の戦後史

「人生雑誌」と読者のゆくえ

序章

格差と教養と「人生雑誌」

『BIG tomorrow』と「人生雑誌」

「一億円貯めた人の「お金が集まる環境」」「三〇代で年収一〇〇〇万円を達成した人たちの夜八時からの副業生活」（それぞれ二〇一六年六月号・二〇一四年六月号）――青春出版社発行の『BIG tomorrow』では、若手・中堅社会人層を対象に、これらの実利的テーマが多く扱われている。こうした誌面構成は、近年には限らない。一九八〇年七月の創刊号では、「この処世術を心得なければ、きみはとり残される」「三つの周期リズムでギャンブルに必勝できる」といった記事が掲載されており、第二号（一九八〇年八月）でも「大儲け、オレたちにとっても夢じゃない」と題したエッセイが収められていた。

　この雑誌は、当初、二八万部の発行だったが、一九八五年ごろには約七〇万部へと急成長を遂げた。[1]ビジネス誌『プレジデント』（一九八五年三月号）も、「青春出版『ビッグ・トゥモロウ』はなぜ売れたか」と題した特集記事を掲載し、社長・小澤和一《わいち》のインタビューを大々的に取り上げた。二度のオイルショックを乗り越え、やがてバブル経済に突入しようとする時代を象徴する雑誌であった。

　しかし、創刊初期の『BIG tomorrow』は、必ずしも実利的なテーマのみを扱っていたわけではない。五木寛之「〝いま〟に燃えろ」（創刊号）、遠藤周作「自分がイヤになったとき、どうするか？」（一九八〇年一二月号）、扇谷正造「本との出会いには至福の人生が待っている」（一九八二年一二月号）など、著名な文学者・知識人が「生き方」や「読書」を論じたものも少なくなかった。

　文学や社会問題への言及もいくらか見られた。一九八二年九月号では、「戦争体験の風化」が進む状況を念頭に置きながら、編集部が読者にむけて「戦争を知らない世代の諸君！　冷酷すぎない？」と問題提起し、「戦争を知らない世代が戦争を防ぐ手段——それは、想像力だと思います。他人の苦しみを自分の苦しみとして感じとることのできる、感受性だと思います」と記していた［「BIG tomorrow 編集部 公開質問状」欄、七頁］。やや後年だが、一九九〇年には「ちょっと真面目に読むページ「あの詩、この歌・俺の読み方」」と題した連載記事が設けられ、金子光晴や中野重治らの詩を紹介しながら、「キミは一度でも、自分の生き方を疑ったことがあるか？」［一九九〇年四月号、二四四頁］や「自分の弱さも醜さも、すべてさらけ出してキミは、この一篇

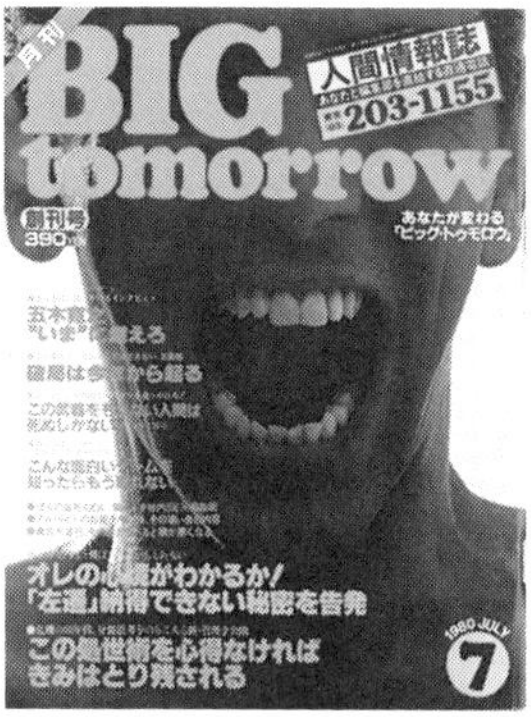

『Big tomorrow』創刊号（1980年7月）

同誌2016年6月号

の詩と対決できるか！」〔一九九〇年六月号〕といった読者への問いかけがなされていた。

「生き方」「読書」「社会批判」といった主題は、青春出版社の来歴を考えれば、理解できないものではない。同社は、小澤和一と大和《おおわ》岩雄の二名が代表取締役に就く形で一九五五年五月に創設されたが、彼らはもともと、『葦《あし》』（葦会）や『人生手帖』（文理書院）といった雑誌の編集・営業

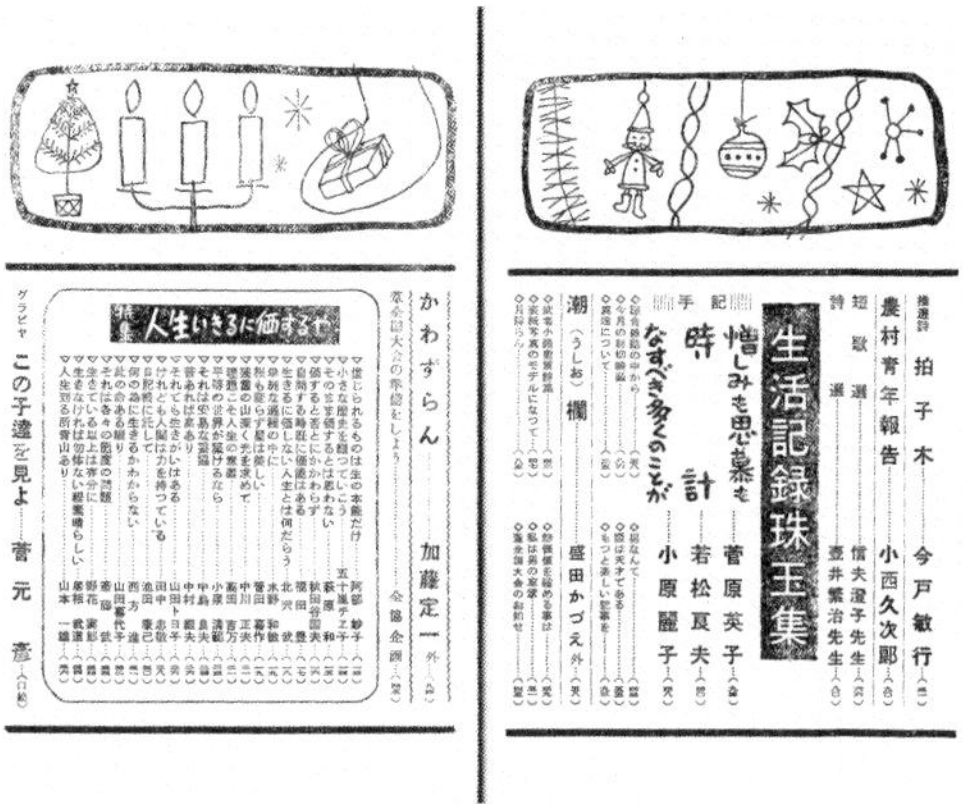
推選詩 拍子木……今戸敏行
農村青年報告……小西久次郎
短歌選……信夫澄子先生
詩選……壺井繁治先生
生活記録珠玉集
憎しみも思慕も……菅原英子
時計……若松夏夫
なすべき多くのことが……小原麗子
手記
潮（うしお）欄……盛田かづえ 外
かわずらん……加藤定一 外
特集 人生いきるに価するか
信じられるものは生の本能だけ……阿部妙子
小さな歴史を綴っていこう……五十嵐チエ子
その生命を価するとは思わない……萩原和
価すると否とにかかわらず……秋田谷国夫
自問する時既に価値はある……福田豊
生きるに価しない人生とは何だろう……北沢武
多難な過程の中に……水野和敏
秋も変らず星は美しい……曽田嘉作
残雪の山深く光を求めて……中川正夫
理想こそ人生の意義……高田吉方
平等の世界が築けるなら……小泉清範
それは安易な設問……中島良夫
苦あれば楽あり……中村厳夫
それでも生きがいはある……山田トヨ子
けれども人間は力を持っている……田中忠敬
自己を死に託して……池田豊己
何の為に生きるかわからない……西方進
此の命ある限り……山田喜代子
それは各々の態度の問題……斎藤鉄
生きている以上は存分に……野花実彰
生きなければ勿体ない程素晴らしい……梶原武道
人生到る所青山あり……山本一雄
グラビヤ この子達を見よ……菅元彦

『葦』（1957年5月号）目次

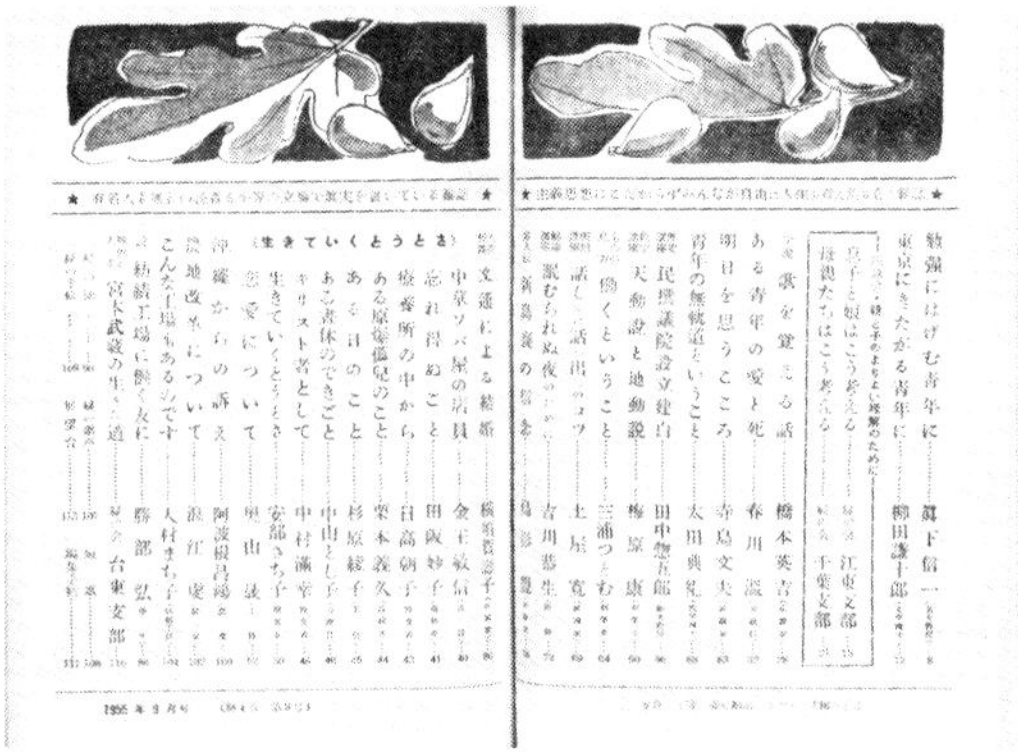
勉強にはげむ青年に……森下信一
東京にきたがる青年に……柳田謙十郎
息子と娘はこう考える（親と子のよりよい理解のために）……江東支部
母親たちはこう考える……千葉支部
我が覚える話……橋本英吉
ある青年の愛と死……春川涙
明日を思うこころ……寺島文夫
青年の無軌道ということ……太田典礼
民撰議院設立建白……田中惣五郎
天動説と地動説……梅原康
働くということ……三浦つとむ
話し方の上達のコツ……土居寛
眠むられぬ夜のために……吉川恭生
文通による結婚……横須賀益子
中華ソバ屋の店員……金子敏信
忘れ得ぬこと……田阪妙子
療養所の中から……日高炳子
ある原爆孤児のこと……栗本義久
ある日のこと……杉原綾子
ある書体のできごと……中山とし子
キリスト者として……中村満幸
生きていくとうとさ……安部きち子
恋愛について……小山清
沖縄からの訴え……阿波根昌鴻
農地改革について……浪江虔
こんな工場もあるんです……人村まち子
紡績工場に働く友に……勝部弘
宮本武蔵の生きた道……台東支部

『人生手帖』（1955年9月号）目次

に携わっていた。いずれも高校などに進学できなかった青少年層を主要読者とし、「いかに生きるべきか」を主題とした。そこでは、「生きていくとうとさ」（『人生手帖』一九五五年九月号）や「人生いきるに価するや」（『葦』一九五七年五月号）といった特集が、毎号のように掲げられた。

読者投稿が主ではあったが、柳田謙十郎、小田切秀雄、真下信一《ましたしんいち》ら知識人による哲学・文学・社会批評の論説も、ほぼ毎号掲載されていた。読書案内が示されることも多く、平易な人生論のみならず、文学や哲学、マルクス主義系の文献も紹介された。

人生雑誌の教養主義

「人生雑誌」あるいは「人生記録雑誌」と呼ばれたこれらの雑誌には、「読書を通じた人格陶《とう》冶《や》」という教養主義の規範が垣間見える。教養主義とは、主として文学・哲学・思想・歴史方面の読書を通じて人格を陶冶し、自己を作り上げようとする価値規範を指す。大正期から一九六〇年代にかけて、旧制高校や大学において広く見られた。『葦』や『人生手帖』の主要読者は、あくまで勤労青年層ではあったが、誌面には大学キャンパスでの教養主義に重なるような関心もうかがえる。

創設間もない時期の青春出版社でも、亀井勝一郎『現代青春論』『現代人生論』、三浦つとむ『こう考えるのが正しい』など、「生き方」「読書」「教養」を扱う出版物が多く刊行された。一九六〇年一月には、これらを主題とした雑誌『青春の手帖』も創刊されている。

時事問題や社会批評が扱われたことにも、教養主義との親和性が透けて見える。大正期の教養主義は、政治から距離をとり、内省的な思弁に特化する傾向があったが、大正末期以降になると、恐慌や労働運動の頻発も相俟《あいま》って、マルクス主義や社会民主主義に根差した社会改良志向が、読書や人格陶冶に結び付けられるようになった。「エリートたる者、社会を良くするために書を読み、人格を磨かねばならない」という規範である。河合栄治郎編「学生叢書」（全一二冊）が広く読まれた昭和教養主義は、その典型であった。戦後の大学キャンパスでも、こうした動きは広く見られたが、人生雑誌もそれに重なるところがあった。『葦』『人生手帖』は、「生き方」「人生」を主題としながらも、時事問題の解説や総合雑誌の論説紹介のほか、原水禁運動や沖縄・土地闘争、六〇年安保といったテーマもたびたび取り上げた。

両誌とも娯楽色には乏しかったが、一九五〇年代後半ごろに高揚期を迎え、そのブームは全国紙や大手週刊誌でもたびたび取り上げられた。むろん、発行部数は、『平凡』のような大衆娯楽誌に比べれば、決して多いとは言えない。しかし、当時の『中央公論』でも発行部数は一二万部程度（購読数は八万部）であり、『世界』が一〇万部に達したのも、一九五四年のことだった。『改造』や『新潮』に至っては、五、六万部の発行にすぎない。[2] そのことを考えれば、八万部近くを発行していた『葦』や『人生手帖』は決して小規模の無名雑誌と呼べるものではなかった。雑誌がしばしば回し読みされていたことを考えれば、発行部数をはるかに上回る読み手がいたことは疑えない。「生き方」「読書」「社会批判」を主題とした人生雑誌が、ノン・エリートの一定の支持を得ていた時代が、かつては見られたのである。
こうした来歴を昨今の『BIG tomorrow』と対比すれば、大きな隔たりを読み取ることができよう。学歴エリートを主要ターゲットとしない点では共通するものの、創設当初の青春出版社が形而上的な「生き方」「社会批判」に重きを置いていたのに対し、今日の『BIG tomorrow』は、言わば形而下の「実利」に特化しているようにも見える。その意味で、「実利」を扱いつつも、「生き方」に多少なりとも焦点を当てた創刊当初の『BIG tomorrow』には、往時の人生雑誌のかすかな余燼《よじん》を見ることができるのかもしれない。

では、かつて、「生き方」「読書」「社会批判」を主題とした人生雑誌[3]は、なぜ読まれていたのか。学歴や知識層とは縁がなかった読者たちは、なぜ、教養主義の香りを帯びたこれらの雑誌を手にしたのか。彼らの営みは、大学エリートたちの教養主義に対し、いかなる親和性や差異を有していたのか。そして、人生雑誌はいつ、どのような過程を経て衰退し、「実利」を扱うものへと取って代わられることになったのか。

人生雑誌を起点に生み出された文化も、戦後を考えるうえで重要なものである。人生雑誌の創業者・編集者のなかには、のちの出版文化に大きな足跡を残した者が少なくない。『葦』を創刊したのは、『あ、野麦峠』『松本連隊の最後』などのノンフィクション作品で知られる山本茂實《しげみ》である。青春出版社や大和《だいわ》書房を立ち上げた小澤和一や大和岩雄のほか、空襲記録運動を主導した作家・早乙女《さおとめ》勝元《かつもと》も、もともとは人生雑誌の編集者であった。さらに、人生雑誌から派生する形で、総合誌『潮《うしお》』や文芸誌『小説葦』、主要健康雑誌の一つである『健康ファミリー』が生み出された。だとすれば、人生雑誌は戦後メディア文化のなかで、いかなる役割を果たしたのか。

本書は、これらの問いを念頭に置きながら、人生雑誌や大衆教養主義の変容プロセスを跡付けていく。

勤労青年・格差・教養

人生雑誌の主たる読者層は、集団就職をしたような勤労青年たちであった。彼らについては、おもに戦後の格差や労働の問題として論じられることが多い。だが、少なからぬ彼らが手にした人生雑誌の歴史を眺めてみると、それにとどまらない勤労青年像が浮かび上がる。

一九五〇年代後半以降、戦後復興や高度経済成長が進むなか、義務教育を終えただけの若年層は、労働者として農村から都市部へ流入した。しかし、労働環境が整備された大企業で働ける者は限られており、彼らの多くは小規模な工場・商店に就職した。臨時工など不安定な就業環境に置かれることも珍しくなく、低賃金・長時間労働のみならず雇用主の恣意的とも思える解雇も多く見られた。

一九六〇年代半ば以降にもなると、家電やレジャーが浸透するなど、社会全体の生活水準が上昇し、「一億総中流意識」が広がりを見せた。しかし、こうした意識を生み出した高度経済成長は、大手企業・高学歴労働者と零細企業・低学歴労働者の格差に根ざした「二重構造」に支えられたものであった。労働社会学や経済史においても、この点については多くの指摘がある。[4]
しかし、彼らが具体的にいかなる鬱屈を抱き、そのことがどのような文化を生み出したのか。経済や労働環境の観点からだけでは把握し得ない彼らの心性や知的営みについては、総じて見落とされてきたように思われる。

人生雑誌はかつて盛り上がりを見せていたわけだが、決して知識人でも学歴エリートでもない読者たちは、なぜ、教養や読書の香りが漂うこれらの雑誌を手に取り、人生や社会について考えようとしたのか。進学の道が断たれた以上、経済的な実利のみを求めてもおかしくはないはずだが、なぜ、教養や哲学、あるいは社会批判といった形而上的な主題に惹かれたのか。そこには、エリート的な教養文化とはまた異なる、大衆的な教養主義を読み取ることができる。[5]

教養主義文化は、多くの場合、学歴エリートや知識人のものとして論じられる。ことに、大学キャンパスで教養主義が隆盛し、衰退したプロセスとその社会背景については、竹内洋《よう》『教養主義の没落』（中公新書、二〇〇三年）で詳細に描かれている。[6] しかし、教養主義的な価値規範は、大学や知識人の世界にとどまるものでもなかった。戦後のひところまでは、中学卒業後に個人商店や小工場で働く勤労青年たちにも、ある種の教養主義が見られた。今日から見れば、やや想像しにくい営みなのかもしれない。だが、かつては「実利」からあえて距離を取り、「人生」「読書」「社会批判」といった公的・形而上的な主題につよい関心を抱く勤労青年たちが、少なくなかったのも事実である。こうした大衆教養文化は何に支えられていたのか。そして、なぜのちに衰退したのか。そこに、いかなる大衆文化の可能性や限界を見ることができるのか。

「インテリ」と「大衆」のはざま

その問いは同時に、インテリ（エリート）と大衆という区分を前提にした歴史像を再考するものでもある。従来の文化(史)研究では、「インテリ」もしくは「大衆」のいずれかに、主たる焦点が当てられてきた。前者は総合雑誌研究や思想史研究、後者はポピュラー文化研究が代表的なものであろう。

思想史研究は一般に、知的世界にインパクトを与えた知識人の思想を内在的に扱うものであり、総合雑誌研究は、彼らが筆を振るった論壇誌やその盛衰を主題とする。読者層を考えれば、総合雑誌がインテリ層のメディアであることは疑えない。それに対し、マンガやアニメ、大衆雑誌、観光等を対象にするポピュラー文化研究は、マス・レベルで広く流通しているメディアや大衆文化に着目する。社会的に支配的な認識（ナショナリズム、ジェンダー、植民地主義など）がそこでどう内面化されているのかを扱う研究も少なくない。

とはいえ、これらの研究の蓄積の一方で、インテリと大衆がぶつかり合いながら絡み合う状況に着目されることは少ない[7]。

大衆層ではあっても、娯楽のみに埋没することを厭《いと》い、上級学校への進学への憧れを抱いたり、知的なもの（文学、哲学、倫理など）に関心を抱く人々は、戦後日本のなかでも多く見られた。

勤労学生はその代表的な存在であろうし、家計の困難から集団就職をした人々の中にも、こうした層は少なくなかった。

だが、その一方で、学歴エリートやインテリに対する彼らの鬱屈や反感も見落とすべきではない。たしかに、教養や読書を希求していた点で、両者には通じあうものがあった。しかし、彼らが教養にふれる局面に目を向けてみると、そこには大きな隔たりを見て取ることができる。知識人や大学生たちであれば、高等教育の場に身を置き、インテリとしての自負を相互に確認し合うことができた。それに対し、勤労青年層は進学への希望を抱きながらも、高校進学すら叶《かな》わず、屈折した思いを抱くことは少なくなかった。人生雑誌のある読者は、その手記のなかで「高校生の人を見ると、自分が高校生になれなかったのをひけ目に感じて、高校生になった同級生に通りすがりに会う時など黙って下をむいたまま、足早に通りすぎてしま」うほどの「劣等感」を綴っている。[8] だとすれば、彼らの教養への憧れの背後には、学歴エリートたちへの屈折した思いも潜んでいたのではないか。

そもそも、彼らは安穏と書物に親しめる環境にはなかった。長時間にわたる労働の拘束があり、休暇も少なく、彼らの安い賃金では存分に書物を買うこともままならなかった。また、住環境も住み込みのケースが少なくなかっただけに、自室で静かに書物に向き合うことが難しいばかりか、労働運動への接近や素行不良を懸念する雇用主に、読書傾向を調べられることも珍しくなかった。彼らにとって、教養に接近することは、これらの困苦を伴うものであり、人生雑誌が読まれる場も、多くの場合、そうした環境下にあった。

では、なぜ彼らは手に職をつけたり、実利を追求することに飽き足らず、あえて読書や教養に近づこうとしたのか。そこに思いを巡らせてみると、学歴エリートたちとは異なる形で、教養に駆り立てられるさまを読み取ることができるのではないだろうか。

むろん、勤労青年層のすべてが、読書や教養を欲したわけではあるまい。娯楽や遊興に耽溺したり、知的な読書を遠ざけ、職人・工員としての実利的な成功のみを目指そうとした者たちも少なくはなかった。

だが、人生雑誌を手に取るような層がことさらに特殊な存在であったとも言えない。かりにこれらの雑誌を手に取る読者層が当時の社会のなかで一部に過ぎなかったとしても、そこには、さらに広範な勤労青年たちの教養への憧れを見出すことができるのではないか。むしろ、人々の教養への憧憬を半ば集約する形で映し出していたのが、人生雑誌だったのではないか。

「キューポラ」の大衆教養主義

これを考えるうえで興味深いのが、日活映画『キューポラのある街』（浦山桐郎監督、一九六二年）である。主人公・ジュン（吉永小百合）は、学業優秀で県内トップクラスの公立高校にも十分手が届くほどであったが、鋳物職人の父親（東野英治郎）が解雇されたことで家計の見通しが立たなくなり、進学の夢が断たれそうになる。ジュンは自暴自棄に陥るが、中学担任教師や友人の助言などもあり、工場に勤めながら定時制で学ぶ決意をする。

折しも父親の復職が決まり、当初の志望校への進学も、経済的な見通しが立っていた。だが、ジュンはあえて「働きながら学ぶ」ことに希望を見出す。そこで意図されたのは、単に高卒学歴を手に入れることではなかった。労働の場に身を置き、人々の困苦や生き様を目にしながら、社会や生き方の理想を追求する。こうした意志が、「働きながら学ぶ」という選択に込められていた。

早船ちよの同名小説を原作とするこの映画は、一九六二年度のキネマ旬報ベストテン第二位、映画評論ベストテン第一位を獲得するなど高い評価を得た。さらに、一九六二年一一月にはフジテレビ（火曜劇場）でドラマ化された。全日制高校への進学が叶わずとも、人生や社会を考えるために真摯に学ぼうとするジュンの物語が広く支持された背後には、ジュンのような読者たちが手にした人生雑誌に透けて見える大衆教養主義の裾野の広がりをうかがうことができよう。

もっとも、この種の教養文化とエリート的な教養主義との間には、温度差はあっただろう。人生雑誌のなかで哲学や文学、マルクス主義等への言及がたびたびあったとしても、読者たちのなかで、『資本論』『共産党宣言』やカント、ショーペンハウエルの著作を縦横無尽に読みこなす者は少なかった。だが、そうだとしても、当時のノン・エリート層が、「人生」「真実」「社会」といった、実利を超越した主題に、なぜ惹かれたのか。これを問うためには、インテリと大衆を二項対立的に捉えるのではなく、両者が重なりつつも葛藤を内包した知的文化やその社会的な力学に目を向けなければならない。

読者たちの「想像の共同体」

本書は、こうした問題関心を念頭に置きながら、『葦』『人生手帖』といった人生雑誌の歴史を時系列的に跡付けていく。なかでも、人生雑誌というメディアが社会的にいかなる機能を有したのかという点に、重きを置く。

「人生」「社会」「教養」について考えたいのであれば、書物を手に取ったり、サークル等の集まりで議論を重ねればよいのかもしれない。だが、勤労青年たちは、それではなく、あるいはそれに飽き足らずに、『葦』『人生手帖』といった雑誌を購読した。

書物は、書き手が記したものを読み手が一方的に享受するメディアであるが、雑誌はそれとはやや異なる。識者の文章に加えて、読者投稿欄など、読者たちが感想や思いを公開する場が設けられているのが通例である。人生雑誌の場合は、さらに読者による長文の体験記・手記・創作も多く掲載され、識者や編集部はむろんのこと、別の読者たちによるそれへの批評が載ることも珍しくなかった。書籍に比べれば、そこには読者相互の、あるいは編集部をも交えた一定のコミュニケーションが成立している。しかも雑誌は、定期的に刊行されるメディアであるがゆえに、そのコミュニケーションは持続性を帯びることになる。読者たちの「想像の共同体」（「想像の読者共同体」）が継続的に生み出されるさまを見出すことができよう。

では、「人生」や「教養」を考えるうえで、書籍だけではなく、雑誌というメディアが、なぜ必要とされたのか。大衆教養主義が成立するうえで、雑誌というメディアはいかなる機能を有していたのか。

他方で、雑誌を読む営みは、サークル活動のような対面でのコミュニケーションともまた異なるものである。たしかにサークル活動であれば、濃密な議論を交わすことも可能かもしれない。だが、時間や場所の制約を伴うため、参加できる者には限りがある。ことに地方では、都市部とは異なり、サークルの数も少なく、テーマ的にも居住地からの距離の点でも、選択肢は限られる。雑誌であれば、これらの制約はかなりの程度、解消されるわけだが、そのことがいかなる大衆教養主義や「想像の読者共同体」を生み出したのか。人生雑誌の歴史を読み解くためには、これらに目配りしておく必要がある。

「査読」と読者の自負

人生雑誌とサークル機関誌との相違も、重要である。[10] サークル機関誌の場合、基本的に読者は会員に限られ、また投稿する際にもハードルの高い審査があるわけではない。むしろ、誌面が埋まらず、寄稿を懇願されるケースもしばしば見られた。それに対し、『葦』や『人生手帖』では、投稿された原稿すべてが掲載されたわけではない。全国の書店で販売されるものであっただけに、一定水準に達していなければならず、そうでない場合は掲載が見送られた。

もっとも、後述するように、各地域には『葦』なり『人生手帖』なりの読者サークルも存在したが、読者サークル機関誌と『葦』『人生手帖』等とでは、掲載の難易度は大きく異なっていた。さらに、これらの雑誌を発行した葦会（葦出版社）や文理書院は、評価の高かった読者の手記を集めて共著書籍を刊行したり、連載のうえ単著書籍として発刊することも多かった。それが書き手の自負心をくすぐり、また読者も羨望の念を抱いたであろうことは、想像に難くない。

サークル会員に閉じた機関誌への寄稿とは異なり、人生雑誌に自らの文章が掲載されることは、全国に読者を獲得するのみならず、編集部による一定の評価を受けたことを証し立てる。その意味で、人生雑誌は「査読」のメディアであり、掲載された書き手の評価を高めるものでもあった。だとすれば、人生雑誌のこうした特性は、勤労青年たちの教養への希求をいかに後押ししたのか。進学をめぐる彼らのコンプレックスに、いかなる作用を及ぼしたのか。

「知識人への反感」と「知への憧れ」

人生雑誌には、知・教養への憧れと同時に、知識人層への苛立ちもしばしば吐露されていた。「インテリーこそ先づ前時代的な古めかしい特権意識を捨てなくてはならない」[11]という指摘や「自己の栄達を大衆の犠牲に於て行つて来たインテリゲンチヤの利己主義と徹底した民衆の侮蔑」への批判は、珍しいものではなかった。[12]上級学校に進学できなかったがゆえに知的エリート層への鬱屈を抱えていたことを思えば、決して不思議なものではない。

しかし、人生雑誌の誌面に、知や知識人への憧れがつよく見られたのも事実である。『葦』『人生手帖』といった人生雑誌は、決して庶民の常識知を軽視はしなかったが、それ以上に人文社会科学的な教養への憧れはつよく、それだけに知識人への尊敬も色濃く見られた。だとすれば、知識人への反感と知識人への憧れは、人生雑誌において、いかに両立し得たのか。

　知や知識人層への憧憬と反感が両立するような状況は、今日ではあまり見られない。タレント政治家が「本ばかり読んでいるような学者」の学問・知性への侮蔑を語り、それが一定の社会的な支持を得る状況は、しばしば見られる。こうした動向を念頭に、「反知性主義」が議論されることも少なくない。人文系学部の解体論が公然と語られるのも、人文社会科学方面の知識人に対する反感と無縁ではないだろう。だが、それが人文知への希求や憧憬に結びつくような議論は、今となってはほとんど見られない。

　では、知の希求を掻《か》き立てるような知識人批判は、なぜ見られなくなったのか。知識人への反感や違和感が語られるなかで、なぜ知や教養の模索が抜け落ちていくようになったのか。

　戦後のひところまでは、ノン・エリートが形而上的な人文知の文化を下支えしようとする動きが、少なからず見られた。それは、金銭の獲得や昇進といった「実利」に拘泥する姿勢とは異なっていた。では、こうした状況は、いかなる社会背景に支えられていたのか。そこには、どのような可能性や限界があり、また、何ゆえに潰《つい》えたのか。それらを問うことから、現代社会における知のありようを捉え返すこともできるのではないか。

　以下、こうした問いをも念頭に置きながら、人生雑誌の歴史を跡付けていきたい[13]。

第1章

戦争の記憶と悔恨――荒廃と復興の時代

1　『葦』の創刊

勤労青年の煩悶と内省

一九四九年一月、「人生記録雑誌」を銘打った『葦《あし》』が創刊された。発行母体は葦会であり、山本茂實を中心に設立された。山本はのちに『あゝ野麦峠』を書いたことで知られるが、当時は早稲田大学で哲学を学ぶ青年であった。

主たる書き手は夜学生や工員ら、勤労青年たちであり、彼らの煩悶を綴った手記が掲載された。創刊号には「たゆまぬ努力、さゝやかな自信」（上條かね、事務員、二〇歳）や「私のねがい」（小澤章二、工員、一七歳）が見られるほか、以降の号でも「或る百姓娘の手記」（山下都、一九四九年秋号）、「生きるということ」（北沢壮子、看護婦、一九五〇年春号）など、勤労青年の生活記録が多く収められている。なかには、「影」（岡田珠子、夜間高校生、一九四九年初夏号）のように、原稿用紙七〇枚を超える手記が掲載されることも、珍しくなかった。

そこでは、内省的な主題が多く扱われた。先の上條かね「たゆまぬ努力、さゝやかな自信」（創刊号）には、「寂しくても悲しい人生であってもよい、たゞ真実に生きたい。此《こ》れが私のせい一つぱいの努力であつた」と記されている〔四四頁〕。岡田珠子「影」（一九四九年初夏号）は、山本有三の「私は偽りの聖人として崇められるよりも真実の小人として生活したい」という一節を引きつつ、「自分の思ふ事の万分の一も表現出来ないのを見て、非常な焦《ママ》しさを感じる」と綴っている〔一三頁〕。一九五〇年春号には、「生と死の問題――自殺をめぐつて」という特集も組まれていた。

では、このような雑誌は何を意図して創刊されたのか。『葦』創刊号の巻頭言「葦の人々」には、これに関し、以下のように記されている。

「誰も知らないこんな所にも、こんなにも真剣に生き抜かんとして居る人が居るんだ」「葦」はそんな人達の作つた雑誌だ。然かもそれが特殊な一部の才能家ではなくて、飽く迄普通の、ありふれた、吾々と同じ様な貧しい才能と働かなくては喰えない境遇の人達ばかりによつてつくられた雑誌なんだ。〔中略〕

文学者になろうとするのでもない。ましてや地位や名誉を得ようとするのでもない。唯吾々はより良き生を生き抜かんとして居るのだ。

或るものは工場の片すみに、又或るものは学校に、農村に……唯それだけだ。

こうした埋れた、然かも恵まれない人達がみんなでこの「葦」を通じて結ばれよう。そんな所にこの雑誌の使命はある筈だ。〔二頁〕

『葦』の少なからぬ書き手は、「文学者になろうとするのでもない。ましてや地位や名誉を得ようとするのでもない」者たちであった。こうした彼らの「誰も知らないこんな所にも、こんなにも真剣に生き抜かんとして居る」情念を綴り合うことが、この雑誌が目指していたものであった。

読書への憧れ

だが、『葦』に掲載されていたのは、勤労青年たちの手記ばかりではなかった。一九五〇年秋号には、哲学者・柳田謙十郎が「わだつみの声と平和の問題」と題した平和問題の論考を寄せていた。そのほかにも、戒能通孝《かいのうみちたか》「眠ること、夢みる事とエゴイズム」（一九五一年早春号）、杉捷《すぎとし》

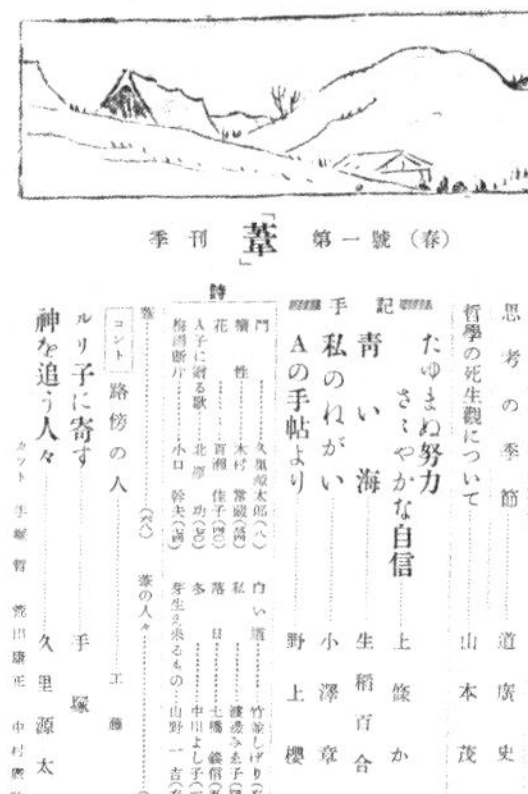
季刊「葦」第一號（春）

思考の季節……道家史行
哲學の死生觀について……山本茂實

手記

たゆまぬ努力 さゝやかな自信……上條かね
青い海……生稲百合子
私のねがい……小澤章二
Aの手帖より……野上櫻子

詩

コント 路傍の人……工藤謙
ルリ子に寄す……手塚哲
神を追う人々……久里源太郎

『葦』創刊号表紙および目次

夫《お》「二つの平和論」（一九五二年初夏号）、野間宏「「真空地帯」について」（同号）、亀井勝一郎「愛と家庭の被害者」（一九五二年夏号）など、文学・哲学・政治学方面の知識人の論考も少なからず収められていた。

勤労青年たちの手記にしても、単に労働や夜学、家庭をめぐる彼らの体験に言及するばかりではなく、文学者や知識人に話が及ぶことも少なくなかった。先の「影」（一九四九年初夏号）では作家の山本有三のほか、仏文学者の河盛好蔵《かわもりよしぞう》や渡辺一夫に触れられている。野上櫻子（公務員、一九歳）の「〝A〟の手帳より」（創刊号）でも、トルストイの『懺悔』について論じた一節がある［六六頁］。

文献紹介も積極的になされていた。一九五三年春号では、アンネ・フランク『光ほのかに――アンネの日記』のほか、プロレタリア作家・黒島伝治の『渦巻ける烏の群』（岩波文庫）、第二次大戦期のフランス史を背景にレジスタンスを扱ったC・モルガン『世界の重み』（岩波現代叢書）などが、見開きで紹介されている［「新刊図書室」欄、九八‐九九頁］。やや後年ではあるが、一九五八年七月号からは「世界名作紹介」が連載され、カミュ『異邦人』やサルトル『自由への道』をはじめとする西欧哲学・文学が取り上げられていた。

教養主義の香り

そこには、教養主義の芳香を嗅ぎ取ることができよう。序章でも少しふれたように、教養主義とは、主として文学・哲学・思想・歴史方面の読書を通じて人格を陶冶し、自分自身を作り上げようとする営みを指す。大正期から一九六〇年代にかけて、旧制高校や大学で広く見られた文化である。

旧制高校では、明治三〇年代半ば（一九〇〇年ごろ）まで、国家主義と武士道的な心性とが絡み合った質実剛健でバンカラ風の学生文化が支配的だった。ところが、明治末から大正期にさしかかると、旧制高校生の興味関心は、天下国家の問題から人生の煩悶へと移っていった。その象徴とも言える事件が、旧制第一高等学校の学生・藤村操の自殺である。

藤村は、一九〇三年五月に、日光・華厳の滝の大木に「巌頭之感《がんとうのかん》」を書いて投身自殺した。そこには、厭世感や人生の煩悶が綴られていた。これをきっかけに、同様の自殺者が多くあらわれ、青年の煩悶や神経衰弱は社会問題化した。藤村の友人であった旧制一高生・岩波茂雄（岩波書店創業者）も、もともとは悲憤慷慨する運動部的なバンカラ学生だったが、このころから内村鑑三やトルストイの書物に親しみ、瞑想煩悶に浸るようになった。藤村の自殺後には、野尻湖の小さな島に一人で生活を始め、一高も中退した。こうしたなかで、哲学書・思想書が旧制高校生に広く読まれるようになっていった。

旧制高校のキャンパス文化がバンカラ的なスタイルから内省的な教養主義に変容した背景には、教師の存在も大きかった。夏目漱石ら欧米留学から帰朝した若い世代がこのころから旧制高校の教壇に立つようになり、西洋の思想書を学生たちに紹介した。一九〇六年に旧制第一高等学校校長に着任した新渡戸稲造は、学生生活を運動部の活動や飲酒だけで終わらせるのではなく、文化活動や読書、精神的修養を心掛けるよう説き、自ら、ゲーテ、カーライル、ミルトンらの書物を紹介し講話も行った。その後、漱石門下の阿部次郎や安倍能成《あべよししげ》、和辻哲郎らが教養主義の伝道者となり、『三太郎の日記』(阿部次郎)や『善の研究』(西田幾多郎)といった思索書が学生たちの必読書となった。こうして、旧制高校や大学を中心に、教養主義が浸透していった。

そこには、高等教育への進学率の問題も関わっていた。戦後二〇年頃までは大学進学率はきわめて低く、戦時期で二、三パーセント、一九六〇年でも一〇パーセントほどであった。それだけに、大学生(旧制高校生)たちはありふれた存在ではなく、明らかに社会的なエリートであった。

だが、彼らは苛烈な受験競争をくぐりぬけて高等教育への進学を勝ち得た受験エリートでもあった。それはすなわち、「ガリ勉」や「点取り虫」の謂《い》いである。これらの語には、「試験のために猛勉強するしか能がない野暮な俗物」への侮蔑が込められている。彼らの学歴のまぶしさは、「ガリ勉」であることへの嘲笑と表裏一体であった。だとすると、旧制高校生たちが「ガリ勉ではない」ということを声高に主張したくなるのは当然であった。そのことを証し立てるための一種の衣装として、カントやマルクス、ドストエフスキーなど、古今東西の人文書を読む行為が選び取られた。それは、試験勉強や就職対策という実利だけをがむしゃらに追求することとは、異質なものであった。

むろん、旧制高校や大学に入学した彼らが、試験や就職といった実利のための勉強に齷齪《あくせく》しなかったわけではない。だが、少なくとも彼らは、そうではない身振りを模索すべく、哲学や文学の読書を通じて、深淵な真理に思いをめぐらせようとした。「教養を身につけなければならない」という価値規範は、これらも相俟《あいま》って、旧制高校・大学のキャンパスで広がり得たのである。『葦』における教養志向は、むろん、難解な書物の読破を強いるものではなかった。しかし、先述のように勤労青年の手記には、しばしば哲学者や文学者への言及が見られたほか、「世界文学名作入門」（一九五〇年春号より）などの連載企画では、ドストエフスキーやツルゲーネフ、トルストイなどの代表作が紹介されていた。識者のエッセイも、柳田謙十郎や亀井勝一郎のほか、出《いで》隆《たかし》（「唯物論的に考えること」一九五三年秋号など）、武者小路実篤（「芸術と人生」一九五五年八月号など）等、著名な教養主義知識人によるものが多かった。

とはいえ、繰り返しになるが、『葦』の主たる読者層は、あくまで勤労青年たちであった。『葦』編集部が実施した読者アンケートによれば、回答者六二八人のうち、一八歳から二五歳までが全体の七八パーセントを占めていた〔『葦』一九五三年八月号〕。職業の内訳としては、「勤労者」が五三・三パーセント、「農業」が一四・八パーセントとなっている。「学生」も一六・八パーセントを占めているが、読者投稿欄などから察するに、工場・商店などで働きながら定時制・通信制の高校に通う層が少なくなかったと思われる。

だとすれば、そこに浮かび上がるのは、勤労青年たちの内省志向と教養への憧れの結びつきであろう。この読者アンケートでも、『葦』への主な要望として、「哲学講座を増設せよ」「国際政治問題の解説を」「文学講座を増設せよ」のほか、「柳田〔謙十郎〕先生の論文」を多く掲載するよう求める声が挙げられている。そこには、内省と読書を通じて人格を陶冶し、できることなら、古今東西の哲学書や文学書、あるいはその概説書にふれようとする姿勢が透けて見える。それは、明らかに学歴エリートたちの教養主義文化に重なるものであった。

進学できないことへの屈折

とはいえ、『葦』の読者や書き手たちは、学歴エリートたちとは異なり、大学どころか旧制中学や新制高校にも進学できない者が多かった。手記「影」のなかで河盛好蔵や山本有三に言及していた先の夜学生（岡田珠子）は、かつて国民学校尋常科の課程を終えるにあたって、「私は勉強がし度《た》いのです。この欲求はどうしても押へる事が出来ません」という思いを抱いていたが、担任教師に「貴女《あなた》が勉強したいと云ふ気持はよく判《わか》ります。でも、現在の貴女の家庭の貧しさは、貴女を夜学へさへも行かせる事はできません、働きなさい。先《ま》づ働く事です」と諭され、「「ワアツ！」と、声を上げて泣いた」ことを綴っている〔一九四九年初夏号、一二頁〕。

　また、農村で家業の農業に従事していたある青年は、『葦』（一九五六年一一月号）に寄せた手記のなかで、義務教育を終えた直後のことを回想しながら、「学業のその成績に或程度《あるていど》の自信をもつていた」だけに、上級学校に進学した友人たちが「私へのあわれみのような」手紙を送ってくることに屈折した思いを抱いていたことを記している〔小林寛「自己革命の道として」三七頁〕。

こうした心情は、何かを読み、あるいは書くことへの欲求を掻き立てた。この青年は、同じ文章のなかで、「学校を卒《お》えて農業をするようになつてから、事々に何かに向つてやり切れないものを打ちつけるように何んとなく［手記を］書き始めた」としたうえで、次のように記している。

私は文字通り一瞬も惜しんで目茶苦茶に書きなぐつた。そして本を読みあさつた。野良に出る時の私の腰には何時もぶら下げた布の小袋の中に小手帳がはいつている。メモしたり感じた事を歌に詠んだ。草原に寝ころんで、その小手帳をひろげながら私は何時も、やるところまできつとやるぞ！　と叫んでいた。

朝食後、野良に出る前のひと時、父や母達は暫くお茶を飲む。私はその間も勿論何かを読んでいた。便所に立つ其の中でも読んだ。実際、毎朝のあの十分位の時間でさえ、私には無駄には出来ないのだつた。用を足し乍《なが》ら読んだその時のことは、あとになつて不思議にはつきり残つたような気がする。［同、三七頁］

学業が優秀であったにもかかわらず、義務教育以上に進めなかったことの悔しさが、農作業の合い間のわずかな時間を見つけては書物を手に取り、手記の執筆に駆り立てているさまがうかがえる。

このことは読者たちばかりでなく、『葦』を立ち上げた山本茂實の生い立ちにも通じるものであった。以下では、山本がいかなる思いで『葦』創刊に至ったのか、その経緯をやや詳しく見ておきたい。

2 「学歴への鬱屈」という駆動因

山本茂實の「くやし涙」

山本茂實は、一九一七年、長野県並柳《なみやなぎ》村（現・松本市）の農家の長男として生まれた。学業はきわめて優秀であったので、担任教師も山本の進学を両親につよく薦めた。しかし、貧農とは言わないまでも、さして広い所有農地もなく、家族七名が生活するので精一杯の家計だっただけに、父親は「先生はわたしの家をつぶすつもりですか。おかしなことを家の子にたきつけないで下さい」と撥《は》ね付けたという。[1]

さらに父母の病や死が重なったうえに、膨大な借財も残され、家計は破産に近い状態に陥っていた。山本は、高等小学校卒業後、農業に従事しながら借財を返済せねばならなかった。酒や煙草、映画などの娯楽にふれることなく、「松本の街へ毎日肥桶《こえおけ》をつけて人糞汲み、帰つて来れば荷車へ野菜物をつけて松本の街を十五の歳からほとんど毎日売り歩いた」という。[2]

こうした努力の積み重ねにより、借金は七年で返済を終えたが、山本の胸中には、煩悶や屈折が溜め込まれていた。山本は、「借金を返して、金を貯めたら学校へ行こう、そうだ金を貯めて学校へ行くんだ」という「唯その念願の為にのみ、子供の時から生きて来た」ことを、一九五二年の著書のなかで回想している。必然的に、高等小学校の卒業式は、「くやし涙で小学校を去つたあの怨み多き日」でしかなかった。[3]

少年期の山本には、次のようなエピソードがある。高等小学校を卒業してまだ間もない頃、早朝に下肥《しもごえ》を汲み取り、運び出そうとしたところ、誤って肥桶を倒し、汚物を道路に撒き散らしてしまった。辺りには強烈な悪臭が漂い、それを一人で洗い流さねばならなかった。そこは市中心部近くであっただけに、商店関係者のみならず中等学校、高等学校、高等女学校等の生徒も多く通学していた。人々は悪臭に鼻をつまみながら、山本を遠巻きに囲み、罵声や嘲笑を浴びせた。おそらくは、二年前まで小学校で席を同じくした生徒たちも混じっていただろう。この体験は「なんで一番勉強のできたおれが百姓で、ほかの者が進学しているんだ」という思いを、さらに強固なものとした。山本は後年になっても、この話をするたびに、涙ながらに、そのときの悔しさを語っていたという。[4]

もっとも、その思いは、中学へ進学した者たちにひけをとらないほどの優等生になるべく、自らを奮い立たせることにつながった。高等小学校では二年連続で優等をとり、「おれは「日本一の百姓」という夢をもってがんばろう」という思いを抱いて、家業に勤しんだ。[5]

高等小学校卒業後、山本は教師の勧めもあり、松本青年訓練所（のちに松本青年学校）に計七年間通った。青年訓練所は、第一次大戦後の軍縮の流れを受けて進められた四個師団削減（宇垣軍縮、一九二五年）に伴い、上級学校に進学しない勤労青少年に軍事訓練を施す場として、陸軍の主導で一九二六年に創設された。一九三五年には、実業補習学校（勤労青年層に基礎的な教養や実務知識を提供する教育機関）と統合する形で、青年学校が発足した。[6] 青年学校でも一定の軍事教練が行われたが、松本青年学校では、信濃教育会の働きかけもあり、古典から近代文学、法制経済まで、人文社会科学が広く講じられた。[7] 山本は文学につよい関心を抱き、青年学校での成績もつねに優秀であった。

兵士としての栄光と挫折

山本は、日中戦争が泥沼化しつつあった一九三七年一二月に徴兵され、陸軍に入隊したが、そこでもしばらくは優等生であり続けた。松本で徴兵された者は、当時であれば歩兵第五〇連隊（松本市）に入隊するのが通常であったが、山本は近衛師団歩兵第三連隊に入隊した。

天皇の守護・警衛を主務とする近衛連隊に入隊できる者は、ごく限られており、健全な農家出身で成績優良、身体強健、品行方正といった条件を満たさなければならなかった。さらに市長や県庁の推薦も必要とした。必然的に、近衛兵に選ばれることは、郷土の注目と羨望を伴った。山本は、青年学校時代に長野県社会教育課の派遣生として、東京の日本青年協会で学ぶ機会があったが、近衛兵選抜にあたっては、同協会会長の推薦もあったとされる。[8]

優秀者が集められた近衛兵のなかでも、山本は早々に好成績を見せるようになる。青年学校時代から「歩兵操典」「軍隊内務書」「作戦用務令」を丸暗記していたり、上官の将校の名前をあらかじめ覚えていたことが功を奏した。「兵士身上明細書」という記録には、家族状況や履歴のほか、入隊後の成績も記されているが、そこに記載されている山本の成績は、第一期から第三期まで、性質、品行、体格、勤務、教練、剣術など、ほとんどの項目で、もっとも評価の高い「甲」であった。[9]

当然ながら、昇進も早かった。山本は入隊後一年にして、伍長勤務上等兵となった。伍長勤務上等兵は、上等兵のなかから成績抜群な者が選ばれ、下級下士官（伍長）の代理を担うものとされた。当時の陸軍では、入隊後二年のうちに上等兵になれる者さえ、一部に限られていた。こうしたなか、山本はわずか一年で、伍長勤務上等兵にまで昇進を果たしていた。近衛連隊において、きわめて高い評価を得ていたことがうかがえる。

その後、山本が属する近衛第三連隊は、中国最南部の南寧《なんねい》に派遣され、山本も現地での戦闘に従事した。そこでも山本は、優秀な兵士ぶりを発揮していた。山本は後年、「戦友の大部分が落伍して自分唯一人が任務を達成して激賞されたあの悪戦苦闘の日」や「弾雨下の進撃」を回想しながら、そのことが「鍛えに鍛え上げられて居た私の心身の自信」を「いやが上にも益した」ことを記している。[10]

だが、ほどなくして肺結核を発症し、一九四〇年六月には台湾の陸軍病院に送られた。さらに腹膜炎を併発した山本は、生死の境をさまよった。胸膜と腹膜に同時に炎症を起こすと、当時は助かる見込みがないとされ、実際にこれが原因で死亡した戦病者は膨大な数にのぼっていた。山本も絶対安静を要する時期が長く続き、金沢の陸軍病院に転送されて一年が経過してもなお、完治には程遠い状況だった。

このときの心情を、山本は家族に宛てた手紙の中で、こう綴っている。

> おめおめと内地に来た事を許してくれ。癒った処《ところ》で仕事の出来ない体になってしまいました。皆様に何と申訳ないかわかりません。［中略］人生わずか二十年か。一寸《ちょっと》淋しい様に思ふ。もっと働き度《た》かった。[11]

軍隊時代の山本茂實（1939年10月）

回復の兆しが見えない山本は、一九四一年八月三一日付で除隊となった。このことは、軍人として順調な昇進を続けていたキャリアの途絶を意味しただけではなく、除隊後の社会階層の上昇が遠のくことをも暗示した。岩手県農村文化懇談会編『戦没農民兵士の手紙』（岩波新書、一九六一年）には、下士官で除隊した貧しい農家の「分家筋の二、三男」が、青年学校の指導員となり、さらに村会議員や村会議長を務めた事例が紹介されているが［二二九頁］、これに限らず、軍隊内で一定の出世を果たした元兵士たちは、しばしば地域社会で名士として遇され、入隊前では考えられないような階層上昇を果たすことが珍しくなかった。山本がこうした期待を抱いたかどうかはともかく、入隊一年で伍長勤務上等兵にまで昇進したことを考えれば、軍隊内での順調な出世が除隊後の社会昇進（社会的地位の上昇）につながったであろうことは否めない。結核による除隊は、そのような可能性が完全に失われたことを意味していた。

軍籍を失った山本は陸軍病院を出て、傷痍軍人を収容する長野の若槻療養所で三年あまりにわたる入院生活を送った。

療養所――インテリと大衆が出会う場

挫折を味わい、死に直面した経験は、自己や人生について内省することにつながった。山本は一九四二年七月に、以下の文章を記していた。

順風にあるときは、真の人間の姿などは良く解《わか》らないものである。人間はやっぱり徹底的に窮した時、つまりどん底に落ちた時、初めてその人間の絶対値が出るものであると思う。

［中略］

今迄、全信頼を掛けて居《い》たこの体力に自信を失い、「肺結核」「再起不能」となると、それによつて支えられて居た仮の安心立命は脆くも打破され、根《ね》迄たじ〳〵となつてしまつたのである。

決死隊で死ぬ事は易いが、肺結核で刻々に死出の旅へきざまれて行く。畳の上で静かに自己をみつめ続ける事はどんなに至難な事であるか。私は今知る事が出来た。[12]

こうした煩悶や自己探求への関心は、山本の読書欲を刺激した。山本はもともと本好きではあったが、農業生活や軍隊生活に身を置いていたときとは異なり、療養中は読書ができる自由な時間に事欠かなかった。病舎にはわずかな蔵書ながら、退院者が残していった書物や地元住民の寄贈書などが、一室に配架されていた。山本は、それらを片っ端から読破していった。[13]

療養所には、知的水準の高い傷痍軍人や民間人も入院していた。山本はそこで、竹村喜八郎や田中常雄、北原功らに出会うことになる。彼らはヘルマン・ヘッセやロマン・ロランなど、西洋文学への造詣が深い地方のインテリ青年であり、同人詩誌を発行していた。山本は、自由主義的な彼らの思考につよい影響を受け、ゲーテやロマン・ロラン、カロッサ、宮沢賢治などを読み、彼らとたびたび議論を重ねた。

山本は一九五二年の座談会において、「僕は大体小学校へ行つただけの、百姓をやつて居た人間なんで、詩なぞ判る筈がないじゃないか。そういう彼等に接して僕は驚いたんだ」と回想しているが、それに対し、同席した竹村も「山本から俺達が学んだものは、もつと大きかつたと云える。彼の健康な思考力と実践力は無類だつた」と述べている。[14] 傷痍軍人の療養所はインテリが大衆に出会う場であったのと同時に、大衆がインテリに出会う場でもあった。

軍隊はインテリが大衆と出会う場であったということは、しばしば指摘される。一般社会のなかでは、ブルジョア層やインテリ層が下層の人々の思考や生活にふれることは少なかった。だが、徴兵され、同じ兵営や部隊に投げ込まれると、下層出身の戦友や上官に接さざるを得ない。学徒兵らインテリ層は、しばしば過剰な暴力を振るわれたが、そうした経験は、知識人と大衆の間に大きな意識の隔たりがあり、彼らが羨望まじりの憎悪を抱いていることを感知させた。また、学問的な抽象的な思惟とは異質な、現実に根ざした生活感覚を、農民兵士たちから感じ取ることも少なくなかった。かつて学徒兵だった仏文学者・多田道太郎も、一九五四年の文章のなかで往時を回想しながら、「わたしは軍隊でしめあげられてきたし、しめあげられることで日本の民衆というものの地肌にぶつかった」と述べている。[15]

そして、軍隊を経験した少なからぬ知識人は、復員したのち、これらの憎悪や羨望、暴力を生み出す日本社会の階層格差や民衆意識の分析に取り組むようになる。丸山眞男の「超国家主義の論理と心理」（一九四六年）や鶴見俊輔の「言葉のお守り的使用法について」（一九四六年）をはじめとする大衆論は、その代表的なものである。

その意味で軍隊は、インテリたちが大衆の情念や行動様式に初めて触れ得る場であった。傷痍軍人たちの療養所にも同様の機能があったわけだが、それだけではない。軍務や演習、上官の使役に齷齪《あくせく》することのない療養所では、比較的自由な時間も多かっただけに、異質な知的経験を経た者同士が、意見や思考をぶつけ合うことができた。またそこは、軍隊の規律が張り巡らされ、人文科学や社会科学をめぐる会話すらできないような場でもなかった。療養所は、インテリが大衆の思考や情念に気づくことを可能にしたのと同時に、大衆がインテリの思惟に触れることをも可能にしていたのである。

とはいえ、山本らの療養所での議論は、往々にして激しく、執拗なものであった。たとえ夜中であっても、「起きろ、表へ出ろ!! さつきの続きだ!!」と相手を起こし、一時間に及ぶ議論がなされる。構内であれば看護婦に注意されるので、戸外の松林で議論が続けられることもしばしばであった。それで一度は寝室に戻っても、言い負かされた悔しさから数時間後に相手を起こし、また同じことを繰り返す[16]。

互いに勝つまで止めないほどの執拗な議論を重ねながら、山本は文学・哲学方面への関心を深めていった。山本は療養所で文芸誌『若槻』を立ち上げる一方、信濃毎日新聞社の懸賞論文に応募し、八〇円ほどの賞金を手にしたこともあった。それを本代に充て、ヘッセやワーズワースの本を買い求め、読破していった。療養所での生活は山本にとって、体力を回復させるための時間であったのと同時に、読書と論争の時間でもあった。そのことは、山本の退院後の生き方を決定づけることとなった。

非インテリの公共圏

山本は一九四四年末に療養所を出て自宅に戻り、翌年初頭から、母校である松本青年学校の代用教員として採用された。山本は元神田分教場で小学校を出たばかりの勤労少年たちの夜間学級を受け持ち、菊池寛『恩讐の彼方に』や国木田独歩『非凡なる凡人』等を題材にしたテキストを作って、授業を行った。終戦後、青年学校の存廃が論議されるなか、元神田分教場は市立神田塾という成人教育機関に改組された。塾生の大半は農民と工員であったが、山本はその立ち上げに深く関わり、おもに哲学を講じた。神田塾は、講義のほか演劇部と弁論部を有し、都市食糧問題や政治の民主化についての街頭演説、二・一スト★1を扱った演劇などが活発に行われた。山本は、その中心的な教員として、勤労青年や復員兵の若者たちと議論を重ねた[17]。

さらに山本は松本市鎌田《かまた》連合青年団長をも兼務し、地域の革新に向けた青年運動を主導する立場にあった。その周りには、「青年団、労組幹部など弁論を学びたい者」が多く集《つど》ったという[18]。

このことは、「生き方」「社会批判」といった人文社会科学的な主題について、山本を中心に、地域の勤労青年たちの言論空間が創られていたことを意味する。かつての山本は「ミリタリズムのがちがち」「小学校の修身書と軍隊の本以外読んだ事のない人間」であったが[19]、療養所で人文書やそれらに関心を有するインテリ青年たちと接するなかで、「自己」「人生」といった内省的なテーマや戦後の社会のあり方などに関心を広げ、そのことが青年学校や神田塾、連合青年団における「議論の場」を創り出すことにつながったのである。

大学聴講生から『葦』創刊へ

だが、山本は一九四七年一月に突如上京し、早稲田大学の聴講生となった。神田塾や連合青年団の仕事は一年ほどで投げ出す形となり、三〇歳にして大学生活を始めることとなった。そこに、少年期からの上級学校への憧憬があったことは想像に難くない。「借金を返して、金を貯めたら学校へ行こう、そうだ金を貯めて学校へ行くんだ」という少年期の願望を、聴講生という身分ではあったが、ようやく実現することになった。

山本はそこでも、哲学をはじめ、人文社会科学方面への関心を深める一方で、全日本青年弁論大会（一九四七年一〇月）に出場し、優勝を飾った。演題は「それ以前のもの」であり、新憲法が施行され、民主主義の政治体制に転換しながらも、地域社会や個々の人間関係においては、従来のような抑圧や不平等が蔓延していることを批判した内容だった。

これをきっかけに、山本は『生き抜く悩み――哲学青年の手記』（廣文堂、一九四七年）をと

★1 二・一スト　官公庁をはじめとする労働者の団体が、一九四七年二月一日に決行を計画したゼネラル・ストライキ。GHQ司令官マッカーサーの命令で前日に中止させられた。

りまとめた（四九年に出版元は葦会に変更）。青年学校や神田塾での授業資料を下敷きにし、戦争末期から戦後初期にかけての山本の思索を綴ったものである。そこには、弁論大会で優勝したときの草稿も収められていた。

この本は、農村出の無名の学生の手記であったにもかかわらず、多くの読者を獲得した。一九四八年秋には重版となり、五二年には一六刷、五六年には五七刷に達した。[20] 知識人による書評も見られた。哲学者の柳田謙十郎は、同書を評して「山本君の思想には、ズッシリとした肉体の重みが、その片言隻句の末に至るまでかかっている」「どんな完成した学者や思想家の書いたものにも見ることのできない特殊な個性的生命の奔流が、そこに源を発している」と述べていた。[21] 山本は『生き抜く悩み』の好評を受けて、『救われざるの記』（一九五二年、葦会）や『嵐の中の人生論』（一九五三年、葦会）といった同種の書物を立て続けに公にした。

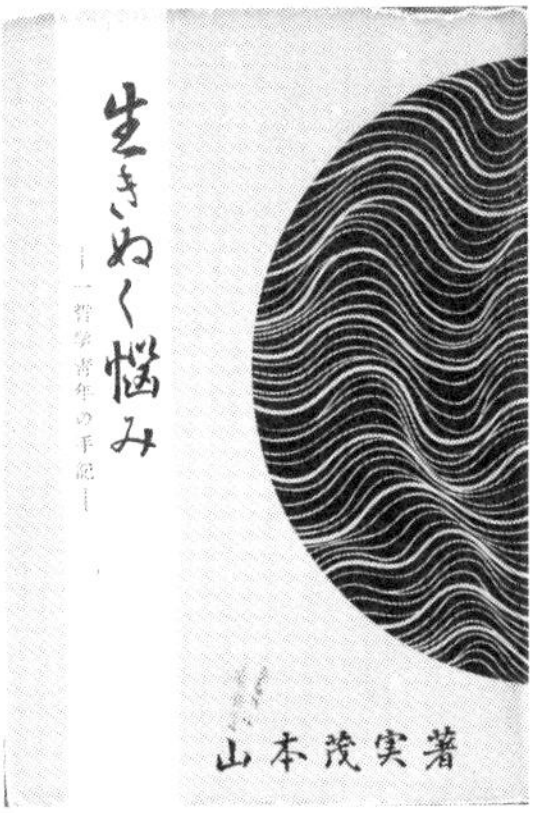

山本茂實『生き抜く悩み』（葦会版、1949年）

山本茂實『救われざるの記』（葦会、1952年）

共感した読者からの手紙も、膨大な数に上った。『生き抜く悩み』刊行から二、四カ月の間に、読者から寄せられた「真剣な手記、ノート、手紙、ハガキ等々」は、リンゴ箱三つでも収まらないほどであったという。[22]

このことが、『葦』創刊の直接的な契機となった。読者からの多くの手紙類を見て、山本は以下のように考えたという。

これらのものをただ二、三の人が一読しただけで埋もらすことは、なんとしても耐えられないことだ。このような数多くの人たちが互いに、話しあい、語りあい論じあえる〝場〟がなくてはならない。いやオレはなんとしてもかならずそれを実現しないではおかない。[23]

その「数多くの人たちが互いに、話しあい、語りあい論じあえる〝場〟」として構想されたのが、雑誌『葦』であった。書籍の場合、基本的に書き手から読者に向けた一方向のコミュニケーションが成立するに過ぎない。かりに読者が書き手に手紙を送ったとしても、せいぜい両者の間のみでコミュニケーションが成立するに留まり、多くの読者が互いに議論を重ね合うことはできない。しかし、雑誌であれば、読者の手記が掲載され、またそれに対する意見が読者投稿欄などに載せられることで、誌面を介した読者相互のコミュニケーションが可能になる。さらに、雑誌は定期的に刊行されるメディアであるだけに、そのコミュニケーションは一度きりで途絶えるのではなく、持続されることが見込まれる。

『葦』は、このようなコミュニケーションの実現を目指して立ち上げられた。創刊の辞に「埋れた、然《し》かも恵まれない人達がみんなでこの「葦」を通じて結ばれよう。そんな所にこの雑誌の使命はある筈だ」と記されていたことも、そのことを裏付ける。そこでは、書籍とは異なる雑誌の機能が念頭に置かれていたのである。

3　知識人への憎悪と憧憬

編集者たちと「就職組」の鬱屈

雑誌の定期刊行を確実に進めるためには、一定数の編集者が必要となる。山本茂實の周りにも、少なからぬ編集者たちが集《つど》った。そして、彼らの学歴も、山本や読者たちと重なるものであった。のちに青春出版社を立ち上げることになる小澤和一《わいち》は、松本青年学校時代の山本の教え子であった。家業は貧しい豆腐店であったが、書物や教養への憧れを断ちがたかった。小澤は養父母が寝静まるのを待って、窓から布団を出し、置手紙を残して家出し、杉並区の山本のアパートに転がり込んだ。[24]

小澤とともに青春出版社を立ち上げ、さらにその後、大和《だいわ》書房を創業する大和《おおわ》岩雄は、『葦』の編集実務を担った。大和も、もともとは中等学校以上の進学を望んでいたが、家計の困窮のためにそれは叶わず、教職への興味はなかったものの、学費がかからないという理由から、長野師範学校へと進んだ。その後、中学教師を務めたが、七カ月で退職し、『葦』第四号（一九四九年九月）から編集に携わることとなった。

東京空襲記録運動で知られることになる早乙女《さおとめ》勝元《かつもと》も、『葦』編集部に籍を置いた一人である。一九三二年生まれの早乙女は、東京育ちではあったが、父親が定職を持たなかったうえに、自宅にもあまり寄りつかなかったこともあり、家庭は貧困に喘《あえ》いでいた。しかも、親族からも疎外されたことで、内向的な少年期を過ごした。学業は当初は必ずしも優良ではなかったが、児童書を詠み耽ることが唯一の愉しみであった。とはいえ、少年期の早乙女にとって、本の入手は困難を極め、それだけに活字への憧れは大きかった。

一九四六年三月に小学校高等科を卒業した早乙女は、鐘紡附属理化学研究所の「四等工員」として働きながら、旧制都立第七中等学校夜間部に通った。戦災で校舎が消失していたため募集定員を減らしていたことに加え、兵士たちの復員により受験者が殺到したため、数人に一人という狭き門を突破して入学を果たしたわけだが、経済的な困窮、空腹、労働の疲れと戦いながらの学校生活であった。[25]もっとも、期待とは裏腹な無味乾燥な勉強と生徒を押さえつけるばかりの教師のあり方に疑問を抱き、中途で退学することとなった。その後、いくつか職場を変えたのちにた

『葦』編集部員（1951年）後段左より小澤和一、早乙女勝元、山本茂實、ひとりおいて大和岩雄

どりついたのが、『葦』編集部であった。

彼らに共通するのは、富裕層や学歴エリートへの屈折した心情であった。それが彼らを人生雑誌の編集へと駆り立てた。大和岩雄は、のちに手掛けることになる『人生手帖』『青春の手帖』にも言及しながら、そのことについて、以下のように述べている。

> 僕が雑誌をつくっていたときの気持、それは、小学生のとき、進学組と就職組に、ただ家が貧しいからというそれだけの理由で分けられ、差別されたくやしい思いを、進学組の連中にはわからないだろうが、わかる連中に、ぶちまけた。それが「葦」であり、「人生手帖」であり、「青春の手帖」だった。
> これらの雑誌は、書き手も就職組、読み手も就職組、そして編集者も就職組なのだ。[26]

大和が『葦』を手掛けた動機には、「進学組と就職組に、ただ家が貧しいからというそれだけの理由で分けられ、差別されたくやしい思い」があった。それを、「進学組の連中にはわからないだろうが、わかる連中にぶちまけ」ようとしたのが、『葦』をはじめとする人生雑誌であった。

既述のように、教養や読書に対する読者たちの関心は、進学できなかったことに対する鬱屈と不可分のものであった。「学校へ行きたいと思う心がどんなに強くても、家人の反対で夜学にも行け」なかったある読者（会社員、一五歳）は、かつては「何て不合理な世の中なんだろう、どうしてうまい具合にいかないんだろう」という思いに苛《さいな》まれつつも、のちに「読書が何よりの勉強で、読書する事によつて、学校では学べない事迄、はつきり知る事が出来るようにな」り、「学校へ行かなくともと自信を持つ様にな」ったことを記している。[27]『葦』を手にするなどして読書や教養にふれることは、上級学校に進めなかった鬱屈を、いくらかなりとも和らげるものであった。

だが、それは読者に限るものではなかった。「進学組」への屈折した思いは、山本茂實や他の編集者たちにも共有されていたのである。

『葦』の成功と読者の共感

『葦』は創刊早々、好調な売れ行きを示した。創刊号は当初、三〇〇〇部の発行であったが、半月足らずで在庫がほとんどなくなる状況となった。当初は季刊の予定であっただけに、[28]これは編集部の想像を大きく上回る売れ行きであった。すぐに五〇〇〇部を増刷したが、ほどなく売り切れ、新たに三〇〇〇部を追加する事態となった。それを受けて、おおよそ隔月の刊行とするも、売上はさらに伸び、一九五二年二月に五万部に達した。五五年には月刊化をはたし、七万部を発行するに至った。[29]

読者からの共感の声も多く寄せられた。かつては「娯楽雑誌を物狂おしく読み、恋愛小説に憧れてい」たある読者（村松治子）は、『葦』を手にしてからは、『平凡』などの娯楽誌から離れ、『葦』のみを「真剣に読み真剣に考えるようになつた」という。友人には「ハルちゃんのような孤独な人が葦など読むとよけいに孤独になる〔の〕に……」と言われたが、その読者は無言の微笑を向けつつ、「心の奥ではもつともつと孤独感を味わいたいと思いました。『葦』によつて真の孤独を味わえるものなら」と記している〔「かわず」欄、一九五三年春号、一〇四頁〕。『葦』を通して、内省をつよく希求しているさまがうかがえる。

教養を求める読者の声も少なからず見られた。美容室で働くある女性は『葦』（一九五五年五月号）に寄せた一文の中で、「美容師に染つてしまうのが嫌なの。政治や文学が知りたいの。カチカチの美容師なんて――」と記している〔田井美沙子「アプレ美容師の悩み」、五三頁〕。一九五四年一〇月号の「編集後記」でも、「学習のための内容（政治・経済・哲学・文学等）を拡充せよ」という読者の要望が紹介されている〔一一五頁〕。

山本茂實も「哲学の死生観について」（創刊号）、「噂と云う暴力について」（一九五〇年早春号）、「知識人の特権意識と庶民社会への反省」（一九五一年早春号）など、多くの論説・エッセイを『葦』に寄稿した。そこでは、しばしばアリストテレスやパスカルなど、古典的な哲学者が引かれていた。『葦』の誌面には、明らかに大衆レベルの教養主義が浮かび上がっていた。

インテリ層への嫌悪感

とはいえ、『葦』の誌面には知や教養への憧れと同時に、インテリ層への不快感もつよく見られた。山本は先の「知識人の特権意識と庶民社会への反省」(一九五一年早春号)のなかで知識人層を批判しながら、「インテリーこそ先《ま》づ前時代的な古めかしい特権意識を捨てなくてはならない」「単なる書斎と文献とから生れた抽象的な観念的な存在であってはならない」と記している〔一〇一頁〕。また、公務員として働く二五歳の読者も、『葦』一九五一年早春号に寄せた手記「怠慢を糊塗《こと》するな」のなかで、「自己の栄達を大衆の犠牲に於《お》いて行つて来たインテリゲンチヤの利己主義と徹底した民衆の侮蔑」について、批判的に論じていた〔鵜野忠一、七一頁〕。

こうした知識人批判は、映画『きけ、わだつみの声』(関川秀雄監督、一九五〇年)への嫌悪感にもつながっていた。

戦没学徒遺稿集『きけわだつみのこえ』(東京大学協同組合出版部、一九四九年)を原作としたこの映画は、ビルマ戦線を舞台に、理性的で聡明な学徒兵を悪逆非道な職業軍人との対比で描いた。年間ベストセラー第四位になった原作遺稿集との相乗効果も相俟って、この映画は大きな興行成績をあげた。『映画年鑑 一九五一年版』(時事通信社)でも「全国封切配収額二〇一五万円という驚異的記録」となったことが特筆されていた〔五六頁〕。「強盗慶太」と評されるほど強引な経営手法で知られた東急電鉄創業者・五島慶太が、ブーゲンビル戦線で戦死した息子を思い起こしつつ、この映画を終始泣きながら観たことは、よく知られる。[30] その意味で、この映画は、大学生という当時のエリート層を主人公にしながら、多くの国民の悲哀を物語るものとして、広く共感をもって受け入れられた。

しかし、『葦』におけるこの映画の評価は、それとはまったく異質であった。山本茂實は論説「民衆の侮蔑とインテリゲンチァの怠慢」（『葦』一九五〇年秋号）のなかで、「将校を国定忠治映画に出て来る悪代官の様な極悪無道な悪党にし、庶民兵を悪がしこい泥棒追はぎの類に仕立て、学徒兵だけを善良な美しい心の人間か或は勇敢なヒューマニストの英雄にまつり上げたこの映画」について、「一人よがりもこ、迄徹底すると最早これは喜劇にもならない」と酷評していた〔九頁〕。そこにあったのも、インテリ層への反感であった。山本は同じ文章の中で、「この映画と手記を通じて一番大きな欠陥は何と云つても九十何%も占める庶民大衆をインテリゲンチア達はまるで虫けらの様にすら考へられて居なかつたと云ふ事である」と述べ、「日本インテリの民衆ぶべつの先入感情」を批判していた〔一二頁〕。

「インテリゲンチャの利己主義と徹底した民衆の侮蔑」を指摘した先述の読者エッセイ「怠慢を糊塗するな」（『葦』一九五一年早春号）も、この映画に言及しながら、「学徒兵の行為だけが全的に立派であり職業軍人の行動が徹底的に野蛮的であり、一般兵の行動がことごとく無知である様にえがき出し」ていることを、苛烈に問いただしていた〔七一頁〕。

憎悪と憧憬の接合——反知性主義的知性主義

こうした議論は、一面では「反知性主義」とも重なるものがある。リチャード・ホーフスタッターは、一九五〇年代にマッカーシズムの嵐が吹き荒れたアメリカの知的風土を検討しながら、反知性主義を「知的な生き方およびそれを代表するとされる人びとにたいする憤りと疑惑」および「そのような生き方の価値をつねに極小化しようとする傾向」としている[31]。

ホーフスタッターによれば、その淵源には、アメリカの精神の中核をなした初期ピューリタリズム（とくに原理主義的な福音主義）が結びついていた。そこでは、神学者らの難解な教義や厳密な聖書解釈ではなく、一般信徒の直感や霊感を擁護しようとする傾向が見られた。その延長で、彼らの信仰に反すると目された近代科学の知（たとえばダーウィンの進化論など）が排斥されたことも、しばしばあった。

こうした議論を支えていたのは、アメリカの平等主義や民主主義の理念であった。人々は平等であるがゆえに、一部の知識人層や富裕層によって社会や政治が支配されるべきではない。また、知識人層の難解な教義や知は一般の人々に押しつけるべきものではなく、多数の人々の直感や信念、常識知こそが優先されなければならない。むしろ、自分たちの実感や世界観と乖離した専門知や、そうした知を生み出す知識人は、徹底的に排斥すべきである。人民民主主義の価値観のゆえに反知性主義が正当化され、知識階級・富裕層の指導力は否認される[32]。

『葦』における知識人批判も、これらの議論と無縁ではない。「インテリーこそ先づ前時代的な古めかしい特権意識を捨てなくてはならない」といった主張や映画『きけ、わだつみの声』への批判は、その典型であろう。平等主義に根差していることも、ホーフスタッターの言う反知性主義との連続性を浮き彫りにする。一九五一年ごろに起草された「葦会宣言」（当初は「葦会の呼びかけ」）には「吾々はいかなる特権意識をもみとめない事にしようではないか」「吾々は徹底せる庶民主義の中にいきがいを感じようではないか」というテーゼが掲げられている（『葦』一九五一年晩秋号、七八頁）。そこに浮かび上がる平等志向が、知識人による知の占有への批判に接合していた。

だが、繰り返し述べてきたように、『葦』の誌面には教養主義が色濃く滲《にじ》んでおり、人文社会科学系の知識人の論説も多く掲載されていた。知への憧れや知識人との親和性は際立っている。だとすれば、それが単なる反知性主義とは異なることも、また明らかである。

では、反知性主義につながるようなインテリ層への憎悪と知・教養・知識人への憧憬とは、いかにして両立し得たのか。そこにあったのは、知識人が占有する知を奪取しようとする欲求であった。『葦』創刊号（一九四九年一月）の編集後記には、以下のような記述がある。

曾《かつ》て芸は（文芸ばかりではない芸術は）所謂《いわゆる》風流として一部の遊人達のもてあそびものでありました。然《しか》し吾々《われわれ》はもう一回この芸術を一部遊人の独占から解放して、本来の姿つまり吾々勤労大衆の手に帰さねばならないと思うのであります。何故なら吾々のねがう理想郷は何時《いつ》も勤労大衆のレベルの向上、人間的な自覚によつてのみ必ず約束づけられるものである事を堅く信じて疑わないからであります。［八八頁］

「一部遊人」つまり知識人たちによって独占される知を解放し、大衆層がそれを手にすることによって「勤労大衆のレベルの向上、人間的な自覚」の実現をはかる。こうした意志を、そこに読み取ることができる。一見相反する知識人批判と知や知識人への憧れが両立し得たのも、こうした論理によるものであった。

そこには、反知性主義的知性主義とでも言うべきものを見出すことができるのではないだろうか。文化的な覇権を有する知識階級への憎悪を抱きつつ、知や教養、さらには知識人への憧憬が並存する状況は、一見、矛盾含みのようにも感じられる。しかし、その内実に分け入ってみると、両者の間には順接の関係性を見出すことができる。高等教育を受けられなかったにもかかわらず、知や教養に憧れを抱くことは、必然的に知識人層によって知が独占されることへの嫌悪を生む。そして、こうした心性は、知識人とも対等であろうとする平等主義的な価値観によって支えられていた。

山本は、一九五二年の講演のなかで、かつて「信州の百姓青年」だったころに、「おれ達にもつともつとわかるようなやさしい綜合雑誌が欲しいなア」と常々考えていたことを語っている。[33]

そこにも、知へのつよい憧れの延長で知が知識人たちに占有されることを厭う心性を読み取ることができる。『葦』は、こうした反知性主義的知性主義に根差すものであった。

4　想像の読者共同体

「戦争」をめぐる悔恨

初期の『葦』において、内省や教養と並んで際立っていたのは、「戦争の記憶」であった。一九四九年初夏号では、「反共に躍らされてワメイて居る戦記でない、もつと真実な姿を赤裸々に記し」た「復員者の手記」を募集している〔編集部「戦記募集」、四六頁〕。一九五〇年秋号では、遺稿集『きけ、わだつみのこえ』をめぐる三本の論評が掲載されているほか[34]、ある戦没学生の手記が収められている（竹田喜義「一戦歿学生の手記」）。これを取り上げる意図として、同号では以下のように綴られている。

　かつて私達はひたすら自分の安泰を考えて、もし抵抗すれば弾圧されるだろうことを怖れて、あらかじめ必要以上の譲歩をし、遂にみじめな総クズレを味わつたのであつた。そして既にして現在このような構えが私達の態度にないかどうか。この手記の声はこうした私達の現在の生活にまで追い迫つて来るものなのである。［一九頁］

往時の戦争を想起しながら、自らのありようを内省しようとするさまがうかがえる。こうした心性は、しばしば『葦』の閲読を促していた。『葦』（一九五四年六月号）では、ある読者がこの雑誌を読む理由として、こう述べている――「かつて僕達は誤まつた戦争の中で、かけがえのない青春を虚しい灰色で塗りつぶしてしまつた。誤まちは繰返されてはならない。僕達は僕達自身の眼と体で、真実を見極めて行きたい。僕はそう言う意味であの雑誌を読んでいるのです」［「かわず」欄、一一五頁］。

自らの戦争の記憶を噛《か》みしめ、内省しようとする姿勢は、社会に対する批判的な関心をも促した。この読者は先の記述に続けて、「新しい歴史の歯車を、たとえ一コマでも前へ向つて進めたい、それが共通した僕等の希《ねが》いではないでしようか」と記しているが［一一五頁］、このような問題意識は、再軍備問題への関心につながった。

一九五〇年六月の朝鮮戦争勃発に伴い、ＧＨＱの意向で警察予備隊が創設されると、再軍備批判が盛り上がりを見せるようになった。五二年一〇月には保安隊へと改組され、憲法改正や再軍備の問題は、前にもまして、政治的な争点となった。レイテ戦で弟を失ったある読者は、こうした動きを念頭に置きつつ、『葦』（一九五二年春号）に寄せた文章のなかで、「あの呪わしい戦争で肉親を失つて泣いたのは私一人ではないのです。日本人の大部分が私のような体験や気持を持つているると思うのです。〔中略〕それなのにどうしてふたたび再軍備なぞしようというのでしよう。どうして戦争反対という声がもり上つて来ないのでしようか」と綴っている〔落合巳代治「戦死した弟のこと」一五－一六頁〕。

「騙される」という悪

こうした姿勢は、山本茂實の議論にも通じるものがあった。敗戦を迎えて山本が感じ取ったのは、「騙される」ことへの嫌悪であった。山本は一九四五年の年末に書き記した文章のなかで、以下のように述べている。

終戦後巷間に聴く声は〝だまされた〳〵〟の悲痛な怒嗟《えんさ》の叫びであります。「東條に騙された」「軍閥に騙された」「財閥に騙された」と……
然《しか》らば、騙されたとは一体どう云う事でありましようか？〔中略〕
騙されたとは自己のない事であり、飴だか白墨だか見分けもつかない自己の無智《むち》を発表して居る事に外ならないのであります。[35]

「もう二度と騙されぬぞ」「もう今度こそ騙されぬぞ」期せずして吾々の心の中に巻き起つ

た悲痛な叫びはこれであらねばならぬと思います。

吾々は何時何処《いつどこ》で死んでも、又どんなみじめな生活をしても決して恥でもなければ不幸でもないと私は堅く信じて居ますが、唯一つ、断じて騙されてだけは死んではならない。周囲から見てどんなにみじめでも良いが、騙されてみじめになることだけは決してあつてはならないと思ふのであります。[36]

往時の山本は兵士としての「優等生」であり、「ミリタリズムのがちがち」であった。それは、社会的に与えられた規範を疑うことなく信奉する態度であったわけだが、敗戦を迎えるなかで、かつてのありように自責の念を抱いた。山本は「東條に騙された」「軍閥に騙された」として済ませるのではなく、騙される自己そのものを問いただそうとした。『葦』のなかで、たびたび戦争体験記や再軍備問題が扱われたのも、山本のこうした思考と無縁ではない。

「騙された」ことをもって自己を免責する議論を批判的に論じたものとしては、映画監督・伊丹万作の論考が思い起こされる。伊丹は「戦争責任者の問題」（『映画春秋』第一号、一九四六年）において、「多くの人が、今度の戦争で騙されてゐたと言ふ。皆が皆口を揃へて騙されてゐたといふ」風潮を批判して、こう述べている。

騙されたものの罪は、只単《ただたん》に騙されたといふ事実そのものの中にあるのではなく、あんなにも雑作なく騙される程批判力を失ひ、思考力を失ひ、信念を失ひ、家畜的な盲従に自己の一切を委ねるやうに成つてしまつて居た国民全体の文化的無気力、無自覚、無反省、無責任等が悪の本体なのである。〔三四頁〕

「騙されてゐた」と言ふ一語の持つ便利な効果に溺れて、一切の責任から解放された気で居る多くの人々の安易きはまる態度を見る時、私は日本国民の将来に対して暗澹たる不安を感ぜざるを得ない。

「騙されてゐた」と言つて平気でゐられる国民なら、恐らく今後も何度でも騙されるだらう。いや、現在でも既に別の嘘によつて騙され始めてゐるに違ひないのである。

一度騙されたら、二度と騙されまいとする真剣な自己反省と努力がなければ人間が進歩するわけはない。〔三五頁〕

伊丹はここで、「騙されてゐた」という理解が、往時の自己のありようを不問に付し、安易な自己免責を生むことを指摘している。それは、山本が「兵士としての優等生」であった過去への自己批判をおそらくは念頭に置きつつ、「騙されたとは自己のない事であり、飴だか白墨だか見分けもつかない自己の無智を発表して居る事に外ならない」と指摘したことに重なるものである。『葦』において「教養」を重んじ、内省を突き詰めようとしたのも、こうした姿勢に根差していた。

社会への批判的関心

戦時体制や再軍備問題への批判的な問題関心は、さらにそれ以外の社会問題を広く問うことにもつながった。一九五一年晩秋号では、講和条約に関する特集を組み、識者や読者へのアンケート結果がまとめられていた[「特集アンケート 講和会議をめぐって」七九-八一頁]。同年九月に締結されたサンフランシスコ講和条約については、資本主義国との講和締結を急ぎ、早期の占領終結を実現させようとする「単独講和論」と、共産圏も含めて広範囲の国々と講和を結び、資本主義圏に偏らない形での平和を実現しようとする「全面講和論」とが拮抗していた。『葦』の誌面には、こうした政治問題が投影されていた。

一九五二年二月号（別冊特集号）では、「松川事件をめぐつて」と題した特集が組まれた。松川事件とは、一九四九年八月に東北本線の松川-金谷川《かなやがわ》間で発生した列車転覆事件である。折しも国鉄組合員の大量解雇が強行されていたこともあり、共産党系労組幹部の犯行とされた。一審判決（一九五〇年一二月）では死刑五名、無期五名、起訴された残る一〇名にも有期刑が宣告された。六三年九月になっ

松川事件（1949年8月7日）

34

特集

松川事件をめぐって

どんな人がこの文章を読むか知らない。また私たちは、このおそるべき事件に対して、今すぐ白だ黒だと断じようとも思っていない。ただありのままの真実を知りたいのです。

しかし過去をふりかえつてみると、人間の歴史にはいかほど政治的な陰謀が多かつたことか。長い年月がすぎて、新しい時代がくると、歴史はことの真実をすべての人々に告げる。

松川事件は二十名の労働者に、死刑と無期と懲役の極刑を判決した。はたして彼等は犯人であろうか？ 事実はありのままに伝えられているだろうか？

なるほど真実は歴史が伝えるかも知れぬ。だが二十名の中には、すでに死刑の判決が下されているのだ。

編集部は、その総力を結集し、多面的な角度より特集としてここに松川事件をとりあげてみた。どんな人がこの文章を読むか知らない。

だが良心あるすべての人々よ。ことの真実をつかんで正しき判断を下されんことを！

目次
☆松川事件とは？
☆風の夜の灯
☆自白調書を取られるまで
☆弁護士のことば
☆嵐の中に生きて
☆対談・自由と人権をめぐる現代の課題
☆被告と会うの記
☆日本の良心を代表する20人の感想
☆罪
☆真実を守るために

「特集 松川事件をめぐって」『葦』別冊特集号（1952年2月）

て全員無罪が確定したが、戦前期の言論弾圧を思わせる事件であっただけに、当初からフレームアップ（でっち上げ）との批判は大きかった。この事件を題材にした映画『松川事件』『にっぽん泥棒物語』（それぞれ一九六一年・六五年、いずれも山本薩夫監督）が製作されたことからも、社会的関心の大きさがうかがえるが、「生き方」「教養」に重きを置く『葦』も、この事件を大きく扱った。

これらの社会問題に対する『葦』のスタンスは、明らかに左派寄りであった。たとえば、先の講和問題のアンケート特集（一九五一年晩秋号）では、単独講和を支持する意見は一つもなく、「全面講和支持、再軍備反対のために単独講和粉砕の決議運動をおこそう」という主張が際立っていた［八一頁］。一九五二年二月号の特集「松川事件をめぐって」では、柳田謙十郎「真実を守るために――松川の裁判官に告ぐ」が主要論考として位置づけられているが、そこでは「国家権力がさきに立つて憲法を無視し、人権をふみにじり、罪を「赤」になすりつけて国民に恐怖感をおこさせ、あらゆる強迫手段をつかつて無実の人に心にもない自白をさせた上、これに死刑の宣告を下してしまう」ことがつよく批判されている［一〇〇頁］。

マルクス主義への共感も、しばしば語られていた。一九五二年夏号には、ロシア文学者の松尾隆（早稲田大学教授）の論説が掲載されているが、そこでは「「共産主義者は人間の模範である」という、レーニン・スターリンの言葉をお互に銘記しようではありませんか」と記されている［「弁証法講座（二）——続宗教について」一一五頁］。一九五三年一〇月号には、戦後になってマルクス主義に転じた哲学者・出隆の「唯物論的に考えること」が掲載され、一九五四年一〇月号には、「哲学教室」と題した連載企画のなかで、古在由重《こざいよししげ》★2「史的唯物論」が収められている。古在は、マルクス主義系の知識人が集った民主主義科学者協会（民科）の主導的なメンバーの一人であった。

戦前からの連続性——自由大学と青年会

左派的な社会批判とも密接に結びついた大衆教養主義は、必ずしも戦後に限られるものではない。むしろ、山本茂實が生まれ育った信州では、戦前期より似通った動きがしばしば見られた。自由大学運動は、その典型例であろう。

★2 **古在由重**（一九〇一−一九九〇）マルクス主義の哲学者。戦前期には日本共産党に協力して反戦運動を行い、治安維持法違反で検挙・拘禁される。戦後は名古屋大学教授を務めた。『唯物論と唯物論史』（富士出版社、一九五二年）、『思想とはなにか』（岩波新書、一九六〇年）など。

自由大学運動は、「学問の中央集権的傾向を打破し、地方一般の民衆が其の産業に従事しつつ、自由に大学教育を受くる」機会を提供すべく、信州・神川《かんがわ》村の青年たちと哲学者・土田杏村《きょうそん》、文学者・高倉輝らを中心に、一九二一年に始められた。[37] 哲学、倫理学、社会学、文学概論、社会政策等の講座を網羅し、農村青年たちが数カ年にわたって人文諸科学を学ぶことが意図されていた。受講者は、高等教育どころか中等教育にも進めなかった青年たちが少なくなかったが、こうした層に高等教育のエッセンスを享受させようとしたのが、この運動であった。

神川村は養蚕がさかんで、比較的裕福な村であったのに加えて、旧制中学で哲学・文学に関心を持った素封家が、大正デモクラシーの影響下、近隣の青年たちを集めて、小県《ちいさがた》哲学会を組織するなど、農村部でありながら一定の教養文化の広がりが見られる地域であった。これらの集まりを主導した素封家青年が、一九二〇年に土田杏村に講演を依頼した。土田は、京都帝国大学・西田幾多郎門下で、市井の哲学者として『象徴の哲学』（一九一九年）などの著作が話題になっていた。このときの土田の講演が、自由大学運動の端緒となった。

講師は、土田（哲学）や高倉（文学論）のほか、新明正道《しんめいまさみち》（社会学）、出隆（哲学史）、谷川徹三（哲学史）、今中次麿《いまなかつぎまろ》（政治学）、波多野鼎《はたのかなえ》（社会思想史）、三木清（哲学）など、同時代の著名な知識人が務めた。また、労働争議が頻発していた当時の社会状況を反映して、マルクス主義も少なからず取り上げられた。共産主義運動に近い高倉輝や山本宣治も、たびたび自由大学の教壇に立っていた。

受講者は七十余名に達するときもあった。自由大学の設立も、上田から魚沼、伊那、松本、さらには京都や前橋など、数年のうちに信州一帯から北関東、近畿にまで広がりを見せた。[38]

左派的な知への関心は、長野県内の青年運動にも少なからず見られた。一九一〇年代半ばごろから、日本政府は青年会を統制する動きを強め、内務省・文部省は訓令を通して、官製青年会の設立を全国に指示していた。一九二四年には、青年団の全国組織として大日本連合青年団が結成されたが、これは役員の多数を政府関係者が占める半官半民の団体だった。普選運動や労働争議・小作争議の高揚を抑えようとする意図もそこにはあった。長野県下では、こうした動きに反対する青年団(会)自主化運動が盛り上がりを見せた。下伊那郡青年会がこの運動の中核を担っていたが、下伊那地区では一九一〇年代ごろから白樺派★3や民本主義★4への関心が青年層のなかに広がっており、『中央公論』『改造』などの総合雑誌も一定程度読まれていた。一九二〇年代には米騒動★5(一九一八年)や労働争議・小作争議の影響もあり、社会主義への関心が高まっていた。下伊那文化会、下伊那自由青年連盟、LYL(リベラル・ヤング・リーグ)といった団体が相次いで結

★3 **白樺派** 志賀直哉、武者小路実篤、有島武郎ら、雑誌『白樺』を中心に活躍した作家グループ。人道主義・理想主義を標榜し、大正中期の文学の主流を形成した。

★4 **民本主義** 政治学者・吉野作造が提唱した民主主義思想。普通選挙法や婦人参政権運動など、大正デモクラシーの指導原理となった。

★5 **米騒動**(一九一八年) 米価暴騰に憤った労働者や農民らによる米穀店・富豪・警察等の襲撃事件。富山県魚津に端を発し、全国に波及した。軍隊が鎮圧に出動し、寺内正毅内閣も倒れるに至った。

成されたのも、こうした流れに沿うものであった。[39]

郡支配層はこれらの動きを危険視し、青年会への会場貸出や補助金支給をたびたび拒んだ。郡青年会はこれに対し、「経済的余裕がないため上の学校に進学できない民衆青年だからこそ、補助金をもらう権利があり、行政は援助するが介入するべきでない」と主張した。そうした動きは、青年会関係者の伊那自由大学への参加を後押ししたほか、郡立・村立図書館の設立、青年会文庫の充実、実業補修学校や青年訓練所の管理・運営への参画を求めることにもつながった。[40]

もっとも一九三〇年代以降になると、これらの運動は弾圧にさらされ、壊滅に向かうことになる。三・一五事件(一九二八年)や四・一六事件(一九二九年)を皮切りに、全国的に共産主義者の弾圧が加速したが、長野県内でも、一九三三年の二・四事件(長野県教員赤化事件[★6])で、共産党シンパと目された教員一三八名が検挙された。左派色を帯びた自由大学運動や青年会活動も必然的に抑え込まれた。自由大学運動の場合、昭和恐慌に伴う養蚕業の壊滅的打撃も、受講者数の減少に拍車をかけた。日中戦争の勃発や総動員体制の成立は、こうした青年文化運動の窒息を決定づけ、長野県内の青年団も解散や官製組織への編入が相次いだ。

戦前期信州のこれらの青年文化運動と戦後に生み出された『葦』は、直接的につながるものではない。だが、義務教育を修了しただけのノン・エリート層に対し、人文社会科学の知や社会への批判的な関心を促した点で、両者には通じ合うものがあった。

先述のように、地域図書館の充実を目指した郡青年会には、のちに青年学校となる実業補修学校や青年訓練所への管理・運営を求める動きも見られたが、それは、戦争末期や戦後初期に山本茂實が松本青年学校や後身の市立神田塾で哲学・文学・社会問題を扱ったこととも重なっていた。『葦』（一九五四年二月号）には、編集部による「「共同研究」募集」の告知が掲載されているが、そこには「全国津々浦々の工場に農村に好学心《ママ》に燃えた地味なグループ」「埋もれた学究の徒」の発表の場として誌面を提供することが謳《うた》われている。題材は「時事問題、政治、経済、農村、映画、文学何でも結構」とされているが、これも大正期の自由大学に通じるものである［九六頁］。

『葦』と「想像の読者共同体」

だが、自由大学運動や青年団とは異なり、『葦』は読者たちの「想像の共同体」を生み出していた。その点が、両者の決定的な相違であった。

自由大学にせよ青年団にせよ、それらはあくまで、実際に人々が顔を合わせ、対面で接する場であった。必然的に、人々が集《つど》える範囲には地理的・時間的な制約が伴い、人々のコミュニケーションも物理的に交流する場面に限定される。何らかの集まりがあったとしても遠隔地にいるのであれば参加することはできない。また近隣に住んでいたとしても、仕事や家事労働の都合で、

★6 **二・四事件（長野県教員赤化事件）** 大正期の自由教育の流れを継承した長野県下のプロレタリア教育運動に加えられた弾圧事件（一九三三年）。

会合や講習の時間帯に出向くことが不可能な場合もあり得る。

それに対して、『葦』のような雑誌メディアは、それらの制約を越えて人々が手にすることを可能にする。雑誌そのものは、全国各地の書店で購入するなり、定期購読をするなりして入手することができるので、地理的な制約を免れることができる。また、雑誌さえ手元にあれば、仕事の休憩時間や終業後に読むことができるので、時間的な制約もさして受けることはない。

そのことは、見知らぬ者どうしのコミュニケーションを促すことにつながった。一七歳のある読者は、『葦』（一九五一年晩秋号）の「かわず」欄（短文の読者投稿欄）に寄稿した文章の中で、次のように綴っている。


苦しい現実と戦い乍《なが》らも、真剣に生きぬこうとしている多くの人達がここに居られることを知つた私の喜び。貧しい労働者の身で、厳しい現実の毎日の仕事に、体力も思想力も衰え、襲いかゝる現実の嵐に反抗する気力さえ全く失われて、荒れすさぶ世相の中を運命の波にまかせて、アチラにコチラにうろたえ、さまよう自分、広い野原に一人とりのこされたような自分、たゞお金のために束縛されて、騒音の中で茫然と時を過ごす私でした。しかしこうした耐え難い生活の中でも、明るい光となつて現実の私を励ましてくれる原動力、それは私と同じように厳しい現実とたゝかつている人々の手記を読むことです。未熟な私の思想の中に新しい芽生えと勇気が湧き起つてきます。［七二頁］

厳しい労働環境に喘《あえ》ぎ、孤独感に苛まれるなか、『葦』を手にすることは、同じような境遇で「苦しい現実と戦い乍らも、真剣に生きぬこうとしている多くの人達」の存在を可視化させた。そこでは、直接的な対面コミュニケーションは成立していないが、広範な見知らぬ読者たちとの交流が感じ取られている。読者の手記・エッセイが多く掲載されていることが、そのことを可能ならしめていた。

それは何も、この読者に限るものではない。交換手を務める別の読者も、『葦』について「私はその中に幾多の私の友を見出す事ができます」「私の知らなかつた人生の断面を教えてくれる事が多いのです」と綴っている〔「読者のページ」『葦』一九五四年九月号、九一頁〕。言うなれば、『葦』という雑誌メディアは、読者たちの「想像の共同体」を生み出していた。そして、それは「耐え難い生活の中でも、明るい光となつて現実の私を励ましてくれる原動力」として、受け止められた。

しかも、読者たちの「想像の共同体」は、一時的に成立するだけのものではなかった。雑誌は定期的に刊行されるため、その読者共同体は持続性を帯びたものとして感知される。ある読者は、『葦』(一九五四年二月号)に寄せた短文のなかで「葦会の皆さん、毎月皆さんの元気なお姿をこの本によつて伺い、読書会員の一人として嬉しく思います」と記している。それは、毎月の雑誌購読を通して、読者共同体の存在が想像され続けていることを示唆している〔「かわず」欄、一〇三頁〕。

文通が可能であったことも、読者共同体の可視化を後押しした。誌面ではたびたび文通欄が設けられ、文通希望者の住所が記されていたほか、掲載された読者の手記についても、しばしば住所が併記されていた。その意図に関して、『葦』編集部は一九五四年九月号のなかで、「誌上に発表された作品について、読者から読者へ、大いに意見の交換をして下さい。そのために、編集部は出来るだけ筆者の住所を掲載しています」「そうする事が、仲間達との親しみを増す一番良い方法ではないかと思います」と記していた〔「編集部からのお願い」一二二頁〕。文通をはじめとする読者間のコミュニケーションを媒介することが、そこでは重視されていた。

前にも述べた通り、『葦』創刊号の巻頭言には、「埋れた、然かも恵まれない人達がみんなでこの『葦』を通じて結ばれよう。そんな所にこの雑誌の使命はある筈だ」と記されていた。それは、山本茂實『生き抜く悩み』に共感する読者たちを、誌面において持続的に結びつけようとする試みでもあった。そこにも、雑誌を通じたヴァーチャルな「仲間達との親しみ」を創り出そうとする編集部の意図を見ることができる。『葦』は、地理的な制約を越えた「想像の読者共同体」を持続的に生み出す機能を帯びていたのである。

読者サークルと「想像の共同体」の可視化

もっとも、こうした「想像の共同体」とは別に、読者たちが対面で集う読者サークルも多く生まれていた。読者たちは編集部とも協力しながら、各地に読者会（地域葦会）を創設し、『葦』の合評会や会誌の発行、ハイキングなどのレクリエーションを行っていた。『葦』編集部は、入会希望の読者に対し、近隣のサークルを紹介したが、『葦』（一九五一年初秋号）の編集後記には、編集部がさばき切れないほどの問い合わせが殺到したことが記されている。各サークルが一堂に会し、キャンプのなかで語り合う全国大会も、一九五一年から開催されたほか、五六年には葦会全国協議会も発足した〔『葦』一九五六年一〇月号、一一四頁〕。「想像の読者共同体」の盛り上がりと軌を一にするように、読者サークルも高揚を見せていた。

こうした読者たちの集まりは、同時に「想像の共同体」をいっそう鮮明に可視化させる役割を果たした。上高地キャンプ地で開催された第七回葦会全国大会に参加したある読者は、そのときの感想を、『葦』（一九五八年一〇月号）に寄せた手記のなかで、次のように綴っている。

　これに参加して見て、思った事は、各地の葦会は雑誌を中心に本当にシンケンに何かを求めようとして、話し、語り合っている事が目に見えるようで、とても楽しい大会であった。また、楽しいサークルにしようと、各地の〝かわず〟は考え、研究に頭をしぼっているのである。一人でも多くの人が葦からつながり、いろんな大きな壁を目の前にして、何んとか、これに勝とうとみんなで力を合せて居る。〔栗林毅「大会を省りみて」一一四頁〕

第五回葦会全国大会（1956年8月）

「〃かわず〃」とあるのは、誌面に常設された読者投稿欄である「かわず」欄を指している。そこに投稿し、あるいは同欄を読む読者たちが実際に「考え、研究に頭をしぼっている」さまを、読者の集いの参加者たちは確認することができた。読者たちが集う場は、誌面を通して「雑誌を中心に本当にシンケンに何かを求めようとして、話し、語り合っている事」を「目に見えるよう」にするものであった。それは読者の「想像の共同体」を可視化させるものであったのである。

　しかし、こうした読者サークルには、先述の自由大学や青年団と同じく、地理的・時間的な制約がつきまとった。松本葦会（松本市）の機関誌『たんぽゝ』（一九五四年九月一一日号）には、会員の例会参加について「今まで、近い人は別として、地理的に不便な人たちは、夜の会には勿論《もちろん》のこと、昼の会にもなか〳〵出ていたゞけませんでした」という記述がある［一六頁］。

　また、同誌（一九五一年四月二二日号）には、ある読者会員が「あてにして居《い》た日曜を家で仕事もせずに出て来てしまう私について、家の者達は其《そ》の度に小言を云ひながらだん〳〵慢性的になりつゝある」ことにふれながら、「今日の葦会も「一寸《ちょっと》用事に」と偽つて家を出た」ことを記している［三頁］。休日に例会が設けられたとしても、家業の都合で参加に困難を伴う状況が透けて見える。

それに対し、雑誌を媒介した「想像の読者共同体」は、こうした制約から免れることを可能にしていた。『葦』は「埋れた、然かも恵まれない人達がみんなでこの『葦』を通じて結ばれ」ることを目ざして立ち上げられたが、実際に読者たちが対面で集う場を成立させることは容易ではなかった。居住地や勤務時間、職場・家族の反対などにより、地域の読者サークルへの参加が困難な読者は少なくなかった。彼らも含めた読者たちの「想像の共同体」を創り上げ、持続させることが、『葦』という雑誌メディアにおいて意図されていたのである。

討論の場としての「想像の共同体」

もっとも、読者の「想像の共同体」は、つねに互いを理解し合い、慰め合うような調和的なものとは限らなかった。ときには激しい批判の応酬を伴うこともあった。『葦』(一九五二年夏号)には、結核患者の国立療養所における恋愛・性関係のもつれを扱った手記「罪人」(星野桂子)が掲載されたが、同年秋号では、療養所の読者たちによる批判的な投稿(「私は抗議する」)が収められている。これらはいずれも、手記「罪人」が「性倫理の混乱」や「患者生活の頽廃的雰囲気」を強調し、療養所を「恋愛の遊戯場」として描く一方、「政府の結核対策そのものに対する痛烈な批判」を欠くことに憤る内容であった。「星野さんの様な人達の悩みを大きくとりあげたために、療養者の本当の悩みがその後に隠れてしまつた」「実に空恐ろしき十八才のウヌボレ文学少女の浮上つたフイクション〔虚構〕と云はねばならぬ」という厳しい指摘も見られたが、その当否はさておき、読者投稿をめぐって、誌面が議論を戦わせる場になっていることがうかがえる［七八－八〇頁］。

これは、編集部が意図するものでもあった。『葦』（一九五七年二月号）には編集部による「かわず欄へ投稿される方へ」という一文が掲載されているが、そこでは「「葦はいい雑誌だ」とか「何時《いつ》葦を知つた」とかそうゆう商売雑誌のサクラの様なものばかりでなく、葦の悪口や、誰れにも当り所のない日常の不満や、そういうものをここでは気楽にぶちまけて下さい」と書かれている［九三頁］。同年一〇月号の「葦欄」〔読者投稿欄〕には、一三名の読者による『葦』の誌面批判が掲載されているが、それに対し編集部は「「葦はくだらん」の原稿沢山ありがとう。葦を思う人でなくては書けないものと思います」「この欄は今後も活発に「葦は如何にあるべきか？」を大いに論じてもらい度《た》いと思います」と記している［五一頁］。誌面から生み出される「想像の共同体」は、編集部と読者が、あるいは読者どうしが議論をぶつけあう討議の場でもあった。

だが、それにしても、こうした『葦』が受容される背景には、いかなる社会状況があったのか。また、『葦』のほかに、どのような人生雑誌が生み出されたのか。次章では、人生雑誌が高揚期を迎える一九五〇年代後半の社会状況に主たる焦点を当て、人生雑誌の隆盛を支える社会のありようと、そこから浮かび上がる戦後の歪みを読み解いていきたい。

第2章

人生雑誌の隆盛——集団就職の時代

1 「人生雑誌の時代」の到来

『人生手帖』の立ち上げ

『葦』が急速に発行部数を伸ばしつつあった一九五二年一月、新たな人生雑誌が文理書院から創刊された。『人生手帖』である。

文理書院は寺島《てらしま》文夫（本名・徳治）によって、一九四六年に創業された。もともとは、白柳《しらやなぎ》秀湖《しゅうこ》『日本民族文化史考』（一九四七年）、田中惣五郎『日本現代史えの反省』（一九四九年）、柳田謙十郎『人生論――私のヒューマニズム』（一九五一年）、岡邦雄『思想と人生――いかに考えるべきか』（一九五二年）など、人生論や社会科学に関する一般書を出していた。

だが、寺島は書籍刊行の事業だけでは飽き足らず、読者相互の人的ネットワークを築こうとした。「同じ町に、市に、村に、同じ本を読む読者がいて、しかもお互いに知らずにいるのを、本さえ売ってしまえばあとはしらんといわんばかりにかえりみないのはいけない。そんなことだから、どんなよい思想も、われわれの実さい生活を動かす力にはならないのだ」という思いが、そこにはあった。とりわけ、戦時・戦後の貧困を生きた青年たちの記録集である『生きる日の喜びと悲しみに』（一九五〇年）が刊行された際には、「友を求め、真実を求める若者の投書」が多く寄せられたという。そこで立ち上げられたのが、緑の会という読者会であった。一九五一年春ごろのことである。[2] 以後、文理書院に置かれた緑の会本部と連携しながら、全国各地で支部（地域緑の会）の自主的な創設が相次いだ。

もっとも、当初は「文理書院の読者名簿をたよりに、同じところから、同じような本の注文者があると、そこの在住の読者を知らせてお友だちになるようにとすすめてあげる」というものであった。[3] これら会員むけに『緑の樹』と題した一頁ものの会報が出されたが、会費をとっていなかったこともあり、二号ほどで行き詰まってしまった。そこで、有料の市販雑誌として新たに立ち上げられたのが、『人生手帖』であった。創刊の際には「緑の会の機関誌」という位置づけではあったが、「会員でない人たちがよんでも楽しくてためになる雑誌であるようにしたい」という意図から、書店で流通させることになった。[4] 緑の会および『人生手帖』の目的について、創刊号には以下のように綴られている。

寺島文夫（1957年）

> この集りは、特定の主義・宗教・政治的立場にこだわらず、お互いの信念・疑惑・苦悩を卒直に語り合うことによつて、美しく真実に生きようとする青春の情熱を結集し、私達の社会と人生から、不合理と不正と無智をなくして文化的な、人

問的な生活を建設するために協力し、地方文化運動の中心となり、さらに日本の文化を向上せしめてゆこうと志すものであります。〔中略〕苦悩多き人生行路のいこいの場とも、道しるべともしたいと思い、志を同じくする人々の参加をねがうしだいであります。

会員の熱心な希望と文学博士柳田謙十郎、哲学者高桑純夫先生をはじめ、諸先生の協力によりまして、われら自身の新しい人生を切りひらき、築きあげてゆくために、本誌を編集・刊行いたしました。〔緑の会編集部「われら自身の新らしき歩みのために!」一頁〕

互いの「信念」や「苦悩」を語りながら、「美しく真実に生きようとする青春の情熱」を結集し、かつ、柳田謙十郎ら哲学者が関与していることには、明らかに『葦』との類似が浮かび上がる。

実際、野間宏「人生を見つめる眼」(一九五二年一月号)や柳田謙十郎「真実に生きんとする人のために」(同年三月号)など、知識人による人生論が掲載されたほか、「青春に想う」(一九五二年五月号)や「新生をねがう人々の愛と真実の人生記録」(一九五二年六月号)といった読者の手記を集めた特集も、毎号のように設けられた。一九五五年九月号でも、「特集　生きていくとうとさ」において、九本の読者エッセイを収めていた。

人文社会系の読書案内も少なくなかった。一九五二年二月号には「読書案内」が特集されているが、そこでは、英文学者・中野好夫や仏文学者・中島健蔵らが、スタンダール『パルムの僧院』やドストエフスキー『罪と罰』、シェイクスピアなどを紹介していた。中島健蔵はこれらの書物を推薦する理由として、以下のように語っている。

何を読んでいいかわからなかつたら、古典を読みたまえ。ひろい意味で人間全体の共有財産になつているようなものが古典である。それをまだ読んだことがないならば、早く読んだ方がよい。

そんなわかりきつたことを、と君がいうならば、わたくしは反問するであろう。それでは君は、もう古典を読んでしまつたのかね、と。人々は、案外なほど、古典を読んでいないのである。

わたくしが古典をよめというのは、古典にはほんものかにせものかを疑う余地がないからである。そして一たん古典であたまをきたえておけば、新しいものをよむとき、ほんものか、にせものかの区別がつきやすいし、また、おのづから良書の選択も出来るようになる。〔「何を読むべきか」九頁〕

『人生手帖』創刊号（1952年1月）

古典の読書を通じて知性の陶冶を重んじる教養主義的な態度を、ここに読み取ることができる。とはいえ、『葦』と同じく、主要な読者・投稿者は学歴エリートではなく、あくまで低学歴の勤労青年層であった。創刊号には、貧困のゆえに窃盗を働き、上級学校への進学の希望も奪われた若者の手記が掲載されている。[5] 続く一九五二年二月号でも、「昼間働かなければ学校へは行けない貧しさ」に加えて「そのような勉強さえ許されない長男としての束縛と、複雑な家庭事情」を綴った投書が、「人生相談室」欄で取り上げられていた［三〇頁］。それを裏付けるかのように、後年の読者アンケートでも、主要読者層について「従業員数は、一〇人以下の零細企業で働く者が圧倒的に多い」ことが示されていた。[6]

左派的なスタンスも、『葦』と重なるものであった。『人生手帖』（一九五二年六月号）では、「平和のことをいえば、すぐ、「赤」だという偏見。それこそ、正しいことを正しいといわせない暴力となつて、人々の良心さえ麻痺させてしまうのです。人生手帖は、ささやかではありますが、正しいことを正しいと言えるためにいや、言うためにある雑誌です」という編集部による文章が掲載されている［四五頁］。「平和のことをいえば、すぐ、「赤」だという偏見」を批判しつつも、『人生雑誌』が「赤」とみなされる側に近いスタンスであることが示唆されている。実際に、寺島文夫「よりよき人生を」（『人生手帖』一九五三年一月号）でも、「ソ連にしても、一度はヒットラアのドイツ軍が国土の大半を蹂りんしたにもかかわらず、ついに彼等をげき滅して祖国の独立と自由を恢復し、資本主義の国では想像も出来ないような大建設をやつておるではありませんか」「新しい民族の歴史をつくるものとなるために、私たちは「反共」が誰の利益のために唱えられ、それによつて生命までも犠牲にされるものが誰であるかを、歴史の教えるところによつて、じつくりと考え、われわれのより良き人生のために最善の道を歩もうではありませんか」と、共産主義国への共感と反共主義への反発が記されている［一一〇頁］。

『葦』と『人生手帖』の近接性

執筆者や読者の動向を見ても、両誌の近接性は明らかであった。『葦』の主要執筆者の一人であった柳田謙十郎は、『人生手帖』が創刊されると、同誌にもほぼ毎号執筆し、同誌常連の知識人となった。また、『人生手帖』創刊より一年近く前ではあるが、『葦』（一九五一年春号）には寺島が「自由とは何か」と題した小論を寄稿している。

『葦』編集部に勤務した早乙女勝元も、『人生手帖』の常連作家となった。早乙女は『葦』編集部で編集業務にあたりながら、一八歳の若さで自伝的小説「優曇華《うどんげ》の花」を『葦』に三回にわたり連載した［一九五一年春号・初秋号・晩秋号］。これは『下街の故郷』と改題のうえ、一九五二年に葦会より単行本化された。その後、葦会を退社した早乙女は工場勤務の傍ら、「遠い記憶」（一九五六年八月）や「貧しい恋人」（一九五七年一－七月）などの小説を『人生手帖』に発表し、後者は『美しい橋』に改題のうえ、一九五七年に文理書院から単行本化された［「編集後記」『人生手帖』一九五七年一一月号、一二八頁］。

大和岩雄（1955年）

『葦』と『人生手帖』の相違を強いてあげるとすれば、前者の場合、読者投稿の手記は文芸的なエッセイ風のものが多く、一五頁を超える長文のものもしばしば見られたのに対し、後者では、せいぜい四、五頁の読者手記が一般的で、それも文芸調というよりは、体験に根ざした論説文のようなスタイルが目立っていた。だが、それも程度の差でしかなく、扱うテーマや事象、書き手の層は、かなりの程度、共通していた。

当然ながら、両誌の読み手はしばしば重なっていた。『葦』（一九五三年八月号）では、六二八通の読者カードに基づく読者分析が行われているが、そこでは『潮《うしお》』（葦会が一九五二年に創刊した総合誌）や『平和』『文藝春秋』『世界』『中央公論』に続いて、『人生手帖』が併読誌の第六位にあがっていた［「読者カードの分析」一三六頁］。総合雑誌を除けば、もっとも多く併読されていたことになる。山本和加子（山本茂實の妻）も述べるように、「読者側にとってみれば、『葦』を買おうか『人生手帖』にしようか、代わるがわる買ってみようとか」といった読み方がなされていたのであろう。[7]

もっとも、『人生手帖』が『葦』に重なり合うのは、ある意味では必然的だった。というのも、『人生手帖』の編集は、『葦』編集部の大和《おおわ》岩雄が手がけていた。

大和は『葦』編集部に入って間もない一九四九年夏号以降、たびたび編集人に名を連ねるなど、[8]

同誌編集業務の中核を担っていた。むろん、『葦』編集の実質的な最高責任者は山本茂實であったが、大和はそれに次ぐ立場にあった。しかし、大和は五一年末頃から、日中は隔月刊の『葦』の編集にあたり、夜間は『人生手帖』を手がけるようになった。全三二頁で一〇〇〇部発行からスタートした『人生手帖』が、第三号では四八頁で三〇〇〇部まで拡大できたこともあり、大和は『葦』を離れ、『人生手帖』に専念するようになる。とはいえ、「『葦』創刊の頃と同様に部下の一人もいない編集長」であり、文理書院は「経営者寺島徳治〔文夫〕氏と編集の大和の、たった二人の出版社」であったという。[9]

さらに言えば、文理書院を立ち上げ、『人生手帖』の主筆を務めた寺島文夫も、『葦』の山本茂實に重なるライフコースを歩んできた。一九一〇年に新潟県の農家に生まれた寺島は、小学校六年生の時には首席になるほど学業優秀で、担任教師のみならず校長までもが自宅に訪れ、中学への進学をつよく勧めていた。しかし、父親は寺島の進学を許さなかった。自作農兼小作農の家庭であり、決して裕福ではなかったが、「全部小作としている農家からみれば楽な方」であり、旧制中学にやれないほどではなかった。「全部自作地だという家や地主の家」からみれば、「子供を中学校にやるなんてとんでもない」というのが、その理由であった。[10] そのことは、寺島の「階級意識」を覚醒させた。寺島は、自伝的な著書『学歴なし』(青春出版社、一九五六年)のなかで、そのときの思いを、こう振り返っている。

いくら貧乏人の子だって学課では負けないぞ……私の階級意識はそんな形で目ざめた。六年の卒業式の時には、彼女［本家の女子生徒］は女子の一番であり、私は男子の首席であった。しかし、彼女は、女学校へ汽車で通学できる身分になり、私たちは相かわらず古い小学校の一室で、一年と二年が合併授業を受ける高等科でがまんしなければならないのは、残念でしかたがなかった。［二〇－二一頁］

その後、上京し、夜学に通うも病のために挫折した寺島は、文学や哲学書を読みふけるようになり、プロレタリア文学にも接近した。こうした読書や鬱屈が、勤労青年の「生き方」を扱う雑誌の立ち上げにつながった。それは明らかに、山本茂實にも重なり合うものであった。

『葦』編集部の不協和音

だが、それにしても、なぜ大和岩雄は『葦』編集部から『人生手帖』に移ることになったのか。先述のように、大和は『葦』の編集責任者に次ぐ地位にあったわけだが、それればかりではない。当時二〇歳そこそこであった大和は、自らの自伝と思索を重ね合わせた小説を、三峯五郎のペンネームで『葦』に連載し［一九五〇年早春号など］、一九五一年には『人の世に何求めてか――二十歳の日記』を葦会から刊行している。『葦』編集部は、若い大和に編集業務を任せ、書き手としてのデビューも可能にするほどに恵まれた環境であったわけだが、にもかかわらず、なぜ文理書院に移籍したのか。その詳細は定かではないが、その背後には、『葦』編集部内の不協和や軋轢が透けて見える。ことに、一九五四年に生じた内紛は、それを如実に物語るものであった。『日本観光新聞』（一九五四年七月一六日）は、「無軌道な人生記録雑誌『葦』をめぐる桃色騒動」という派手な見出しのもと、山本茂實の女性問題を大々的に報じた。同紙はスキャンダルをおもに扱うゴシップ新聞ではあったが、『葦』編集部ではこの報道をきっかけに、山本の責任を追及する声が湧き起こった。

　山本の学歴詐称問題も浮上した。山本は『生き抜く悩み』（一九四七年）や『救われざるの記』（一九五二年）の略歴欄に、自らの学歴を「早稲田大学文学部哲学科に在籍す」などと表記していたが、前章でも述べたように、実際には聴講生としての身分であった。このことは、『日本観光新聞』でも指摘されたほか、『葦』編集部においても問題視された。[11]『葦』編集部は、山本への抗議文のなかで、「一介の百姓青年である事を誇りとし、庶民主義者をもつて任じ、権威を否定する事の中に新しいモラルを説いたあなたが、何故そのように学歴に恋々としてこだわり、純真な読者達を欺瞞しようとするのです。あなたは少なくともこの一点だけでも全国の読者に謝罪する責任

山本茂實（1955年）

があります」と記していた[12]。山本が聴講生であることを明記せず、在学を匂わせていたことは、「就職組」の鬱屈に向き合おうとしてきた編集部や読者会にとって、裏切りに見えたのである。

こうした山本のスキャンダルは、影響力が限られたゴシップ紙の範囲を超えて、『サンデー毎日』（一九五四年七月二五日号）や『知性』（河出書房、一九五四年一〇月号）でも取り上げられるに至った。取締役であった小澤和一（のちの青春出版社の創業者）ら『葦』編集部員は「真相調査委員会」を結成し、山本に引責辞職を迫った。東京葦読者会も、七月一九日に山本を糾弾する声明を発表した。山本はいったんは辞任の意志を表明したものの、すぐに撤回し、社内の代表取締役印を持ち去るという挙に出た。これに反発した社員は対抗策として役員変更登記の法的手続きをとるなど、両者の関係は泥沼化した[13]。

この背景として、一部の左翼急進的なグループが山本を排斥しようとしたことが言われることもあるが[14]、いまとなっては定かではない。ただ、ここで重要なのはいずれの言い分に理があるかではなく、なぜ、『葦』編集部員が山本を庇《かば》うのではなく糾弾する側に回ったのか、ということである。『葦』（一九五四年九月号）には「全国の読者に訴える」と題し、編集部による経緯説明が四ページにわたって掲載されているが、そこでは山本の女性問題や学歴表記の問題への言及はあるものの、重きが置かれているのは、山本の社内での振る舞いであった。そこには、「彼は『葦』を愛し、『葦』の発展をねがうが故に彼に対して苦言を呈する者を、常に排斥し続けて来た」「口に民主主義を唱え、誠実を主張しながら、事実に於いては、傲慢な封建領主の如く独裁を振おうとする」「我々は、その傲慢さに対して烈しい怒りを禁じ得ない」といったことが綴られていた〔三六 - 三七頁〕。

それは、「『葦』は山本茂實のものなのか」という疑念とも結びついていた。『葦』（同号）には、「山本イクオール『葦』ではない」「葦が山本さんによつて育成され山本さんの精神と存在とを支柱として集い成つたものであつたとしても、既に数万の仲間を持ち真剣な支持と協力によつて伸び進んだ今は、ただ山本さん個人の力のみによつて形成されているものでないことは明瞭である」という識者・読者の発言が紹介されている〔「文化人の批判」三八頁、酒巻久美男「葦に望む」四〇 - 四一頁〕

そこに浮かび上がるのは、社内での山本の振る舞いに対する編集部員の憎悪である。山本は思い込みが激しく、短気で激情型のパーソナリティの持ち主であった。一九五一年ごろに、山本は松本市の葦会に講演に出かけたが、かげで批判されていると勘違いした山本は、その場の会員に確認することもなく「君達の様な者にはもう何も云わぬ！」「不純で嫌だつたら僕の所へもう来るな！〔中略〕絶交だ」と二時間近くまくしたてたと言う。[15] 早稲田大学で山本を指導していた哲学者・松田治一郎も、「彼を侮辱する相手は、残らずトコトンまでやっつけずには、腹の虫がおさまらぬ」という山本の気性に言及していた。[16]

結核の療養所で、たとえ真夜中であっても相手を叩き起こして論戦を挑んだことを考えれば、山本の激しやすい性格は容易に想像できる。だが、編集部内で日常的にそうした言動が繰り返されるのであれば、編集部員の苛立ちや離反を招いたとしても不思議ではない。

これはおそらく、大和岩雄が『葦』を離れたこととも関わるものであろう。『アサヒグラフ』（一九五五年九月二八日号）において、大和はその経緯について「自殺者の手記ばかりのせて山本編集長から暗いと批判されたりして最後は見解の相違でタモトを分」ったことを語っている［〝人生雑誌〟編集長告知板」一〇頁］。そこに至るまでの軋轢《あつれき》の蓄積において、山本の日常的な激しい言動が関わっていたことは、想像に難くない。

激しやすさの由来

もっとも、山本の気性はそのライフコースとも無縁ではない。それまでの山本の歩みにおいて特徴的なのは、挫折と成功の振れ幅の大きさである。小学校では首席であり続けながら、貧困ゆえに進学が叶わず、農業を継いだものの、肥桶を市中心部で転倒させる失態を演じたこともあった。しかし、数年にして実家の借金を返済し、青年学校では優等生で通し、軍隊に入隊すれば、近衛連隊に推薦されたうえに、短期間での昇進を果たした。だが、下士官昇進も現実味を帯びようとするなか、肺を患い、長期入院を余儀なくされる。それでも、死を覚悟するほどの失意がありながら、読書に目ざめ、退院後は全国弁論大会で優勝し、聴講生とはいえ早稲田大学に進むことができた。『生き抜く悩み』などの著書は版を重ねるベストセラーとなり、雑誌『葦』の部数の伸びも好調だった。

筆舌に尽くしがたい挫折を味わいながらも、そのたびに這い上がり、成功を勝ちとる経験を繰り返してきたことを考えれば、山本が過剰なまでの自信や自負を抱き、その分、自らへの異議や批判を論破せねば気が済まなかったことは、決して不思議ではない。先の『アサヒグラフ』（一九五五年九月二八日号）は主要な人生雑誌編集長を特集しているが、そのなかで山本については「人生雑誌の戦後の草分け。それだけに敵も多く「僕は人間の言葉なんて信用しない」と激しい口調」と記されている〔「〝人生雑誌〟編集長告知板」一一頁〕。それも、大きな挫折と成功を幾度も繰り返してきた山本の来歴に、密接に結びつくものであった。

若き寺島文夫と挫折の日々――「正しさ」への懐疑

その点、寺島文夫は対照的であった。上級学校に進めなかった失意が大きかった点では山本とも重なり合うものがあったが、戦後になって文理書院を立ち上げるまでは、とくに目立った成功体験は見られなかった。進学への憧れを断ち切れなかった寺島は、夜学に通うことを夢見て上京し、東京の叔父の酒店で店員として働いたが、叔父が夜学への通学を認めることはなかった。寺島は叔父宅を家出し、いくつかの職を転々としたのち、銀座の貿易商会で事務見習いをしながら、待望の夜学への通学を実現させた。しかし、ほどなくして肺を病み、やむを得ず退学のうえ帰郷して、療養に専念しなければならなかった。

その後、地元の小新聞社で下働きをしたり、兄の影響で組合運動に関わるなかで、社会科学に関心を持つようになった。寺島は早稲田大学の政治経済学の講義録を取り寄せて独学を進める一方、農民組合運動にも深く関わるようになった。だが、一九二八年三月一五日、全国一斉に共産党員が検挙されると（三・一五事件）、党員でない寺島も合わせて検束された。

拘留が解けたのちは、プロレタリア文学に接近し、小説の習作なども重ねた。それがもとで再度、五〇日ほど警察で拘束されたものの、文学への関心が印刷所や小出版社での勤務につながり、三〇歳近くになってようやく千倉《ちくら》書房で編集者の職を得ることができた。そこで近代史家の田中惣五郎や歴史家・評論家の白柳秀湖の知遇を得たことが、戦後の文理書院の立ち上げにつながった。

だが、裏を返せば、寺島は若い時分に、山本のような華々しい成功を得ることはなく、壮年期に差し掛かるまでは、文学や社会科学への関心を抱きつつも、失意や挫折を繰り返す日々を送っていた。なかでも三・一五事件での拘留経験は、寺島に自省を促すこととなった。寺島は自伝『人生はわが学校』（文理書院、一九五七年）のなかで当時を回想しながら、次のように述べている。

> 三月十五日事件に関係した経験から、私は、自分が政治的な実行運動をするに適した人間であるかどうかということに疑いをもつようになった。あるいは、自信を失ったといった方がよいかもしれない。しかし、まだ二十才にもならぬ私に、自信らしいものがあったとしたら、それは単なるうぬぼれにすぎないのであって、そういううぬぼれをたたきつぶされたと

いった方が正しいかもしれない。〔五四－五五頁〕

寺島は山本より七年ほどの年長でしかないが、すでに二〇歳前後の時期において、「うぬぼれ」に過ぎない「自信」が「たたきつぶされた」ことを認識していた点で、鼻っ柱のつよい山本とのパーソナリティの相違は明らかであろう。上記の記述が後年の回想であったとしても、これが書かれたのは『葦』の内紛とほぼ同時期である。類似した人生雑誌とはいえ、編集部内の空気の違いは、容易に察せられる。

大和岩雄が『葦』から『人生手帖』に移った直接的な理由はさておき、そこには主宰者のパーソナリティやそれを導いたライフコースの相違が浮かび上がっていた。

人生雑誌ブームの到来

『人生手帖』創刊号は全三二頁で一〇〇〇部の発行であったが、取次の反応が良かったこともあり、すぐに一〇〇〇部を追加した。当初から月刊で、次々号（一九五二年三月）では三〇〇〇部に至ったが、その勢いは止まらず、創刊翌年の一九五三年には三万部、五五年には七万八〇〇〇部に到達した。緑の会もそれにあわせて拡大し、一九五三年一月には「全国に千余名の会員と学校・村・町・職場を中心とする支部百以上をもつ文化団体」へと成長した[17]。

もっとも、内紛が生じた『葦』にしても、部数は増加傾向にあった。山本による告訴や全従業員の解雇、資金繰りの悪化などもあり、一九五四年一〇月号の刊行後、一時的に休刊を余儀なくされた。しかし、最終的には山本が編集人に復帰し、一九五五年一月には「復刊第一号」が刊行された。内紛が公になったことで、一時的に読者は離れたが、間もなく部数は回復し、五五年秋には八万部を発行するに至っている。[18]

序章でもふれたように、同時期の『中央公論』の発行部数は一二万部（購読数は八万部）程度であり、『世界』が一〇万部に到達したのも、一九五四年のことであった。それを考えれば、『人生手帖』にせよ『葦』にせよ、雑誌メディアとして一定以上の存在感を示していた。

さらに言えば、葦会（のちに葦出版社へと改称）にとって、一九五〇年代前半から半ばの時期は、拡大一辺倒の時代であった。一九五二年六月には隔月刊で総合誌『潮《うしお》』が創刊された。これは、中野好夫、務台理作《むたいりさく》、清水幾太郎《しみずいくたろう》、都留重人、亀井勝一郎、柳田謙十郎ら、当時の著名知識人を編集顧問としながら、「誰にもわかるやさしい綜合雑誌」「働く人たちが、直接編集にタッチできる綜合雑誌」「働く人たちの中から新人を育てる綜合雑誌」[19]と銘打ち、編集顧問らによる論説のほか、読者による社会・政治評論も多く掲載された。

一九五三年八月には「多数の読者の要望に応えて、現在の葦よりもつともつと深く生活に根ざした、あくまで庶民と共に人生や生活を語れる健康な国民雑誌」として、月刊誌『雑草』が立ち上げられた。[20]『葦』に比べると、知識人・文化人の寄稿が少なく、読者の投稿作品が誌面のほとんどを占めるものではあったが、見方をかえれば、読者からの投稿が相当に多く、類似の雑誌を創刊できるほど『葦』が急伸を遂げていたことがうかがえる。
一九五五年春には、『葦』に文学的な作品が多く投稿されていたことから、文芸誌『小説葦』が創刊された。読者からの投稿作品が多かったが、そればかりではなく、小田切秀雄による文芸評論のほか、有吉佐和子（白根あぐり）や石垣りんなど、のちに著名な作家・詩人になる書き手も、作品を発表していた。[21]
『人生手帖』や『葦』のこうした盛り上がりは、週刊誌などでも「人生雑誌ブーム」として、大きく取り上げられることとなった。『サンデー毎日』（一九五五年四月一〇日号）は「青年雑誌屋さんほくほく帖」と題した特集を組み、『葦』『人生手帖』などの人生雑誌が「若い世代の、あまい悩みを映し出して、一部の青年層に根を深くおろしている」ことを指摘している［一八頁］。『週刊朝日』（一九五五年七月一七日号）に至っては、巻頭八ページにわたって「「人生雑誌」の秘

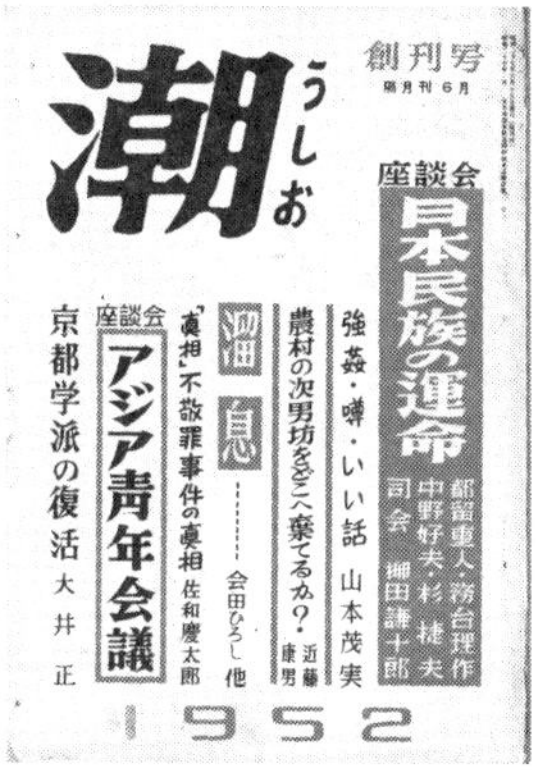

『潮』創刊号（1952年6月）

『小説葦』1956年春号

『人生』1956年3月号

密——若者の求めているものは何か？」を掲載し、「『人生雑誌』と通称される一群の雑誌がある。ブームというほどではないが、馬鹿に出来ぬ売行きを示し、一部の青年子女から信仰に近い支持を受けている」と記していた［四頁］。それを裏付けるかのように、『若人』（学燈社、五万部）、『人生』（池田書店、二万五〇〇〇部）といった同種の雑誌が新たに創刊された[22]。

裏を返せば、『葦』の内紛や山本茂實のスキャンダルがゴシップ紙や大手週刊誌で取り上げられること自体、『葦』の社会的影響力の大きさを物語っていた。そもそも、広く認知されていない雑誌であれば、かりにスキャンダルがあったとしても、大手週刊誌が取り上げることはあり得ない。『葦』の社会的影響力が認められるからこそ、こうした話題がゴシップ紙や週刊誌で取り上げられることになる。さらに言えば、スキャンダル報道そのものが、かえって『葦』が一定以上の力を有していることを、読者につよく印象づけることになる。その意味で、一九五〇年代半ばは、人生雑誌が高揚期を迎えた時代であった。

「マンボにうつつをぬかさぬ読者たち」

では、戦後一〇年ほどが経過したこの時期において、人生雑誌はいかなる層にどのように読まれていたのか。この点に関して、「『人生雑誌』の秘密」を特集した先述の『週刊朝日』（一九五五年七月一七日号）は、「順調なコースを歩む若者や、マンボにうつつをぬかす連中とは違った〝第二の若者〟ともいうべき一群があって、何ものかを求めている」ことを指摘している〔四頁〕。人生雑誌の主要読者たちは、たしかに高学歴ではないが、かといって、「マンボにうつつをぬかす連中」とも異質であった。以下の読者の記述は、そのことを鮮明に物語っている。

人生雑誌を特集した『週刊朝日』1955年7月17日号

　心の悲しみや迷いを、なんとかしてまぎらわそうと読みあさつていた私が見つけたのは姉が借りて来た葦だつたのです。心の迷いをなくしたいと教会へも通いました。友は私が「葦」を読んでいるのを見て、「貴女は私達と違つてレベルが高いから、少女雑誌なんて読まないのね、そんなむづかしい本読んで面白いの？」なんていゝました。私はそんな時だまつていました。私の心がわかつてくれないような気がして。でも私は、少女小説なんてウソばかり書いてあるように思われ、好きになれないのです。真実のあふれた本。真実にそくした生活——それを私はのぞんでいるのです。［「かわず」欄、『葦』一九五二年夏号、八三頁］

「少女小説」のような娯楽に耽溺するのではなく、「心の迷い」「真実にそくした生活」に向き合おうとする読者像が浮かび上がる。人生雑誌はこうした「〝第三の若者〟ともいうべき一群」によって支えられていた。

それは、彼らの孤立感を和らげるものでもあった。彼らのなかには、家計の困窮のために上級学校に進学できないばかりか、就職先でさまざまな抑圧を感じる者も多かった。ある読者は「新制中学しか出ていないので学校に行きたいが、酒屋という商売は忙がしくて［中略］まとまつた時間がもらえないので、夜学にも通えず困つている」[23]ことを吐露し、別の女子工員は「あちらの現場でもこちらの現場でも人員整理が行われて居る。私もいつかその中の一人かと思うと、毎日どき〳〵しながら日を送つて居る」と綴っている。[24]実家で暮らす者であっても、家計の困窮のために、親が酒に溺れたり出奔するなどして、家庭が破綻しているケースも少なくなかった。そうした彼らにとって、人生雑誌は「生きがいある生活」に目を向けさせてくれるものであった。ある読者は、『人生手帖』（一九五三年一月号）に寄せた文章のなかで、その読後感をこう記している。

生きる喜びもたのしみもなく毎日を過しておりましたところ、「人生手帖」をしり、いくじのない私でしたが、何度も何度も読みかえすうちに、どうしたら生き甲斐ある生活が出来るか、わかるようになり、生きていてよかった、と思うようになりました。〔「緑の園」五三頁〕

そのことはさらに、自分以外の同じ境遇にある者たちの存在を想起させることにつながった。朝六時半から夜一一時まで労働を課されていた果物店の住み込み店員は、「人生雑誌を手にしたときの気持」を以下のように語っている。

読んでいるうちに、ぼくのような環境にいて、悩んでいるのは自分一人じゃないのだ。同じような生活に苦しんでるひとがこの世の中には大勢いるんだということがはじめてわかりました。まるで自分のことを書かれているんじゃないかと思ったくらいでした。

もちろん、よく読んでみると、お互いに悩みを告白しあってるだけで、いますぐどうこうという解決法は何も示されていません。わたしの置かれている条件は相変らず前と同じですが、ぼくは一人じゃない、という勇気と、みんなが誌上ではげましあうことによって、苦しい毎日がいくらかでもちがってくるんじゃないか、という気持もわいてきました。[25]

そこに浮かび上がるのは、第1章でもふれたような、見えない読者どうしの「想像の共同体」である。人生雑誌は「いますぐどうこうという解決法」を見出すうえで役立つわけではなかったが、「悩んでいるのは自分一人じゃない」ことに気付かせ、「同じような生活に苦しんでるひとがこの世の中には大勢いるんだということ」を可視化させる。読者たちにとって人生雑誌は、書かれている内容自体に有用性があるのではなく、むしろ、その先に透けて見える「想像の共同体」を感知させ、自らもそこに参加していることを実感させることに意味があった。『葦』や『人生手帖』は、そのような機能を有していたのである。

2 大衆教養文化と貧困・格差

高校進学率の上昇と「就職組」

だが、それにしても、人生雑誌はなぜ、一九五〇年代半ばに盛り上がりを見せるようになったのか。人生雑誌が読者たちに「想像の共同体」を感知させるものであったとすれば、この時代には、こうした「想像の共同体」がことさらに必要とされる社会背景があったのか。だとすれば、それはいかなるものであったのか。これを考えるうえで重要なのは、高校進学率の変化である。戦後復興が進むに従い、高校進学率は上昇し、すでに一九五五年には五一・五パーセントに達していた。このことは、家計困難により高校進学が阻まれることへの鬱屈を大きくかきたてた。

終戦前後の頃のように旧制中学への進学率が一割にも達していなければ、[26]「進学したくてもできない」ことは、まだしも「よくあること」と諦めもついたかもしれない。一九一〇年生まれの寺島文夫は、学業優秀ながら旧制中学に上がれなかったことを回顧しながら、「五十人ばかりいた私の級から、進学したのは女子で二人あっただけで、男子は、中以下の家の子供ばかりそろったために一人もなかったのは、負けずぎらいの私にとってはせめてものしあわせだったように思う」と述べている。[27]

しかし、同級生の半数が義務教育より上の課程に進むようになると、「進学できる力があるのに……」「自分より成績が下のヤツが高校に行けるのに……」という鬱屈を抱くのは自然なことである。半数が高校に進学するということは、「進学したくても進学できない」状況が必ずしも「ありふれた事柄」でなくなったことを意味する。必然的に、進学を希望しながらもそれが阻まれた若者は、これを不当なものと認識し、悔しさや屈折した思いを溜め込むことになる。

こうした心性は、当時の人生雑誌にも多く綴られていた。『人生手帖』（一九五六年九月号）にも、「ただ無茶苦茶に〔高校に〕行きたかった」が、家庭の事情で「もう三年高校に行かせてくれ」と言えずに進学を断念した青年の手記が掲載されている〔山岡正美「老いた両親をかなしませたくなかった」一一〇―一一一頁」。『葦』の姉妹誌である『雑草』(一九五四年二月号)でも似た境遇の一六歳の女性の手記が収められており、そこでは「私は進学をした友人を見ると、悲しかつた。所かまわず、口惜し涙が溢れてくるのを、どうする事も出来なかつた。制服を着て、楽しそうに語らいながらゆく姿を見かけると、自分だけが、一歩一歩前進していく友から遠ざかつていく様な、惨めな淋しさを覚えずには居られなかつた。私も進学したい、そしてもつともつと勉強がしたい」と書き付けられていた〔「雑草族」欄、三八頁〕。

その意味で、高校進学率の上昇は、単に教育機会の拡大を意味するだけでなく、進学を希望しながらそれが叶わない者たちの根深い鬱屈を表面化させた。こうした状況が、人生雑誌の隆盛を導くこととなった。人生雑誌は、苦悶や鬱屈を見えない読者たちと共有し、相互に励まし合うことを可能にするものであった。第1章でもふれたように、大和岩雄は「僕が雑誌をつくっていたときの気持、それは、小学生のとき、進学組と就職組に、ただ家が貧しいからというそれだけの理由で分けられ、差別されたくやしい思いを、進学組の連中にはわからないだろうが、わかる連中に、ぶちまけた。それが『葦』であり、『人生手帖』であり、『青春の手帖』だった」と述べていたが、こうした心性が広く共有されていたのが、一九五〇年代半ばから後半にかけての時期であった。

戦後一〇年の格差問題――「貧困映画」の時代

見方を変えれば、人生雑誌の盛り上がりは、当時の貧困や格差の根深さを映し出していた。『人生手帖』（一九五六年九月号）には、「私達の村の生活はもう百姓と山仕事のみでは食えない所へ来ている」ことに言及した農村青年の手記が収められていた〔多田静夫「犠牲的親孝行は無である」二二頁〕。一九五六年一〇月号には、「どん底にあえぐ人々の声」と題したルポルタージュが掲載され、「バタ屋」（街路やごみ箱の中などの廃品を集めて生活する人々を指す当時の呼称）の抜け出しようのない貧困が描かれていた。

当時は神武景気とされる好況期にありながら、貧困の問題は深刻だった。社会学者・橋本健二の推計によれば、一九五五年当時の貧困率は、零細工場労働者で二一・六パーセント、農民層に至っては三四・一パーセントに達したという。[28] それもあって、『厚生白書』一九五六年版は「復興の背後に取り残された人々」の存在を指摘し〔一六頁〕、五八年版も「わが国の低所得階層人口

映画『二十四の瞳』（1954年）ポスター

『赤線地帯』（1956年）ポスター

のふくれあがりの結果する際涯《さいがい》は、国民生活の前進に黒々として立ちはだかっている鉄の壁――と見るよりほかに考えようがない」と記していた〔序七頁〕。

こうした状況は、当時の映画メディアからも推し測ることができる。一九五〇年代半ばから後半にかけて話題になった日本映画を眺めてみると、貧困に焦点を当てた作品の多さに気付かされる。

一九五四年九月に公開され、年間配給収入第四位（日本映画）を記録した『二十四の瞳』（木下恵介監督）は、反戦映画として知られる作品だが、描写の多くは、あまりにも悲惨な小漁村の貧困に充てられている。同年に二・二六事件を扱って話題になった『叛乱』（佐分利信《さぶりしん》監督）も、昭和恐慌下の農村の貧困に焦点を当てていた。売春防止法廃止にゆれる吉原の娼郭を描いた『赤線地帯』（溝口健二監督、一九五六年）でも、娼婦ハナエの夫が病と貧困に苦しみ、幼児を残して自殺しようとする場面が重く描かれている。それ以外にも『キクとイサム』（今井正監督、一九五九年）など、主題は違えど、貧困を扱った同時代の映画は、枚挙に暇がない。一九五〇年代後半期は「貧困映画の時代」であり、それは当時の社会状況をスクリーンに映し出すものであった。

農村の困窮と過剰人口

ことに、農村の行き詰まりは深刻だった。終戦後、多くの農村で人口過剰が顕著になった。敗戦によって軍需工場は生産を停止し、労働者の多くは失業状態に陥った。軍隊に動員されていた軍人・軍属たちも、新たな仕事を見つける必要に迫られたが、戦災で荒廃した都市部で得られる職はごくわずかであった。必然的に、彼らの大多数は、実家のある農村部で生活を立て直そうとした。終戦時の在外日本人は、シベリア抑留者を除いても六〇〇万人に及んだが、その多くが農村に押し寄せることとなった[29]。

とはいえ、個々の農家の土地には限りがあった。農地改革によって、一定程度、自作農が増加したとはいえ、戦地・外地からの引揚者は、それまで日本内地の小作農だったわけではないので、原則的に農地改革の対象から外されていた。当然ながら、彼らが農地を取得することは困難だった[30]。

農地を兄弟で分割相続することも難しかった。一戸当たりの農耕地面積が小さくなることは、収穫量の低下を意味し、生活が困難になることは明らかだった。したがって、農地は基本的に長男が相続し、二男以下は別の就業機会を得られない限り、跡を継いだ長男に従属しなければならなかった。彼らは農繁期には貴重な労働力であったかもしれないが、それ以外は「穀つぶし」視される存在であった。

「二三男問題」は、一九五〇年代半ばにおいても、大きな社会問題となっていた。『日本農業年鑑 一九五五年版』(家の光協会)も、「自家の農業をつぐこともできず、さりとて特有の技能もなく、また何時《いつ》までも農村に留まることを許されず、都市に出るにしても職と住に恵まれず、悶々のうちに補助的農業労働者、或は兼業労働者として日を送りつゝ、ある二、三男の問題」を取り上げていた。同書は、農村の二三男のうち「特に現在の職業が不安定で、問題解決に急を要すると解されるもの」が約半数に及ぶことを指摘したうえで〔四八-四九頁〕、農村の余剰人口と潜在失業の問題を、以下のように整理している。

農業部門においては耕地という始めから限定された経営の要素があり、無制限に就業者を入れることはできない。しかし一方は人口の増加という強烈な圧力が働いており、こゝに無理した形での就業が存在すると解釈しなければならない。それが潜在失業だろうと思うのである。〔四一頁〕

人生雑誌のなかでも、こうした農村の桎梏はたびたび扱われた。『葦』(一九五五年五月号)には、「次男坊はどうすればいいか」と題した農村の若者の手記が掲載されているが、そこでは「兄が農業をするのでどうしても他の職を選ばねばな」らないものの、零細な個人商店以外に就職先が見当たらずに悩む姿が綴られている〔北村英夫、四九頁〕。『人生手帖』(一九五八年五月号)の特集「農村に住む青年男女の問題」でも、二三男問題の深刻さが以下のように記されている。

農家に生れた二三男は、一部の人(高校に進学し、または会社、工場等に中学校卒業と同時に就職する人)を除き、ほとんどの人が中学校を終ると農業に従事する。少ない土地で一家の者だけが食べて行くのにやっとのような将来分地出来ない農家でも、苦しい生活で機械力の導入が出来ないために、二三男を労働力として頼る。長男が結婚する段になると、その相手の女性が働き手として加わるため、二三男の労働力がそれほど必要でなくなる。そこで二三男は外に仕事を見つけて働きに出なければならなくなる。だが、義務教育終了と同時に、農業に従事していた者は、農業以外に他の技術を持つことはほとんどできない。なんらかの技術を持っている人でも就職の困難なこの社会で、農村出の何の技術の持ち合わせもない二三男ということでなおさら難かしくなる。［坂本昭「二三男に土地と仕事を！」二八－二九頁］

困窮する農村の過剰人口と展望が開けないさまが、そこには浮かび上がる。農村の読者たちは、こうした鬱屈を胸に人生雑誌を手にしていたのである。

自衛隊の「魅力」

これらの問題は、自衛隊と関連付けて論じられることも多かった。農村部の青年のなかには、自衛隊に入隊する者も少なくなかった。[31] 公務員として安定性が確保でき、機械操縦等の技術を身に着けることで、除隊後の転職が有利になることも見込まれた。そのためか、一九五四年には自衛隊の応募者は募集人員を大幅に上回った。その倍率は、陸上自衛隊で二・三倍、海上自衛隊で九・四倍、航空自衛隊に至っては一三倍という高さであった。[32] その背景について、農業経済学者・近藤康男が編纂した『共同研究　貧しさからの解放』（中央公論社、一九五三年）では、以下のように指摘されている。

　軍隊は或る程度の就職のチャンスであつた。中小地主の息子は士官学校を出て将校になり、農民の息子にとつては下士官は名誉ある職業であつた。それが敗戦によつて路を閉ざされていたのだから、二ヵ年の勤務の後には、六万円の退職金がもらえる警察予備隊は、農村では喜んで迎えられた。これからの［保安隊への］拡張もまた同じであろう。過剰人口をかかえている農民が、問題を自分だけで解決しようとするかぎり予備隊は名誉ある職業以外の何ものでもない。八百屋の小僧よりも、身売りする娘よりはるかに高く評価される。［一一一頁］

　選択可能な職業が限られる農村部の青年にとって、自衛隊は明らかに、給与の面でも社会的地位の面でも魅力ある職場であった。必然的に、安定した職に窮していた農村の二三男たちは、少なからず自衛隊に吸い寄せられることとなった。『人生手帖』（一九五八年五月号）の先の手記でも、「農村の農業以外に技術の持ち合わせの無い二三男を歓迎してくれるのは自衛隊だけのようだ。だから、農村の二三男の自活の道として開かれているのは自衛隊の門以外、現在の日本ではないようである。自衛隊員のほとんどが、農村出の二三男であることも、これを物語っているのではないだろうか」と指摘されていた［二九頁］。

それもあって、人生雑誌には自衛隊関係者の手記も少なからず掲載された。『葦』（一九五四年一〇月号）には、「一自衛隊員の手記」が収められているが、そこでは「零落の一途を辿る農家の四男が辿るべき、必然的な一つの宿命」として、数年前に警察予備隊に入隊したことが書かれている［利根富士男、三九頁］。『人生手帖』（一九五二年七月号）の北村吉雄「或る予備隊員との会話」でも、「やっぱり他に正常な良い仕事がみつからない人が多い」ことが記されていた［四三頁］。

再軍備問題については、『世界』（一九五二年五月号）や『改造』（一九五二年一〇月増刊号）などでも平和主義の観点から、批判的に論じられることが多かった。人生雑誌においてもこうした論調が多かったのは、前述のとおりである。だが、同時に、人生雑誌では農村の貧困や二三男問題との関連で警察予備隊や自衛隊が論じられることも少なくなかった。それも、苦境に喘ぐ農村部の青年が人生雑誌を多く手にしていたことの裏返しであった。

家族内の軋轢

農村の貧困の問題は、しばしば家族内の軋轢をも生み出した。ある女性は『人生手帖』（一九五三年三月号）において、「昼間の間は皆それぞれ学校だとか仕事で何も［かも］忘れているが、夜になり皆が集まると金の話が出る。私は「また家に帰ると母ちゃんのぐじぐじ話が始まる」と思うと家に帰るのがいやであつた」と記していた。家庭は「一年中の汗の結晶は税金、肥料代で終ってしまい生活費は、夏中、野菜を売ったり花を売ってどうにか一日一日息をつないでいた」ほどの困窮に喘ぎ、小中学校の給食代・教材費の支払いや農耕機具の購入をめぐって、言い争いが絶えなかったという〔小林あや子「私の家」三三頁〕。

また、困窮家庭であるかどうかは別にしても、三世代以上の同居が一般的であった農村の家庭では、往々にして相互監視の目が張り巡らされていた。ことに女性の場合、それが顕著だった。岩手県の農村での取材をもとにまとめられた大牟羅良《おおむらりよう》『ものいわぬ農民』（岩波新書、一九五八年）では、「農繁期より農閑期の方がつかれるような気がする」という「あるヨメさん」の発言が引かれている〔五八頁〕。農繁期であれば、田畑に出ていることが多く、その間は姑の目から逃れることができるわけだが、農閑期は在宅時間が長くなるため、終日、姑の監視下に置かれることになる。何らかの屋内作業があればまだしも、それがないからと言って、くつろいだりしていると、怠けていると責められかねないので、無理にでも何らかの作業を探さなければならない。大牟羅は、自らの軍隊経験を振り返りながら、これを初年兵の内務班生活に重ね合わせている。

私の初年兵時代の内務班の生活、あの古年兵たちの凝視にさらされての生活、それは正しくこのヨメさんと同様でした。ない仕事まで無理にも見つけ出して動いていなければならなかった生活、それはたしかに、野外演習に出て猛訓練しているより私にはつらく思われるものでした。農家の初年兵、それはヨメさんである、と私は思います。〔五九頁〕

人生雑誌を手にするような農村の若い女性にとって、こうした「ヨメ」の姿は、自らの近い将来を映し出すものにほかならなかった。さらに言えば、親の田畑を継ぐことが想定されていない農家の二三男が他家に「ムコ」に行く場合も、それは同様であった。

とはいえ、その「ヨメさん」は抑圧を被るだけの存在ではない。歳月が経ち、その「ヨメさん」が姑の立場になると、抑圧を振るう側に転じる。それは、かつての初年兵が古年兵となり、新たに入隊した初年兵に存分に暴力を振るったことと重なり合うものであった。大牟羅は続けて、こう述べている。

「空き部屋があるにもかかわらず」このようにして個室を与えられずに、内務班だけの生活をつづけたヨメさんが、やがて何十年か後に姑さんになる。その姑さんはどんな姑さんになっているのでしょうか、長い間に鬱積した抑圧を一体誰にたたきつけるのでしょうか。「初年兵という者はこんなものでないんだ！　初年兵というものはどんなものだか教えてやるか！」こう言われて古年兵たちになぐられてきた私、人間性の不当な抑圧は必ずどこかに爆発せずにはいないものだと思うのです。［六〇頁］

ここで思い起こされるのは、丸山眞男による「抑圧の移譲」の指摘であろう。丸山は論文「超国家主義の論理と心理」（一九四六年）のなかで、自らの内務班生活を念頭に置きながら、「上からの圧迫感を下への恣意の発揮によつて順次に移譲して行く」ような軍隊内の暴力の構造を指摘したうえで、末端の兵士たちによる戦地での暴虐を生んだ構造を、こう論じている――「市民生活に於てまた軍隊生活に於て、圧迫を移譲すべき場所を持たない大衆が、一たび優越的地位に立つとき、己れにのしかかつていた全重圧から一挙に解放されんとする爆発的な衝動に駆り立てられたのは怪しむに足りない。彼らの蛮行はそうした乱舞の悲しい記念碑ではなかつたか」[33]。大牟羅は、明らかに丸山のこの議論を念頭に置きながら、戦後初期の農村社会のなかに、内務班と同様の「抑圧の移譲」を読み取っていた。

こうした農村社会への嫌悪感も、人生雑誌の中では少なからず綴られていた。先の特集「農村に住む青年男女の問題」『人生手帖』（一九五八年五月号）のなかでも、農業に従事する二〇歳の女性が「まるで牛や馬みたいに使われ」る「農村の嫁」にふれながら、「農村の嫁にも、もう少し自分の自由がほしいと思います。朝早くから夜遅くまで黙々と働きつづけ、体の休まるひまもないのです」「私も今にあのようになるのかと思うと、つくづくいやになってしまうのです」と記していた［清水輝美「農業は好きだが農村の嫁を見ると嫌になる」一二五頁］。『人生手帖』（一九五七年二月号）に寄せられた投書のなかでも、「農家の主婦には、心からの笑いが実に少い」「家庭へ入って農家の主婦となると笑いを忘れてしまう。娘時代にあれほど良く笑った人も、生活に入ると笑わなくなり陰性になってしまう」という指摘があった［久下秋夫「なぜ農村の主婦は笑わないのだろうか」一二九頁〕。

家郷からの離脱願望

農村部の家庭で読書や趣味が抑え込まれがちなことも、当時、少なからず指摘されていた。『人生手帖』（一九五六年九月号）では、一七歳の農家の女性の手記が紹介されているが、そこでは、「夜いつまでも電気をつけて本〔を〕読んでいる」ことを責め立てられ、「女など物事を難かしく考えるより、針仕事でも一生懸命やるものだ」という態度を変えない父親への苛立ちと、「本を買う金なんか与えられない、「考える時間」なんか与えられない、私の生活」への嘆きが綴られている〔大港礼子「小遣いと農村女性」一〇三頁〕。『人生手帖』（一九五八年五月号）の特集「農村に住む青年男女の問題」でも、「百姓のムスコには学問をさせてはいかん。学問をさせると、百姓をやらなくなってしまう」という農家の老人への不快感が記されていた〔二六頁〕。

もっとも、読書や主体的な思考を抑制しようとする傾向は、家庭の中だけに限られるものではなく、むしろ農村全体で広く見られるものであった。大牟羅良『ものいわぬ農民』のなかでも、農村内の人間関係に言及しながら「新聞を読むとセッゴケ（怠け者）だといい、意見をはくとセッゴケという。ものいえば、ふでえ（ひどい）しわざといわれるから、みんな黙ってる」と述べる青年の不満が紹介されていた〔一〇頁〕。『葦』（一九五六年一〇月号）でも、「農村社会の封建制や因習に不満を抱いていてともすると絶望感さえ感じている人がある」ことを指摘した女性の投書が掲載されていた〔「かわず」欄、六二頁〕。

当然ながら、農家に留まらなければならないことへの苛立ちは、人生雑誌でも多く吐露された。『人生手帖』（一九五六年一二月号）に寄せられた以下の投書は、農村青年のやるせない心情を如実に表していた。

〝バカなことをいうなッ！〟

親父にただ一言、こういわれると、どんな抱負を持っていても一ぺんに黙ってしまう無気力なわれらである。

まったく農家の長男くらい、つまらない存在はないと思う。明け暮れ親のいいつけを守り、スッカリ気の抜けた生活、何かいえばすぐガミガミやられるから、いきおい無口にならざるを得ない。二、三男諸君の方がはるかに羨ましい。彼らは就職の悩みさえのぞけば、いたって気軽なものだ。したがって、都会へ通勤している諸君などは、とても明朗で、長男と二、三男とではまるっきり別世界の青年のようなちがいがある。〝原始的、封建的環境の下で村に残り、いやな百姓のままで一生土に埋れ果てなければならない〟という絶望感が、多くの長男の心を暗くみじめにしているのである。いくら働いても少しも楽にならない生活、はだしのまま泥田に入り絶えまなく続く重労働である。翌日の仕事の一切の予定は前の晩に父からこまごまいい渡され、タバコを買う金も、その都度一々もらいうけるのである。何一つ将来に明るい見通しもなく暗い宿命の重い十字架を背負い、常に背後から何ものかに叱咤されるような気持で、一足一足ひきずりながら歩いてゆく農家の長男青年たちの悲哀と絶望感を、果して誰が理解してくれるであろうか？［渡辺文雄「長男の悲哀」一一〇－一一一頁］

青年たちのこうした閉塞感は、しばしば家族の親密さの喪失につながった。島根県で農業に従事する一九歳の女性は、『葦』（一九五八年八月号）に寄せた投書のなかで、家長である祖父について、「私の考えは一つも発言させてくれない。発言すれば口答ばかりする、でしゃばつて、お前みたいに口先が達者なら嫁のもらい手がないとの事を言い、若い者の考えは無視してしまいます」と記したうえで、以下のように綴っている［「かわず」欄、五八頁］。

一時は明るい家庭建設にと色々努力しましたが良くなるどころかかえつて、悪くなる一方でした故、弱い奴とお思いでしようが、何事もあきらめ空虚な生活を送つています。今の私の家庭環境では努力しても実らないようです。毎日がとても苦痛です。

家族の親密性が失われ、その紐帯《ちゅうたい》が切り裂かれている状況が浮かび上がる。

こうしたなか、人生雑誌は、見知らぬ農村青年どうしがその苦悶を吐露し合い、ヴァーチャルな共感の共同体を創出するものであった。人生雑誌がこれほど多く、農村問題を取り上げてきたことが、何よりそのことを指し示す。実際に、先の女性の投書（『葦』一九五八年八月号）は「私のこの心中を心から察して下さり、なぐさめ、力づけて下さる真実の友がいつかの日にはできる事を信じて」という文言で結ばれているが［「かわず」欄、五八頁］、そこには誌面を通して「真実の友」を求めようとする思いが透けて見える。『葦』（一九五六年一〇月号）の「かわず」欄には、農業に携わる二三歳の女性の投書が掲載されているが、そこでは「しかたがない、どうにもならない、と云う意識を捨てて、お互いに、貧困な生活の中から、ほんの小さい夢でも大切に育てて、明るい生活を生み出すよう、「カワズ」のように気軽に話し合おうではありませんか」と書かれている［六二頁］。

人生雑誌は、閉塞感と孤独感に苛まれがちな農村の青年たちにとって、地理的な制約を越えたコミュニケーションと苦悩の共有を可能にするものであった。当時の人生雑誌の盛り上がりにしても、このような農村青年に支えられた側面があった。

とはいえ、彼らがこれほどの閉塞感や絶望感を抱いていたのであれば、家郷からの離脱や上京に憧れを抱いたとしても不思議ではない。こうした思いも、当時の人生雑誌には散見される。『人生手帖』（一九五六年九月号）には、零細農家出身の二〇歳の青年の手記が掲載されているが、そこでは「百姓をして親に従うということは、言いかへれば、自から生活の不安をよび寄せるようなものです。そんなことでいいのか、親の言うまま従っていて将来それでいいのか」と自問自答を重ねた結果、実家を離れ、近郊都市の刃物工場で働くことを選び取ったことが、記されている〔多田静夫「犠牲的親孝行は無である」一二一頁〕。また、農村を出て四日市の紡績工場に就職したある女性は、困窮のために言い争いが絶えなかった実家での生活を振り返りながら、「私はどうすることもできなかつた。早く働らきたい。早くお金が取れるようになればと工場へ行く日が待遠しかつた」ことを、『人生手帖』（一九五三年三月号）に寄せた手記のなかで綴っていた〔小林あや子「私の家」三四頁〕。

こうした家郷離脱願望にも突き動かされながら、多くの青年たちが農村から大都市圏に流れ込むことになった。折しも高度経済成長の萌芽期であり、工場では多くの若年労働力を必要としていた。だが、彼らにとって都市での生活は決して恵まれたものではなかった。その苦悩も、人生雑誌には多く綴られていた。その社会背景と、そこにおける人生雑誌の機能について、以下に見ていくこととしたい。

3 「上京」と左傾のアンビバレンス

経済成長と集団就職

一九五〇年代後半以降、日本経済は高度経済成長期に入った。すでに朝鮮戦争勃発（一九五〇

洗濯機やテレビが並ぶ電器店の店頭（1957年）

年）に伴う特需景気が、企業の旺盛な設備投資や技術革新を生み出していたが、そうした動きは鉄鋼のような「川上産業」のみならず、家電など「川下」の製造業にも波及した。設備投資は労働生産性の向上と賃金・所得の上昇を促すとともに、製品の低価格化と品質向上をもたらした。その結果、耐久消費財は、都市部を起点に「熱狂的」ともいえるスピードで普及した。一九五八年の皇太子成婚（ミッチー・ブーム）も相俟って、白黒テレビは急速に家庭に入り込み、冷蔵庫や洗濯機も人々がこぞって買い求めた。

都市工業部門での賃金上昇は、多くの農村青年が都市に流入する状況を導いた。経済学者・加瀬和俊も「昭和三〇年代＝高度経済成長期は人口の大移動の時期でもあった。とくに、中学・高校の新規学卒者が地方から大都会へ集中するという一方通行の流れが顕著であった」と指摘している。[34]

若年労働者が農村の大家族から離れ、単身世帯や核家族世帯を営むようになったことも、個人消費の伸びを後押しした。三世代同居世帯に暮らしていた若年層が都市に移動し、新たな世帯を構えれば、耐久消費財や電力の需要もそれに合わせて増加する。高度経済成長はこれらの要素が絡まり合いながら進展し、六〇年代には経済成長率が対前年比平均一〇パーセントにも達した。
　当初、都市部の労働者として多く求められたのは、新規中卒者であった。彼らは「社会的にも職業的にも未経験者であり、精神的にも肉体的にも未成熟な労働力」であり、それゆえに「産業労働力として、どの産業分野、どの職業分野にたいしても、適応し得る」と考えられていたためである。[35]言い換えれば、最も従順で単純労働を厭わず、賃金も低く抑えられると目されていたことが、新規中卒者の労働需要につながっていた。
　しかし、そこには都市出身者と農村出身者のギャップが横たわっていた。都市近郊の大手の工場は、中小の工場に比べて、雇用の安定性や労働環境、賃金の面ではるかに恵まれていたが、そこで多く採用されたのは、都市部の若年労働者であった。寮や寄宿舎の整備は、紡績工場などを除けば、大手工場であってもさほど進んでいなかった。そのため、地方出身者の雇用には消極的で、通勤が可能な都市部在住者を優先する傾向があった。[36]
　加えて、家庭における「指導・矯正」が期待される側面もあった。一〇代半ばの若年労働者は、義務教育は修了しているとはいえ、必ずしも精神的に自立できているとは言い難く、勤労意欲を失って「非行」化したり、職場の先輩などにそそのかされて、会社に批判的な労働運動にのめりこむ可能性もないわけではない。その際、通勤労働者であれば、身元保証人である親に連絡を取りながら、親による「指導」を期待することができた。企業にしてみれば、それは、労務管理のコストを抑えることにもつながった。[37]

上野に到着した集団就職者第一陣（1962年3月24日）
写真提供：読売新聞社

だが、大手の工場が都市部の若年労働者を多く採用したことによって、零細な工場や商店が彼らを雇うことは困難になった。やむを得ず、これらの工場・商店は、地方の新規中卒者を雇用した。そこで始められたのが「集団求人」（集団就職）であった。

東京都渋谷公共職業安定所管内の商店連合会は、一九五四年度に傘下二〇余の商店の求人六〇名分を職業安定所に申し込み、渋谷職業安定所は新潟県高田の安定所と連携して、集団的な職業紹介を行った。これが、人手不足に悩む他の中小工場・商店に広がり、職業安定所の後押しもあって広がりを見せた。これが、いわゆる集団就職の先駆けとなった。[38]

地方農村部の新規中卒者たちは、地元の職業安定所や中学校から就職先を斡旋され、春になると教師らに引率され、都市部の勤務先に赴いた。国鉄は、そのための臨時列車を走らせた。一九六三年には労働省、都道府県、職業安定所、交通公社がタイアップするようになった。ピーク時の一九六四年には、三五道県からの集団就職者は七万八四〇〇人に及び、延べ三〇〇〇本の集団就職専用列車が運行された。[39]

劣悪な労働環境

こうした経緯からもうかがえるように、少なくとも高度経済成長期の初期においては、地方の農村出身の中卒者が恵まれた職場に行き着くことは、ごくまれであった。彼らの大多数は、中小企業の工員や店員として働いたが、そこでは長時間の単純労働を強いられ、賃金も低く抑えられた。

劣悪な労働環境に対する憤りは、人生雑誌の中にも多く見られた。やや早い時期ではあるが、『人生手帖』（一九五三年一月号）には、「労働基準法では禁止されている十八歳以下の少年を、十五時間も働かせているのです。生きる為には、肉体的、精神的に無理をしても、働かねばならないのです。これでよいのでしょうか」と記した読者投稿が掲載されていた〔「緑の園」欄、五四頁〕。『葦』（一九五五年五月号）には、個人商店の一九歳の店員の手記が収められているが、そこでは、気分次第で店員に当たり散らす店主への不満とともに、「月に一回か二回の公休日も満足に、自由に、完全に楽しむ事の出来ない私、病になつても同じ旦那も私も人間で有りながら、私には健康保険がない。世の中はこれで良いのだろうか」という悩みが綴られている〔小野輝夫「デッチ奉公」五〇－五一頁〕。

こうした彼らの姿は、当時の映画のなかでも描かれていた。映画『一粒の麦』（吉村公三郎監督、大映、一九五八年）は、福島県から東京に集団就職した少年たちを描写しているが、そこでは深

映画『一粒の麦』新聞広告（『読売新聞』1958年9月9日、夕刊）

夜におよぶ残業が常態化し、休日も当日になって反故にされる少年工員や、景気悪化により、就職後すぐに解雇される紡績工場の女工たちの苦悩に、焦点が当てられていた。

労働組合活動も、抑えつけられることが一般的だった。一九歳の「組合の無い家内工業に働く見習工」は、『葦』（一九五五年五月号）に寄せた手記の中で、「働いている人々は多くの不満を持っているが、誰も親方に言う勇気を持たない。ある時、皆で工賃の問題、仕事量の平等などに関して話しあって意を強くしたが、翌日はすでに親方に告げ口をされ、注意をされた」と記していた（「アンケート十代ののぞみ」一一〇頁）。組合を立ち上げることはもちろん、異議を申し立てたり意見することさえ、「親方」の目を気にして、相互に牽制し合う状況がうかがえる。

『人生手帖』（一九五八年五月号）には、元バス会社勤務の二〇歳の女性の手記が収められているが、そこには「従業員二百余名という大きな職場」でさえ、徹底的に労働組合を排除していたことが綴られている。

〔入社して〕一番先に感じましたことは、従業員二百余名という大きな職場でありながら、労働組合のないことです。五年程前にはあったそうですが、その労働組合も結成してすぐ解散したそうです。その時指導的な立場にいた人はほとんどクビになり、また労働組合のことを色々上役に報告したり、労組結成に反対したのが、今上役として会社運営にあたっている人達ということです。でも労組がないと、本当に、従業員の立場は弱いものです。どんなに辛くとも会社側の言いなりになって、陰で悪口を言っている始末です。

私達のような独身者は、クビになってもすぐ明日から困るということもないので、ある程度は反発しますが、運転手さんは皆家族を持っています（独身者は採用しませんので）から、会社側ににらまれますと家庭生活にまでひびきますので、自然頭を低くしていなければなりません。ですから勤務時間は無茶苦茶です。実際は八時から夕方五時までと決っておりますが、この勤務時間で帰る人は少数です。ほとんどの人は朝七時頃出て夜七時、八時頃帰ります。だから自然身体に無理がかゝって事故を起したりします。しかし事故を起しても本人が一方的に悪くなり、会社側は勤務の無理を改めようともしません。〔中略〕このように色々と学校で習った社会科とは全然違った社会をみて、今更ながら矛盾を感じております。〔亀村和子「私が会社をやめるまで」六五－六六頁〕

人生雑誌の読者たちを含む多くの農村出身の勤労青年たちは、こうした労働環境に置かれていた。それは、学校で教わった「民主主義」「労働者の権利」とはまったく異質な世界であった。
そのことは、地方出身者が多く雇用されたことと無縁ではない。先述のように、都市部の中小工場・商店は遠方の地方出身者を多く採用したが、それは単に都市部出身者を採用できなかったというだけではなく、「近辺であると、安易に離職するおそれがある」ことも考慮されていたという。家郷が遠ければ遠いほど、劣悪な労働環境であっても、逃げ帰ることが困難になる。そのために「たとえば東京地方は福島以北を採用地域にしている」と言われるなど、遠隔地の出身者を優先的に採用しようとする傾向が見られた。[40]

「女工」が直面する困難

その一方で、地方出身者を工員として多く採用する大企業もないではなかった。紡績工場はそれにあたる。紡績会社は、地方出身者を女工として多く採用し、寄宿舎も設けていた。だが、それも、劣悪な労働環境であっただけに、都市部からの採用が困難であったことの裏返しであった。一六歳の紡績工の以下の手記は、苛酷な労働環境を如実に物語っている。

ひっかけるその糸が、右親指に切り込んで血がにじみ、ひっかけるたびにチクリと痛む。［中略］ひっかけてもひっかけても糸は切れ、のどが乾いても、水を飲みに行く暇さえない。ああ、こんなときに、外の甘い空気がこの胸いっぱいに吸えたら、と思う。その上、同輩との競争意識と、目上から見られているという圧迫感、また、ミスをおかすまいとする心づかいで、からだの全神経がくたくたになる。そうした中で七時間四十五分、機械に追い回されて、へやに帰ると皆ぐったり、こしもあげず口も動かそうともしない。いや、話すだけの気力さえも失われたのかもしれない。［中略］私のへやでは八人いても、誰ひとりとして言い出す者もない。[41]

近江絹糸争議（1954年6月）

　こうした労働の苛酷さに加えて、雇用の不安定さも際立っていた。繊維産業は景気変動にともなう生産量の振幅が大きく、増産と操業短縮を繰り返しがちだった。操短時には、女子工員を強制的に親元に一時帰郷させ、その後、希望退職願の提出を強要するなど、恣意的な対応が多くなされていた。

　また、寄宿舎では、私信の開封や私物検査が横行し、労働運動の摘発や弾圧、特定宗教の信仰の強要、外出や結婚の制約も珍しくなかった。一九五四年に一〇〇日あまりにわたって続けられた近江絹糸争議は、人権を顧みない紡績業の体質に対する女工たちの憤りを、如実に物語っていた。

人生雑誌においても、女工たちの苦悩は多く綴られている。やや長くなるが、『人生手帖』（一九五三年四月号）に掲載された一八歳の女性（長野県の紡績工場勤務）の次の文章には、女工たちが置かれた状況が鮮明に綴られている。

あちらの現場でもこちらの現場でも人員整理が行われて居《い》る。私もいつかその中の一人かと思うと、毎日どき〳〵しながら日を送つて居るのです。不安の生活。そのせいか近頃工場内で怪我をする人が多くなつた。二三日前片手を失つた未成年の子。また小指をなくした養成工、本当にあの人たちは可哀相《かわいそう》だ。生れながらにしての不具ではなく、仕事の結果、若い将来のある人が傷ついていくのです。怪我は心のみだれと云いますが、生活の不安におびやかされているからそのことで気が散つて怪我をするのだと思います。［中略］

近頃では仕事中少しでも上役に悪い所を見られると後が恐ろしい。いつクビになるか、いついやな現場へ回されるか知れない不安にみんなおそれているのです。［中略］やつと仕事にありつけばこのような仕事、それでも他に働らく場所がないから、ドレイのような状態に甘んじて泣く泣く働いているのです。［池田壽子「悲しみを超えて」二五頁］

人生雑誌の読者たちは、紡績工場や都市部の零細工場・商店でこうした労働に従事し、その困難やつらさを、しばしば人生雑誌に吐露していたのである。

住み込み労働者を取り巻く監視

だが、彼らは自由に人生雑誌を手に取り、そこに投稿できたわけではない。それさえも阻まれることが少なくなかった。それは多くの場合、住み込みや寄宿舎という居住形態に起因していた。

地方出身の若年労働者は、親戚・知人宅に寄寓する少ないケースを除けば、雇用主宅に住み込むか、紡績工場などの寄宿舎に入ることが一般的だった。大都市圏のアパートに住み、部屋代を払うことは、彼らの賃金水準からして、不可能であった。一九六四年に行われた調査によれば、四人以下の事業所の一八歳未満の労働者のうち、居住形態が住み込みの者は、業種によって違いはあるものの、男子は六割程度、女子でも五割から八割に達していた[42]。

加瀬和俊『集団就職の時代』（青木書店、一九九七年）の指摘にもあるように、複数の従業員がいる場合、同室に数人が居住することが一般的であり、独立した個室が与えられることはまれであった［一七一－一七二頁］。労働省婦人少年局が印刷・製本業の住み込み労働者を対象に一九五八年に実施した調査によれば、寝室の広さが一人あたり一・五畳未満のケースが四分の一近くにも達しており、なかには二畳に六人、四畳に八人ということもあった。住み込み年少者の寝室が事業主家族のそれと区別されていないという回答も、八パーセント強にのぼった[43]［『印刷及び製本業に使用される年少労働者の実態調査』一九五九年、七三－七五頁］。

こうした状況は、必然的に読書の制約を招いた。杉並区の個人商店に住み込んでいる店員は、

『葦』（一九五五年五月号）に寄せた文章のなかで、こう記していた。

私が一日の仕事を終り、ほつと一息大切な体を休める時間を割いて勉強していたら、戸の隙間からでも電気の光が見えたのであろうか。「何してるんだ、二階［は］まだ起きてるのか。早く寝ろ」と強いアクセントをつけた口調で言うのであつた。それは身体が大切だから早く寝ろ、と言う好意をもつての口調とはどうしても聞き取る事の出来ない旦那の言葉であつた。いわゆる物質的な欠損からの注意であつた。六十Wの電燈をつけて夜遅く迄起きていると、料金がかさむ、これがいけなかつたのだ。それじや私はいつ勉強すれば良いのだろうか。店員になつたんだから勉強はしちやいけないのだろうか。［小野輝夫「デッチ奉公」五〇－五一頁］

店員になってもせめて独学で勉強を続けたいという思いは、「進学組」とも「マンボにうつつをぬかす者」とも異なる「第三の若者」に典型的なものである。にもかかわらず、住み込みであるがゆえに、そのささやかな希望までもが阻まれてしまう。住み込みである以上、雇用主による監視は避けられなかった。

さらに言えば、住み込み労働は従業員のプライバシーを奪い去るものであった。『人生手帖』（一九五六年一〇月号）では、住み込みの女子従業員がこうした問題への憤りを綴っていた。その手記によれば、雇用主が従業員のプライバシーを徹底的に管理し、「怪しい手紙は開封する事になっている」として、その女性従業員あてに届いた手紙が「四十人の前で読み上げられた」という。この書き手は便所に入り、「云いしれぬ憎しみと悔しさで思わず泣いてしまった」という〔富士壽美子「手紙まで開封されて」八八-八九頁〕。

裏を返せば、この書き手にとって、拘束と監視から逃れる唯一の場所は、「便所」しかなかった。

仕事場で泣くと布にシミがつくと叱られるので、外に出てお便所に入った。そして発見したのである。この家の内で誰にも束縛を受けることのない所が、この便所であるという事を。反抗心がムラムラと上って来てもそれを口にする事の出来ない時は、この小さな自由の場所に入って、自分に向ってそのむなしさを叫ぶのである。〝仕事をせよ〟と云う。してるではないか！　だのに、なぜ！　なぜそんなにも束縛しようとするのか。〔中略〕ラジオも聞けず、新聞を見るにしても休みだけ。外界のニュースを一体何で知るのだろう？　たった一つ手紙による楽しみではないだろうか。叱られて泣いた夜など友達の手紙ほど、慰めてくれるものがあるだろうか。たとえ二、三行の文章であるにしてもうれしいものである。その外から入って来るニュースを知るべき最大のよろこびが手紙であると思っていたのに、それも束縛されたのでは、あまりではないでしょうか！〔八九頁〕

この手記の末尾には、「だが、その不満を云ったらどうなるだろう？　「よろしい、明日から帰って下さい」と残酷な言葉である」と綴っていた。労働環境をめぐるやるせなさが浮かび上がる。住み込み労働は、勤労青年たちを雇用主による監視と制約の網の目に搦《から》めとり、読書や通信の自由さえ奪い去るものであった。

住み込みをめぐる暴力は、これにとどまるものではない。職場と住居の空間的な区別がないだけに、労働時間はずるずると長くなりがちで、勤務が終わっても雇用主から家事を言いつけられることが少なくなかった。雇用主の妻子までもが、住み込み従業員を家事使用人のように扱うこともあった。『人生手帖』（一九六六年六月号）に寄せられた手記でも、四年ほど前の住み込み労働のことを回想しながら、「休日や休み時間に主人の娘達の仕事である洋服の手入れと食事の後かたづけがきちんとされず、うやむやのうちに私たちがせざるをえないという雰囲気になってい」たことを記している［久保テイ子「未成年だが強く生きる」四三頁］。

また、食べ盛りの勤労青年たちにとって、食事の量が少なく感じられることも多く、しかも、食事代や部屋代が賃金から差し引かれて、手元に残る現金は限られていた。そのわずかな給金さえ、「無駄使いをするから」ということで、全額を渡されないことも、しばしばであった[44]。

女性の住み込み労働者の場合、性的な被害を受けることもなかったわけではない。二二歳の住み込みの女性工員は、『人生手帖』（一九五六年九月号）に寄せた手記「あせりと不安に明け暮れて」のなかで、雇用主が「親子ほど年のちがう私に、邪心を持ち出した」ことを打ち明けている。「何度も主人に危うい目にあわされてき」ながらも、「そのたびに厳しくはねつけ今日まで自分を守りつづけて」きたが、雇用主は「子供の頃から来て長年勤めていればこうなるのが当り前だ」という態度を変えなかったという〔九四頁〕。

こうした監視と閉塞のもとに置かれた住み込み勤労者たちにとって、人生雑誌を手にするわずかな時間は、精神的な慰安をもたらすものであった。この女性工員は同じ手記のなかで、「これという働き口も外になく、今この仕事をやめれば明日の生活を失うのも同然です」「良い方法も浮ばず、どうしてよいやらわかりません」という苦悩を語りつつ、「来る日も来る日もホコリにまみれて、あせりと不安に明けくれ、ともすれば崩れかかる私の心をささえてくれるのは『人生手帖』だけでした」と綴っている〔九五頁〕。

『人生手帖』（一九五六年一〇月号）でも、美容院の見習店員が住み込み生活のつらさを吐露しつつ、同僚に『人生手帖』を見せたときに「あら、良い本ね。私達の悩みをすっかり書いてあるわね、と喜んで」いたことを書き記していた〔大場美惠子「私もこんなにつらかった！」八八頁〕。人生雑誌は、住み込み労働者をはじめとする勤労青年たちがその苦悶を分かち合い、慰め合うものであったがゆえに、多くの読者を獲得したのである。

定時制高校をめぐる問題

勤労青年のなかには、労働のかたわら定時制高校に通う者も少なくなかった。もともと進学へのつよい希望がありながら、就職を余儀なくされた者も多かっただけに、せめてもの願いとして定時制高校への進学を模索したのは当然であった。ことに、勉学や読書への意欲が際立っていた人生雑誌の読者には、この傾向が顕著だった。『人生手帖』（一九五九年七月号）では、定時制に通う読者を集めた座談会記録「定時制高校生のよろこびとかなしみ」が掲載されている。『葦』（一九五四年七月号）の口絵には「働らく夜学生」が写真入りで紹介されているが、そこにも人生雑誌と夜学生の親和性がうかがえる。

しかし、当時の勤労青年が定時制に通うことは容易ではなかった。就職に際して、定時制高校への進学を認めない企業は少なくなかった。『東京労働』（東京都労働局、一九六四年九月二五日号）によれば、定時制への通学を認めている事業所は、三〇〇人以上一〇〇〇人未満の従業員規模の場合、「黙認」「条件付き許可」を含めても全体の約半数に留まっていた（「年少労働者のデータ」）。

そもそも、その労働環境のゆえに、通学断念に追い込まれることは珍しくなかった。とくに零細・中小企業の場合、その傾向が顕著だった。労働省婦人少年局編・発行『年少労働の現状』（一九五六年一〇月）は、「事業場規模が小となるに従って、就学者の比率が低くなっている」背景を以下のように記している。

就学していない年少労働者の半数以上のものは就学を希望しているが「時間がない」「疲れる」等の理由で就学を阻まれている。就学希望者の比率は事業場規模が小さくなるに従い低下している。このように中小企業の年少労働者は低賃金、長時間労働、諸施設の貧困等のため、就学及び一般教養を身につける機会を失い、それに対する意欲も消失してゆくのが実状ではないかと思われる。〔八頁〕

劣悪な労働環境は、定時制への通学を阻むと同時に、その希望そのものをも、しばしば掻き消していたのである。[45]かりに就職前には通学が約束されていたとしても、それが反故《ほご》にされることは多く見られた。個人商店に就職したある青年は、「昼間働いて、夜学校に行かしてもらうという条件」で就職したものの、いざ勤務が始まる段になると、雇用主は「約束を無視して、遂に入学試験も受けさしてくれなかつた」ことを、『人生手帖』(一九五二年一月号)に寄せた手記に記している〔木村健司「生きる道を求めて」一二四‐一二五頁〕。

通学を認められた場合でも、「わざと帰りがけに〔仕事を〕いいつけたりする人」がいることは、珍しくなかった。勤労青年本人も、仕事が忙しいときに職場を離れることには、相当な心理的負担を伴った。先の座談会「定時制高校生のよろこびとかなしみ」でも、「みんなが忙しそうに働いてるのに、自分だけがぬけ出してくるのはとてもつらいことだわ。かと言って学校へは行きたいし」という迷いに日々直面していることが語られていた［一二三―一二四頁］。

勤労青年たちが定時制への進学を考えた背景には、勉学意欲もさることながら、高卒資格を得て、より働きがいのある職場に移りたいという願望があったことは想像に難くない。しかし、雇用する企業の側にしてみれば、定時制通学に従業員の労働時間が割かれることへの不快感に加えて、単純労働のために雇用した新規中卒者たちが高卒学歴を得ることで処遇改善を求めたり、転職することへの警戒感は、拭えなかった。

とはいえ、定時制で高卒資格を取得しても、就職や転職のうえで、さほど有利にはならなかった。高卒者の人手不足が顕著になった一九六一年においても、定時制高校生への求人は限られていた。『朝日新聞』（「定時制 まだ暗い就職」一九六一年一一月三日）も、「定時制高校では工業課程は別にして、求人申し込みは全日制の一割以下、賃金も二割方低く、大企業からの申し込みはまず皆無。明るい全日制に比べて対照的に暗い就職戦線だ」と報じている。その理由としては、全日制に比べ、「学力が落ちる」「色がついている」「家庭環境がよくない」といった点が挙げられていた。工業課程のようなごく一部の定時制高校であれば、求人は必ずしも少なくはなかったが、「就職しても全日制と同じように待遇するところは約半数」に過ぎず、「残りは中卒と全日制の間ぐらい」で、「［定時制の］普通科と共通の「底辺の悩み」」が目立っていた。

通学に幾多の困難を伴い、卒業資格を得ても労働条件の好転が望めないのであれば、定時制高校生の中途退学率の高さは驚くに足りない。東京都教育委員会編・発行『定時制高等学校に関する調査』(一九五八年)のなかでも、「四年間を通じて入学当初の二五%から三〇%の生徒が卒業までに中途退学している」ことが特筆されていた〔四三頁〕。四年で卒業できる者に至っては、半数を切ることもあったという。[46]

ほのかな「アカ」い香り

ただ、逆に言えば、こうした逆境にありながらも、七割前後が最終学年にまで進学したことは、驚異的であったとも言えるだろう。「中卒」の劣等感からは解放されるにしても、労働環境の好転は見込めない。にもかかわらず、なぜ、これほどの定時制高校生が退学せずに踏みとどまったのか。ひとつには、勉学の空間が職場の労苦を忘れさせ、「慰いの場」と捉えられていたことが挙げられよう。ある定時制高校生(一八歳)は、『葦』(一九五七年四月号)に寄せた短文のなかで、「毎日が型にはまつた機械の様に、鎖に連ながれた囚人の様に、そして蛇使いの笛にうかれた蛇の様に、機械にあやつられ」る自らの職場環境に言及しながら、以下のように記している。

昼の雑音で疲れた耳で夕には青白い電燈の下で講義を聞く、私達昼働き夜学へ通う者につて、学校は慰《ママ》いの場である。苦しみと悲しみの中から見い出された道である。〔柚口功三「働き学ぶ喜び」三八頁〕

そこには、陰鬱な職場から解き放たれ、一定の知的な思考が要求される学校での勉学が、勤労青年に安らぎや充実感をもたらしていたことがうかがえる。

定時制高校が職場を離れた交友を可能にしていた点も、大きかった。先の座談会「定時制高校生のよろこびとかなしみ」でも、ある出席者は「勉強することがじゃなく、学校へ行ってみんなと顔を合せたり、話し合ったりするあの雰囲気がとってもいいのね」と語っている〔二一二頁〕。だが、学校は雇用主にとって、監視が及ばず、勤労青年の人的ネットワークを制御できない不安を掻き立てる存在であった。なかでも、左派的な運動に感化されることを、彼らはつよく怖れていた。定時制にはさまざまなバックグランドを持つ勤労者が集まるだけに、組合活動や権力批判にふれることも珍しくなかった。都内の定時制高校に通っていた早乙女勝元は、学業優秀であったにもかかわらず、生徒たちの自由を抑えつける校長に対する弾劾運動に関わり、最終的にはその校長と決別すべく、退学を自ら選び取っている。[47] また、加瀬和俊『集団就職の時代』でも指摘されているように、共産党に近い民主青年同盟が定時制高校に入り込むことも珍しくなかった〔一九一頁、二一六頁〕。従業員が彼らと接触することについて、零細企業の雇用主がつよい警戒感を抱いたとしても不思議ではない。

同じ理由でもって、人生雑誌の購読や読者サークルへの参加が抑えつけられることも珍しくなかった。『葦』であれ『人生手帖』であれ、左派的な色彩が少なからず見られただけに、企業側は従業員の人生雑誌購読に対し、しばしば懸念を抱いた。『人生手帖』(一九五九年六月号)では、ある男性工員が「『人生手帖』を知り「緑の会」を知り、生きるよろこびをみつけだしたそのときに、〔工場内でアカとの非難や監視、圧迫が〕くわえられ、それ以来ずっとつづいています」「〝アカ〟ときめつけられたとき、〔中略〕工場のなかにたくさんいたなかまの一部は、『人生手帖』を読むことを中止した」と記していた〔山崎けんじ「〝アカ〟の非難にまけることなく」七六頁〕。別の工員も職場で「人生手帖の発行者は共産党員で、共産党を支持する票を得る目的で、こんな本を出しているのだ。この本を読み続けていくと、自然に考え方が片寄ってきて、共産党的な考え方になってしまうから危険だ」と言われ、『人生手帖』の購読を止めたという。[48]

なかでも、雇用主の監視が行き届く住み込みの場合、部屋に置かれていたり、定期購読で届いたりした雑誌が調べ上げられ、その読者に圧迫が加えられることは珍しくなかった。先の男性工員も、「衛生検査とかなんとか称してわたしたちの部屋部屋をしらべ、どんな本を読んでいるかを調査」されたという〔山崎けんじ「〝アカ〟の非難にまけることなく」七六―七七頁〕。

人生雑誌の「アカ」いイメージは、マス・メディアで扱われることもあった。『読売新聞』(一九五五年四月二七日)は、社会面トップで「〔『人生手帖』は〕職場のサークルなどをねらった日共の外郭機関誌」「〝緑の会〟は日共の情報スパイ網の一役も買っている」としたうえで、『人生手帖』や緑の会が自衛隊員のなかに入り込み、「自衛隊の赤化工作」をはかっていると報じている。その見出しは、「ふえる〝赤い兵隊〟　日共の自衛隊工作」「防衛庁大あわて　読書グループ〝緑の会〟」というものであった。たしかに、家計困難のゆえに進学できず、安定性や技術習得の見込みを勘案して、やむをえず自衛隊に入った青年たちも、少なくなかった。彼らのなかには、人生雑誌を購読し、投稿する者もしばしば見られた。しかし、文理書院や緑の会本部は、日本共産党と組織的なつながりがあったわけではなく、この記事は明らかに事実誤認であった。『人生手帖』（一九五五年六月号）でも、この報道に反論する声明書が掲載されていた［緑の会「声明書」一一六–一一七頁］。だが、これが誤報であったとはいえ、メディア言説のなかで、『人生手帖』の左派的なイメージが一定の広がりを見せていたことが、ここからもうかがえる。人生雑誌の読者に対する雇用主の圧迫も、このような印象に根ざしていた。

もっとも、そうした抑圧が読者を人生雑誌から遠ざけたとは限らない。逆に人生雑誌へのつよい執着を生み出すこともあった。『人生手帖』の講読により工場内で「アカ」との非難を被っていることを記した先の男性工員は、同じ文章のなかで、「人間としてのまともな生活を求めていくところに、〝アカ〟の非難がくわえられることを知ったとき、わたしたちは、いまさらながら、いつもナゼ？　と考えを深めていくことの大切さを知った」「〝アカ〟の非難にまけることなく、いつも深く考え、つよい若者になるように、みんなと手をつないでがんばりたい」と綴っている［山崎けんじ「〝アカ〟の非難にまけることなく」七六–七七頁］。人生雑誌の購読に対する抑圧が、かえって、強固な執着を生み出しているさまがうかがえる。

しかし、人生雑誌への固執は、ときに職を失うことにも直結した。『葦』（一九五三年春号）の

「かわず」欄には、以下のような勤労青年の経験が綴られている。

とつぜん会社から退職をいいわたされた。理由は「葦を読む会」を作ろうとしたことだった。一週間前に友人五人と僕の家で「読む会」の打合せをしたことがあつた。たつたそれだけのことが辞職せねばならない理由なのである。〔中略〕このような会を作ろうとするのがそんなに悪いことだろうか。〔一〇三頁〕

人生雑誌に対する「アカ」いイメージは、企業経営者にかぎらず、社会的に広く見られるものでもあった。同号の「かわず」欄では、和裁学院に通う女子生徒が、「用事で三里もある町に出て『葦』を買つてき」て、そのうれしさのあまり、同級生たちに見せたところ、「あら、その本共産党の本よ。あなた赤に入つているの、すごいね女のくせに……」と言われ、「心がゆらゆらするやらしやくにさわるやら、心で泣」いたことを記している〔一〇四－一〇五頁〕。

労働問題への関心

人生雑誌に対するこうした社会的イメージは、理由のないものではない。マルクス主義的な立場を鮮明にした論説は、一九五〇年代半ば以降の人生雑誌にも、多く掲載されていた。『人生手帖』（一九五九年五月号）には、哲学者・高橋庄治による論説「哲学講座　資本主義と社会主義」

が掲載されているが、そこでは「搾取するものとされるもの」「階級のない社会へ」といったことが論じられていた［七〇頁］。『葦』（一九五五年一月号）でも、民主主義科学者協会★1の中心メンバーの一人であった古在由重が、「哲学講座 史的唯物論」を寄稿している。

広告からも、共産党や社会党との親和性がうかがえた。『人生手帖』の一九六〇年六月号や翌年一月号・一二月号には、日本共産党機関紙『アカハタ』やその日曜版の広告が掲載されている。六一年一二月号や翌年三月号では、『月刊社会党』や他の社会党出版物の広告が載せられていた。

こうした傾向は、労働問題への関心に深く結びついていた。前述のように、多くの読者は、中小の工場・商店で劣悪な労働環境に置かれており、実質的には労働法が及ばないことも珍しくなかった。人生雑誌の誌面に、そのような職場環境への批判が多く寄せられていたのは、先に見たとおりである。

労働者間の格差の問題も、しばしば指摘された。『人生手帖』（一九五九年九月号）には、「臨時工員三年目」と題した手記が掲載されているが、そこには本工と臨時工との待遇格差について、以下のように綴られている。

臨時工といっても、勤続年数が三年、四年というのはざらであり、中には十年近く勤めているのに、臨時工というだけで低賃金と、何時起るかもしれない首切りにおびやかされて、たえず生活の不安の中で生きている人もいるのである。賃金を例にとるならば、本工一万九千円、臨時工一万三千円という平均賃金の格差をつけられ、ちょっと工事量が減少すると一も二もなく、ほうきでゴミでも掃きすてるように、ごく簡単に職場を追われてしまう臨時工――このような会社の態度に激しい怒りを感じながらも、そうした会社のやり方に黙ってついて行かねばならないのが、悲しいかな、我々の現実なのである。〔渡辺登志夫、四八頁〕

この書き手が勤務する造船所では四〇〇〇名の工員が働いていたが、本工はそのうちの半分に過ぎず、残りは一五〇〇名の臨時工と五〇〇名の下請け工員で占められていた。長い年月を「臨時」の身分で過ごし、低賃金と雇用不安の日常を送らなければならない彼らの姿には、高度成長期にありながら「終身雇用」とは無縁な層の存在が浮かび上がる。今日で言うところの非正規雇用の問題である。

大企業労働者と中小企業労働者との格差についても、批判的な言及が多く見られた。『葦』（一九五四年四月号）の「経済学講座　中小企業労働者の生き る道」（宮川実）には、「じぶんは中小企業にやとわれている労働者であるが、中小企業はいま破産にひんしているため、大企業の労働者たちのように賃上闘争をやることはできない。もしも生活するのに十分な賃金を要求し、闘争

★1　**民主主義科学者協会**（民科）　戦争への反省から「民主主義科学の建設」を目的として、一九四六年一月に創設された科学運動団体。戦中に孤立に追い込まれていた哲学・科学・歴史学などのマルクス主義系知識人が集まり、そこに非マルクス主義系知識人も加わって発足した。

によってこれを獲得したとすれば、会社そのものはたちまちつぶれてしまうだろう。いったいわれわれは、どうすればよいのか」という読者からの問い合わせが多いことが記されている〔七一頁〕。『人生手帖』（一九五八年六月号）でも、「大企業の労働者はストをやれるが、農民や中小企業の者はそんなこともできずめぐまれない」ことが指摘されていた〔編集部「労働者の立場と中小企業者の立場」九七頁〕。いわゆる「二重構造」の問題である。

経済学者の有澤廣巳《ありさわひろみ》は、『世界』（一九五七年三月号）に寄せた論文「経済拡大は雇用問題を解決しうるか」のなかで、「好況による労働市場の好転の影響も、全就業構造の底部にはなかなか浸透」せず、就業者の「圧倒的大部分」が「従業者二九人以下の零細企業に集中している」ことを記したうえで、「二重の階層的構造は、戦後の改革をへた今日においても、まだくずれていない」と論じていた〔四二-四三頁〕。『経済白書』（一九五七年度）でも、「わが国雇用構造においては一方に近代的大企業、他方に前近代的な労資関係に立つ小企業および家族経営による零細企業と農業が両極に対立し、中間の比重が著しく少ない」ことが指摘され〔三五頁〕、「二重構造」という用語が人口に膾炙《かいしや》した。

大企業に比べて、低賃金労働に依存する中小企業は、経営の近代化への意欲に乏しく、生産性は容易に向上しなかった。したがって、雇用の吸収力はあっても、収益力は不十分であり、低賃金労働への依存から抜け出すことができない。さらに、中小企業は、下請であるがゆえに、親会社から買い叩かれるなど、不公正な取引を強要されることが多かった。[49]

中小企業から大企業に転職することも、きわめて困難であった。小川利夫・高沢武司編『集団就職――その追跡研究』（明治図書出版、一九六七年）でも、「大企業への転換は、大企業が新規学卒者を歓迎しても、中途採用の中卒者を閉めだしている状況からすれば、閉ざされており、大同小異な中小零細企業に限られている」ことが指摘されていた［一一二頁］。当時の日本社会では、新規学卒時の就職が一生を左右し、「敗者復活」は望みにくい状況にあった。

高度経済成長は、こうした「二重構造」に支えられていた。それだけに、中小の工場・商店の勤労青年が手にした人生雑誌でこれらの労働問題が多く扱われたのは、必然的なものであった。

政治・社会への批判的な関心

労働問題をめぐる左派的な姿勢は、その延長で、同時代の政治・社会への批判的な関心（社会批判）に結びついた。『人生手帖』（一九五六年一〇月号）には、織物工場の女工の手記が収められているが、彼女は女工が「バッタ」と蔑まれていることに言及しながら、こう述べている。

私の工場でも、一部の人は女工だからという観念があり、なにをしようともせず、とりとめのないことを話している。社会科学の本など見ていると、バッタが本を読んでなんになるという。職制の人など冗談ばかりいっている。政治のことなど遠い話だし、冗談ばかりいって笑って一生をおくってしまった方がとくだと私も思うことがあるが、正しいことはあくま

砂川闘争（立川市、1955年ごろ）

で正しいと思い、よく考えて人間らしく前進しなくてはいけない。

　生活日記のまねごとを書いてから緑の会の皆さんに励まされ、劣等感もなくなった。団結する力の大きいことを知り、工場をよくするために団体交渉をすることの大事なのに気がつき、機会があったらみんなに話すつもりだ。［綿野和江「バッタと云われても」一三〇頁］

『人生手帖』やその読者サークルである緑の会にふれるなかで、「工場をよくするために団体交渉をすることの大事なの」を認識し、「冗談ばかりいっている」ような同僚を尻目に「社会科学の本」を手に取り、「政治のこと」を思考しようとするさまがうかがえる。

　実際、一九五〇年代半ば以降の人生雑誌においても、政治・社会の問題は多く取り上げられていた。『人生手帖』（一九五六年一月号）では、在日米軍立川基地拡張に反対する砂川闘争の盛り上がりを背景に、地域の平和活動家による論説が掲載されていた。そこでは、「政府も、おれ達がこれだけ反対だということがわかつたら、なんとか考えてもよさそうなもんだよ。いまはな、軍国主義でも、アメリカの占領中でもねえ、民主主義の世のなかちゅうだからなあ」という住民の言葉を引きながら、「基地も戦争もこりごり」であることが強調されていた〔赤松宏一「正しいことをしているんだ」九〇頁、九二頁〕。同年五月号でも、「砂川の青年たちは何を考えているか——軍事基地拡張の反対闘争をめぐって」と題した座談会記録が掲載されている。

沖縄問題への言及も見られた。一九五六年六月、沖縄では米軍の土地収奪に反対する大規模な住民運動（島ぐるみ闘争）が盛り上がりを見せたが、これに関し、『人生手帖』（一九五六年九月号）では、「現地報告　燃えたぎる沖縄の心——土地を守る無抵抗の抵抗」と題した記事に計一二ページが割かれているほか、翌一〇月号では「土地をとられたら餓死する——沖縄の人の声」と題した沖縄青年の手記が掲載された〔一二五 - 一二七頁〕。

『葦』（一九五八年一〇月号）でも、一九五四年三月の第五福竜丸事件以降の原水禁運動の高揚を背景に、「現地報告　原爆許すまじ」を掲載し、原水禁世界大会の模様が報じられた。一九五八年一〇月には、岸内閣が警察官の権限を大幅に拡大すべく警職法（警察官職務執行法）改正案を国会に提出し、大規模な反対運動が巻き起こったが、『葦』（一九五八年一二月号）はこの問題に関し、解説記事「警官職務執行法の改正が実現したら……」や対談「危機に瀕した人権」（小田切秀雄・山本茂實）を掲載した。

それ以外でも、『世界』『中央公論』といった総合雑誌の論説の紹介記事がたびたび掲載されるなど（「うしお欄」『葦』一九五七年四月号など）、人生雑誌は学歴が高くない読者層に対して、社会問題を平易に解説しつつ、それらへの関心を引き出す機能を有していた。『人生手帖』（一九五六年一月号）は、「再軍備の問題をめぐるさまざまな意見」と題した特集を設け、読者による社会評論を多く取り上げた。『葦』（一九六〇年四月号）でも、修理工を務める二〇歳の読者の社会時評が掲載されている［岡田月丸「現代青年が考えなければならないこと」一〇六 - 一〇九頁］。そこには、政治や社会に関心を有する読者像が浮かび上がると同時に、こうした読者のありようが、ひとつのモデルとして他の読者たちに提示されていることが透けて見える。高揚期の人生雑誌は、「生き方」「読書」のみならず、左派的な「社会批判」への関心をも、読者たちにつよく促していたのである。

人生雑誌と「わだつみ会」

このことは、人生雑誌と日本戦没学生記念会（わだつみ会）との近接性につながっていた。戦没学徒遺稿集『きけわだつみのこえ』（一九四九年）が記録的な大ヒットとなったことを受けて、一九五〇年四月に日本戦没学生記念会が発足した。この組織は、清水幾太郎や丸山眞男、吉野源三郎らが関わった平和問題談話会（一九四八年結成）やストックホルム・アピール（一九五〇年）を基礎とした日本平和委員会、第五福竜丸事件（一九五四年）をきっかけに盛り上がりを見せた原水爆禁止運動とともに、戦後を代表する反戦平和運動団体である。一九五〇年代前半には徴兵制反対署名運動を広く展開したほか、六〇年代以降になると、鶴見俊輔や安田武、橋川文三、渡辺清ら、『思想の科学』関係者が中心となって、「戦争体験の思想化」について多くの議論を生み出した。[50]

そして、初期の日本戦没学生記念会（第一次わだつみ会）の理事長を務めたのが、『人生手帖』の主要執筆者であった柳田謙十郎であった。柳田は、学徒兵だった長男を軍務中の事故で失っていたが、その遺稿は『きけわだつみのこえ』に収められていた。それもあって、柳田が遺族や関係者から理事長に推されることとなった。また、『葦』を主宰する山本茂實も、わだつみ会の理事に名を連ねた。

こうした背景もあり、機関紙『わだつみのこえ』と人生雑誌が相互に広告などを載せ合うことも、しばしば見られた。とくに『人生手帖』はわだつみ会の広報に積極的だった。『人生手帖』一九五三年一月号には、「柳田博士が毎号平和と社会の問題について書いている新聞。徴兵反対を叫ぶわだつみ会の機関紙」というコピーが付された機関紙『わだつみのこえ』の広告が掲載されていた［表四］。『人生手帖』には、『わだつみのこえ』購読を勧める記事もたびたび掲載され、柳田謙十郎自身も、一九五三年三月号に寄せたエッセイ「平和を守るために」のなかで、わだつみ会の活動意義にふれている。わだつみ会に共感する層と人生雑誌の読者層との重なりを、そこにうかがうことができよう。

当時のわだつみ会は、一九五〇年代末以降（第二次わだつみ会）とは異なり、共産党に近い大学生が多く集う団体であった。人生雑誌の社会批判への関心は、こうした左派的な反戦・平和運動にも密接に結びつくものであったのである。

「マルクスみかん水」

とはいえ、人生雑誌が先鋭的な左翼に近いものであったのかというと、必ずしもそうではない。ある「日共のメンバー」は、「労働者読者からの忠告」と題した『葦』批判の文章の中で、「『葦』の内容を高めるために、読者のなかに活動家を育てる仕事を地味に一歩一歩すすめようとせず、左翼の論客や学者を動員して、坐つたままで一気にやろうとしている」「観念的に思い上つている」と記している。ちなみに、この文章は、『葦』(一九五二年夏号)に掲載されていた〔「葦らん」九四頁〕。共産党関係者による『葦』批判をあえて掲載することで、『葦』編集部が彼らとの距離をそれとなく強調しようとしているようにも見える。

『人生手帖』では、その傾向がさらに際立っていた。『人生手帖』(一九五六年九月号)には、島田一郎「参議院選挙の結果と再軍備問題」が収められているが、そこには「日ソ国交が回復して、共産党がいま以上にソ連の口まねばかりしたら国民はどう思うでしょうか」と、ソ連共産党への従属に終始するかのような日本共産党のありようが批判されていた〔六二頁〕。『人生手帖』(一九五八年一〇月号)の「社会時評」欄でも、「共産党の人たちが暴力革命ということを平気で口にする姿勢が一般国民の支持を失う結果につながっていることが指摘されている〔一〇三頁〕。

読者サークルが左翼政党に取り込まれることへの警戒感も、顕著だった。『人生手帖』(一九五九年一月号）では、同誌の読者サークルである緑の会に言及しながら、「文化サークルは政治的・経済的な行動団体ではない」と書かれている〔緑の会本部事務局「緑の会の発展のために」一三九頁〕。同年六月号では、主筆の寺島文夫自身が「緑の会の自主性を尊重して、共産党の方針は絶対正しいのだからといって押しつけるようなことをしないでほしい」と述べていた〔「支部連絡協議会」その他について」一三七頁〕。

こうした姿勢の背景には、主筆・寺島文夫の三・一五事件（一九二八年）での拘留体験があった。前に述べたように、寺島はこの経験を通じて「うぬぼれをたたきつぶされた」わけだが、そのことは政治信条の「正しさ」から距離をとることを促した。寺島は『人生手帖』（一九六二年五月号）に「思い出によせて」という文章を寄せているが、そこで三・一五事件にふれながら、こう記している。

私は三十余年前の三月十五日に、自らの自由を奪われた生活の中で、自分の理想はまちがっていないと思うが、運動全体のすすめ方にはいろいろな点で行きすぎや、不十分さやひとり合点があって、十分な発展のためには考えねばならぬ点がたくさんあることを、幼ない頭で考えたのでした。

若いときには、血気にはやって、威勢のよいことを言ったりしたりすることに熱中する傾向がありますが、それだけではだめだということを知らなければ、私たちは歴史の流れを、正しい方向に導びくだけの力をもつことはできないと思います。戦後になって、前記の治安維持法というようなバカげた法律が廃止されたので、民主主義……私たち人民が、自分を主として考えることが自由になりましたが、政治活動の自由をもつようになった社会主義・共産主義の運動が、治安維持法のあったときとくらべて、それほど発展せず、相かわらず昔ながらの古い勢力が日本の政治経済上の支配階級としての地位を保持しているのはどうしてなのでしょうか。［一〇一頁］

左派的なスタンスへの共感を抱きながらも、三・一五事件の体験が自らの「正しさ」のみに固執する政治主義（政治的なイデオロギーや行動原理にこだわる姿勢）への疑念を生み出していることがうかがえる。『人生手帖』の編集は、寺島のこうした姿勢に根ざすものであった。

だが、『葦』や『人生手帖』の誌面のありようは、しばしば「マルクスみかん水」とも揶揄された。マルクス主義を水でうすめ、糖分や香料も加えて口当たりをよくしているというのが、その含意であり、大宅壮一《おおやそういち》★2の造語とされる。人生雑誌特集を組んだ先の『週刊朝日』（一九五五年七月一七日号）も、これらの人生雑誌について「きびしい唯物弁証法の論議ではなく、哲学的、文学的なオブラートに左翼的な立場を包んでいる」と評しながら、「『人生手帖』や『葦』が、〝マルクスみかん水〟（大宅壮一氏）といわれるゆえんである」と記していた［「『人生雑誌』の秘密」八－九頁］。左派的な色彩を微温的なものにとどめつつ、読者の生活記録や主要著者の人生論に重きを置く編集方針は、当時の言説空間において、「マルクスみかん水」以外の何物でもなかった。

とはいえ、人生雑誌はこうした揶揄を、むしろ自らの矜持として語っていた。『葦』(一九五五年一一月号)には、神山茂夫「十代をだますものはだれか?」が収められているが、神山はそのなかで『葦』『人生手帖』の読者の関心のありようにふれながら、「その真剣な気持・態度と成長段階を、かつて『週刊朝日』は『マルクスみかん水』といってからかつた。たしかにこれら青年の学習活動の中に甘さはある。だがこの中で青年は成長し、さらに、進歩し高まる」と述べていた[二五頁]。「マルクスみかん水」という揶揄を逆手にとり、そこに積極的な意義を見出そうとする姿勢がうかがえる。

神山は同じ文章のなかで、「共産主義の理論、ことに弁証法的唯物論の日本での大衆化の場合、認識論、論理学、科学方法論などについての公式的なくりかえしが多く、青年の求めている世界観や人生観の問題に、正しく具体的に答えるものは殆んどなかつた」と記している[二四頁]。神山は、一年前に共産党から除名通告を受けていたが、その神山によるこうした文章を掲載しているところに、「マルクスみかん水」を肯定的に位置づけようとする『葦』の姿勢が透けて見え

★2 大宅壮一(一九〇〇-七〇) 評論家・ジャーナリスト。社会評論や人物評論の分野で活躍した。「一億総白痴化」「駅弁大学」などの造語で知られる。

る。

さらに言えば、「マルクスみかん水」的な編集方針は、読者への配慮のあらわれでもあった。寺島文夫は『人生手帖』（一九五九年六月号）のなかで、「アカといわれてクビになったりする会員が一人でもあることに重大な責任を感じる」と述べていた（「「支部連絡協議会」その他について」一三七頁）。先述の通り、人生雑誌の読者のなかには、住み込みの工員・店員が少なくなかった。彼らは就業後や休日であっても、雇用主の監視下に置かれがちだった。雇用主たちは、労働組合の創設や活発化を懸念していただけに、従業員の交友関係や読書傾向に注意を払っていた。こうした状況の中で、雑誌の左翼色が際立つのであれば、それは住み込みの読者たちを苦境に陥れることになりかねず、ひいては部数の減少も予想された。人生雑誌の「マルクスみかん水」としての色彩は、これらの配慮も相俟って作られた側面もあったのである。

4　勤労青年による転覆戦略

「実利」の忌避

だが、人生雑誌がこうした社会背景のなかで読まれ、盛り上がりを見せたとしても、そこに読者たちは、どのような意味を見出していたのか。彼らは「教養」や「生き方」「社会批判」にこだわるなかで、何を見出そうとしたのか。

それを考えるうえで重要なのは、彼らが「実利のための勉学」を否認していたことである。『人生手帖』(一九五八年二月号)には、「学歴と勉強について」という座談会記録が掲載されているが、そのなかで中学卒の印刷工の青年は、「勉強をするということは、仕事の方面で技術をのばすことだけかと言うと、そうじゃないんだ」「一生腕をみがくのが勉強だとは言えない」と語っている〔三九頁〕。「組合のことやなんかきかれる」にあたり、社会科学的な素養が不可欠であるというのが、その理由であった。

『葦』(一九五五年五月号)に掲載された論説「工場で働く若い友への返信」においても、「夜学でもいいから大学へはいりたい」という「若い友」の願望の背後に、「現在の仕事、靴工場で靴の底を叩く仕事、これを一日も早くやめたいと願」い、「弁護士になりたい」という階層上昇が目論まれていることが、批判されていた〔菅谷俊一、六二頁〕。「四人の弟妹は空腹を抱えて、貧しげに寝てい」るほどの困窮にあっても、何かの実利のための勉学ではなく、「人生とは何か、学問とは何か、社会とは何か」といった「真理を探求」すべきことが、そこでは強調されていた〔六五頁〕。

同様のことは、学歴獲得という「実利」についてもあてはまる。『人生手帖』(一九五九年七月号)には、夜学に通う読者の座談会記録「定時制高校生のよろこびとかなしみ」が収められている。そこでは、「みなさんは夜学へ入る時、学歴がないと損をするから、というような考えを少しは持って入ったの？」という編集部からの問いかけに対し、参加者たちは「そんなものじゃないわね」「どうしても勉強したいという気持からですよ」「学歴がほしくて学校へ通うんなら夜学なんか選ばない方が利口ですよ。上へあがりたかったら学校へきている間に仕事の方をよくおぼえた方が近道なんですよ」と答えていた［二九頁］。学歴の獲得といった世俗的な実利を超越した目的が、定時制で学ぶことのなかに見出されている。

とはいえ、人生雑誌の読者たちが、「実利のための勉強」をまったく求めなかったのかというと、必ずしもそうではない。『人生手帖』（一九五九年二月号）には、さまざまな通信講座の広告が掲載されているが、そこには文芸講座のほか、ラジオ技術、自動車整備、速記などが紹介されていた［一一一頁］。ラジオ製作の通信講座は、技術を身に着け、電気店・ラジオ修理店を開業することに直結するだけに、当時、人気の高い通信講座であった。[51] 速記講座にしても、「人生」や「生き方」の内省につながるというよりは、明らかに実利的な職業技術に結びつくものであった。これらの通信講座の広告が掲載されていることは、人生雑誌の読者層が「実利のための勉強」を内心では望んでいたことを浮き彫りにする。

しかし、それを表立って語ることは、人生雑誌の言説空間では憚《はばか》られた。あくまで、書物にふれたり夜学に通ったりすることは、人格の陶冶や真理の探究のためになされるべきものであり、世俗的な実利を目的とすべきではない。そういう規範が、そこには垣間見られた。

学歴エリートに対する転覆戦略

それにしてもなぜ、「実利のための勉学」の拒絶が、それほどまでに強調されなければならなかったのか。それは、暗に「進学組」への優位を模索しようとする戦略でもあった。「進学組」は相対的に高い社会的地位の獲得を見込めたわけだが、その一方で彼らは大学入試や就職といった「実利」のための勉強に齷齪《あくせく》せねばならなかった。それは「ガリ勉」のスタイルでしかない。山本茂實は、こうした勉学は「自分を偉そうにみせる手段」に過ぎないとして、嫌悪していた。『葦』（一九五二年別冊特集号）の座談会「『葦』創刊頃の思い出を語る」のなかで、人生雑誌の読者に求められるべきは、「如何に自分を裸にして自分をみつめるか」「自分の表面的なプライドではなくて、最後まで高ぶるまい、偉ぶるまいという勉強」であると語っていた。それは、「自己の本来のものを深めてゆく」ことであり、「自分を掘り下げて行く文学的態度と通ずる」ものであった［三一頁］。

この種の議論は、一九五〇年代後半の人生雑誌にも多く見られた。『人生手帖』（一九五八年二月）は読者からの投稿手記を集めて特集「学歴のない劣等感をどう克服するか」を組んでいるが、そこには「教養とは学歴のあることを意味するものであろうか。いや違う、物事に対して正しい理解を持ち、発展させていける人を教養高き人というかも知れない。［中略］であるとすれば、中卒である人にもできる。新聞、ラジオ、ニュース映画、そして多くの本、これにより判断力、発展性を持つ人となれるであろう」と記した読者投稿が収められている〔二九頁〕。『雑草』（一九五四年七月号）でも、「実際の学校の目的は就職進学に有利な為に入るのだと云えそうな状態だ。勉学は真理追求という言葉の下に良い成績を得る為のものに変わりそうだ」と記した高校生の投書が掲載されている〔「ざっそう族」欄、五一頁〕。これらの記述から浮かび上がるのは、高校や大学での「就職進学に有利な為」の勉学のいかがわしさと、それに拘泥しない「就職組」の教養志向の崇高さである。

こうした議論は、必然的に学歴の空疎さへの批判を導いた。『人生手帖』（一九五八年二月号）の先の特集のなかでは、「上の学校へいって証明書、すなわち卒業証書をもらうばかりが学歴をあげるのではないと思います。日常おこるできごとだって、ラジオ、新聞だって、いつも新しい問題を提供してくれるではありませんか」「今の社会は学歴で就職を左右する時代だから、われもわれもと進学をするようだが、肩書がほしくての進学ならば無意味だと思う」と記した読者投稿が見られた〔三二―三三頁、一八頁〕。「生き方」や「教養」にこだわる求道的な姿勢は、実利や肩書を求めて齷齪《あくせく》する（ように見える）「進学組」への優位を語ろうとする「就職組」の欲求と、表裏一体のものであった。

とはいえ、学歴や実利の汚らわしさをことさらに強調することの背後に、学歴への憧憬が固着していたことも否めない。『人生手帖』（一九五九年一月号）の「緑の会の発展のために」（緑の会本部事務局）には、「私たち事務局は人生手帖の編集部員がかねているわけですが、私たちとしては『世界』や『中央公論』と変りのない問題や内容としてい」ることが記されている［一二七頁］。『人生手帖』（一九六一年九月号）の「人生相談」欄では、「形式的な学歴にこだわる世間の人の軽はずみな話にまどわされて迷っているのは、『人生手帖』の読者らしくない考え方ですね」という記述がある一方で、文理書院が『人生手帖』をはじめ「働く青年男女が大学程度の知識と教養をわかりやすく学習できる本」を刊行していることが強調されている［九六－九七頁］。実際、『人生手帖』誌上の文理書院の広告では、一九六一年ごろから「働く青年が大学程度の「社会科学」の基礎知識を学習できる入門書！」という惹句が付されるようになるが、[52] そこには、高等教育の学歴への憧れが透けて見える。

葦の人々

「誰も知らないどんな所にも、こんなにも真剣に生き抜かんとして居る人が居るんだ……

……」

「葦」はそんな人達の作つた雑誌だ……

然かもそれが特殊な一部の才能家ではなくて働く普通の、ありふれた、吾々と同じ様な貧しい才能と働かなくては喰えない境遇の人達ばかりによつてつくられた雑誌なんだ……

……

才能……センス……そう云うものはないかも知れないが……それでも又良いではないか……その真剣な態度さえあつて、お互が救け合つて築つたら必ずや何とか道は開けて行く事だけを信じて居るのだ。

……文学者になろうとするのでもない。……まして地位や名誉を得ようとするのでもない。

唯吾々はより良き生を生き抜かんとして居るのだ。

或るものは工場の片すみに、又或るものは学校に、農村に……唯それだけだ……

こうした埋れた、然かも恵まれない人達がみんなでこの「葦」を通じて結ばれよう……

そんな所にこの雑誌の使命はある筈だ……。

誰かの云う様にそれが確かに小さな弱い力であつたにしても、それを何人があなどる事が出来るであろうか？……

吾々はしつかりスクラムを組もうではないか……真剣に生き抜かんとする人達と共に……

……
（Y）

『葦』創刊号（1949年1月）の巻頭言ページ［表2］。早稲田大学大隈講堂をバックにした山本茂實の写真（後列左から三人目）が用いられている。

　折しも、当時は、高校進学率が半数を上回るようになっていた時期でもあった。家計困難のゆえに義務教育より上の課程に進学できない状況は、以前のように「当たり前」のことではなくなっていた。勉学を続けたいという希望がありながらも、それが叶わなかった勤労青年にとって、そのやるせなさが前にもまして大きくなっていたのは、既述のとおりである。求道的な「生き方」「教養」への志向をもって「進学組」への優位がことさらに叫ばれた背後には、「進学組」の劣位にあることへの鬱屈と彼らへの憧憬が、分かちがたく絡まっていたのである。

その意味で、『葦』（創刊号）の表紙裏ページは象徴的である。そこでは「地位や名誉を得ようとするのでもない。唯吾々はより良き生を生き抜かんとして居るのだ」「こうした埋れた、然かも恵まれない人達がみんなでこの『葦』を通じて結ばれよう」という創刊の辞（「葦の人々」）が掲げられる一方、早稲田大学大隈講堂をバックに、他の学生たちと並んだ山本茂實の写真が大きく掲載されている。私学の雄ともいうべき大学に籍があることの誇示と、「地位や名誉」を拒絶する姿勢は一見、相矛盾するように思える。だが、そこには、「進学組」への憧れと鬱屈を抱きつつも、数々の苦労と思索・読書を経て彼らと肩を並べ、さらには、市販の人生雑誌を創刊するまでになった山本の自負がうかがえる。学歴エリートに対するこの屈折した心性は、その後の勤労青年たちを教養へと駆り立てたものでもある。戦後初めて刊行された人生雑誌の、表紙をめくってすぐのこのページは、隆盛期の読者の複雑な心情を暗示するものでもあった。

「キューポラのある街」

こうした勤労青年たちの心性を考えるうえで、映画『キューポラのある街』（日活、一九六二年）は興味深い。浦山桐郎《うらやまきりお》監督の処女作としても知られるこの映画は、鋳物工場が集まる埼玉県川口市を舞台とし、中学卒業後の進路や貧しさに悩む主人公ジュン（吉永小百合）の姿を描いている。

鋳物職人の娘・ジュンは、中学三年生で高校受験を控えていた。成績は抜群に優秀で、県下トップクラスの県立第一高校（埼玉県立浦和第一女子高等学校がモデル）も十分にねらえる位置にあった。こうしたなか、父親（東野英治郎）は、勤務先の工場から突如解雇を告げられる。川口の零細な鋳物工場は景気悪化に耐える体力に乏しく、また作業中の怪我により満足な働きができないことが、その理由であった。父親は荒れて酒浸りになり、一度は別の工場に職を得るも、機械化が進んだ職場にやりがいを感じられず、半月で辞めてしまう。家計は以前にもまして困窮し、ジュンの修学旅行費用の捻出はおろか、弟・タカユキの体操服の購入もままならない。

映画『キューポラのある街』（1962年）ポスター

当然ながら、家族はジュンの進学に対して否定的だった。母親は受験勉強に勤しむジュンに向かって「勉強勉強って言うけどさ、お前少しは家のことも考えてみな」「高校行くったって大変なんだからよ、家《うち》は」と苛立ちをぶつけ、父親はジュンやタカユキに対し、「てめえらに小理屈こねさすために遊ばしとくわけにゃいかねえんだぃ。いいか、ダボハゼの子はダボハゼだぁ。中学出たらみんな働くんだ、鋳物工場《こうば》で」と怒鳴り散らす[53]。

家族関係の破綻も明らかだった。妻子の生活を省みず、ささいな理由で再就職先を捨てた父親を母親は責め立て、逆上した父親は母親やジュンに暴言を吐き、暴力を振るう。そこでは、家族という言葉から連想されがちな和やかさや親密さが、まったく欠けていた。

自暴自棄になったジュンは、母親に「嫌《や》だよぅ、あたいもう、みんな嫌だよ！」と泣きじゃくりながら怒りをぶつけ、作文の時間には以下のように、やるせなさを書きつけていた――「私にはわからないことが多すぎる。第一に、貧乏な者が高校へ行けないということ。今の日本では、中学だけでは、下積みのまま一生うだつが上らないのが現実なのだ」。人生雑誌の読者たちにも共通する鬱屈を、ここに見ることができる。

だがジュンは、北朝鮮に帰国する親友・ヨシエの「あなたは今、一人だけで悩んでいるんじゃなくて、同じように苦しんでいるみんなの問題にして一緒に考えあった方がいいんじゃないでしょうか」という言葉をきっかけに、気持ちを切り替えるようになる。ジュンは最新設備が導入された大工場の見学に赴き、定時制に通いながらいきいきと働く工員たちを目の当たりにする。

ちょうどその頃、父親が元々勤めていた工場に復職できることになり、家族は明るさを取り戻す。両親からも県立第一高校への進学を認められるが、ジュンはあえて定時制への進学を選び取る。

そこには、「進学組」に対して優位に立とうとした人生雑誌の読者に通じる戦略がうかがえる。あれほど憧れた県立第一の受験を捨てて定時制を選ぶことを訝《いぶか》る家族に対し、ジュンは以下のように語っている――「だけど母ちゃん、昼間にはないような凄く頑張り屋でいかす人がいるわよ。それにね、これは家《うち》のためっていうんじゃなくて、自分のためなの。たとえ勉強する時間は少なくても、働くことが別の意味の勉強になると思うの。いろんなこと、社会のことや何だとか」。

ジュンにとって、「昼間にはないような凄く頑張り屋」に接し、「働くことが別の意味の勉強に」なる環境は、県下トップの進学校に進むこと以上に意味のあるものだった。受験勉強に勤しんでいたころは、「勉強しなくても高校行ける家《うち》の子に負けたくないんだ」という思いを露わにしていたが、最終的には「受験のための勉強」とは異なる形で、彼らの優位に立つことを目指すようになる。

社会批判への関心も、この映画から見て取ることができる。失業中の父親が「この川口がある限り鋳物職人はなくちゃならねえんだぃ。また戦争でもおっぱじまってみろぃ。朝から晩まで炉は吹きっ通しだ」と戦争景気への期待を口にすると、ジュンやタカユキは「父ちゃんなんか戦争起りゃ良いと思ってんだろ、自分の事ばっかり考えて」「そういうのがいけねえんだ。自己中心主義って言うんだぞ」と詰問する。貧困を生み出す社会への疑念も、前述のジュンの作文のなかで吐露されていた。戦争や不平等への批判的な関心を抱き、自己の実利のみを求めるのではない「生き方」が示唆されている。

その意味で、『キューポラのある街』は、人生雑誌を手に取るような勤労青年の生い立ちや価値観に重なるものがあった。この映画は、一九六二年度のキネマ旬報ベストテン第二位、映画評論ベストテン第一位を獲得するなど、高い評価を得た。また、吉永小百合をスター女優へと押し上げた作品としても知られている。こうした反響の大きさは、人生雑誌に浮かび上がる読者たちの心性が、決して彼らに閉じるものではなく、より広範な人々に共有されていたことを暗示する。義務教育以上に進めなかった勤労青年たちが、あえて「生き方」や社会批判、さらには教養を突き詰めることで、「昼間の学生」や「勉強しなくても高校に行ける家《うち》の子」を見返そうとする。こうした心性が広く共有された時代があったことを、この映画は物語っている。

「査読」の波及効果

読者たちの自負や優越感が掻き立てられるうえでは、人生雑誌における「査読」の存在も大きかった。人生雑誌には読者の手記や創作（小説・詩・俳句・短歌など）が多く掲載されていたわけだが、投稿されたすべての文章が採用されたわけではない。『葦』（一九五七年八月号）の「編集後記」には、読者投稿の掲載倍率がまとめられているが、それによれば、比較的長文の手記や雑記の場合で、三〇倍から五〇倍、二〇〇字程度の短文投稿欄（「かわず」欄）に至っては一〇〇倍に達していた［一一〇頁］。詩歌や小説などの創作の場合、倍率はそこまで高くはなかったが、それでも一〇倍から一五倍であった。小説や短歌・俳句の類であれば、一定の技術や力量がそもそも必要なだけに、掲載に至る応募者は、読者のごく一部に限られていた。『人生手帖』においても、掲載のハードルが高かっただろうことは想像に難くない。実際、寺島文夫も読者にむけて、「ページ数に限りがあるために採用数に限りがあるのはやむをえないし、また、書き方があまりに未熟なものは、そうであるが故に価値がないとも評価されるのですから、皆さんの精進をねがい、本誌の文芸欄を充実し、その声価を高めたいと思います」と記していた。[54]

誌面には選評がたびたび掲載されたが、それも編集部による選別の存在を読者たちに可視化させた。『人生手帖』には詩・俳句・短歌の読者投稿欄が設けられていたが、評者の詩人・俳人・歌人による選評が毎号掲載されていた。それも必ずしも短文ではなく、一、二ページに及ぶことのほうが一般的であり、「没書になる歌の例」「どんな作品がよくないのか」「詩は類型的ではいけない」といったテーマで選後評が書かれていた〔一九五八年三月号、六一年一月号〕。「文章作法」（『葦』一九五八年七月号）や「生き生きとした文章――形容詞と漢字のつかい方」（『人生手帖』一九六一年六月号）など、文章の書き方に関する解説記事も多く見られた。投稿を考える読者たちからすれば、これらは査読の基準を示したものにほかならなかった。

もっとも、人生雑誌では名文・美文が求められたわけではなく、「文章の上手下手等は一こう問題にせず」「うまく書こうとせず変なお色気をとつて真実を愛する人達が自分の本音をその人の地声で訴える」といった点は、しばしば強調されていた。[55] とはいえ、市販の商業誌である以上、平易ながらも読み手に響く文章が求められるのは当然のことであった。その点は『雑草』でも同様であり、一九五四年三月号の読者投稿に付された選評には、「一生懸命にもがいていることはわかるが、書かれたものは全く文離滅裂である。引用は結構だが作者の受入態勢が出来ていないので、その著書に引ずり廻されているといつた感がある。だから切角《せつかく》の大家の著書もとんでもない意味に引用されてしまう」という厳しいコメントが記されていた［一二一頁］。これらの選評や「文章の書き方講座」などを通して、掲載の基準や要求水準が読者たちに示されていたのである。

　裏を返せば、これらの人生雑誌に投稿が掲載されることは、書き手に少なからぬ優越感をもたらすものであった。かつて『人生手帖』に掲載されたことのある読者は、そのときのことを回想しながら、「自分の文章がそのまま活字となって、記載されているのを見た時は実に嬉しかった」「生まれて始めて、自分の作品が、名前が活字になった。僕は思わずバンザイを叫んだ。あの時の感激は、いまだに忘れることができない」と記している。[56]『葦』（一九五五年四月号）の特集「私は手記をこうして書いた」には、幾度か手記が掲載された読者たちの経験談が収められているが、そこでもある読者は「書きたいと思つて書いてきたもののいくつかは、『葦』や『雑草』にのつた。のつたということからわたしは別に、それがとびはなれてすぐれたものだとは思わない」「そうして書いたものが偶々雑誌にのつたまでで、別に目をさかさにしてよろこぶほどではない」と記している［荒井勇「書きたいから書くまでの話」一九頁］。「よろこぶほどではない」ことをわざわざ強調していること自体、この書き手も含めて、多くの読者が掲載に至った際には誇らしさを覚え、自らの文章が「とびはなれてすぐれたものだ」と思いがちであったことを暗示している。自らの文章が人生雑誌に掲載されることは、相当の選抜を経て、編集部に認められたことを意味しており、必然的に書き手の自負や優越感を喚起した。

それは「査読」のないサークル機関誌や同人誌とは異質なものであった。小規模なサークルの機関誌や、各地域の葦会・緑の会などの同人誌であれば、投稿に際して選別が働くことは少なく、原稿を書きさえすれば掲載されることが多かった。むしろ、地域の緑の会や葦会（支部）の機関誌をひもとくと、原稿が集まらないことを嘆く編集後記さえ、多く見られる。[57] 中野緑の会会報『緑のニュース』（一九六二年八月号）でも、発行のたびに「書く人が限られて」おり、「二行でも三行でも良い」ので「みんなの文章が載るように」したいという思いが、編集責任者によって綴られていた。[58]

むろん、こうした機関誌であっても、ふだん文章を書かない者からすれば、自分が書いた文章が掲載されることに一定の達成感を抱いたであろうことは否めない。しかし、それは、編集部の厳しい選別を経て、商業誌での掲載に値することが認められた人生雑誌の場合とは、質的に異なるものである。そこでの読み手は、あくまで顔なじみの会員や少人数の同人に限られ、全国のさまざまな読者が目にすることはない。

だとすれば、人生雑誌への掲載が優越感をもたらし、低学歴のコンプレックスをいくらかでも和らげたであろうことは、容易に想像できよう。実利や学歴を超越した「生き方」「教養」への志向が、相当な倍率の選別を経て、編集部に承認される。それは、学業優秀ながら高校や大学に進めなかった勤労青年読者の鬱屈を和らげ、その自尊心を少なからず満たすものでもあった。

人生雑誌の寄稿者のなかには、それをきっかけに文芸の世界で活躍するようになった者もいた。『葦』に自伝的小説「優曇華《うどんげ》の花」（のちの『下街の故郷』）を発表したことを契機に、『ハモニカ工場』（一九五六年）や『東京大空襲』（一九七一年）などの作品を次々に発表した作家・早乙女勝元は、その代表的な存在である。俳人・望月たけしも、もともとは『人生手帖』の常連投稿者であった。そこでの作品が選者・赤城さかえの目に留まり、俳人としての力量を認められて、一九六七年八月号より『人生手帖』の俳句の選者を務めるようになり、後年には新俳句人連盟副会長の重職に就くに至った。むろん、彼らのように文芸の世界で名を成すことは容易ではなかったが、少なくとも読者にとって、彼らの経歴は、投稿の先に、文芸の世界に進み、文化人となるかすかな可能性が存在することを、感じさせるものだった。

とはいえ、人生雑誌の読者のなかで、実際に投稿し掲載にまで至ったのは、その一部でしかなかった。しかし、人生雑誌を読むにとどめた多数の読者にしても、手記が掲載された勤労青年たちと同じ境遇にあり、また、彼ら自身、いくらかは投稿を考えたこともあっただろう。だとすれば、そこで「いかに教養にふれ、生き方や社会批判を語るか」を重んじる態度が読者たちに共有されていたことは想像に難くない。

誌面に掲載された書き手は、査読を通して編集部に認められた自らの「生き方」「教養」に自負を抱くことができ、そのことは、「学歴がないこと」の劣等感をいくらかなりとも和らげることにつながった。さらに、その「実利を超越した生き方・教養」への自負心が、「実利」に齷齪《あくせく》する学歴エリートへの優位を実感させる。書き手でない読者たちも、いずれは書き手になるかもしれないだけに、こうした価値規範の内面化が促された。言うなれば、人生雑誌における査読の存在は、読者たちが抱えていた「就職組の鬱屈」を緩和し、また、教養への関心を後押しするものとして機能した。「順調なコースを歩む者」でも「マンボにうつつをぬかす者」でもない「第三の若者」に人生雑誌が支えられていたのも、そのゆえであった。

新興宗教への懐疑と制度知への憧憬

読者たちの「生き方」へのつよい関心を考えれば、人生雑誌と宗教との関係も見ておく必要があるだろう。折しも、一九五〇年代後半から六〇年代にかけての時期には、立正佼成会（旧称は立正交成会）や創価学会などの新宗教が、信徒を多く獲得していた。「生き方」に関心を有する人生雑誌の読者が、それらに惹かれてもおかしくはない。現に『人生手帖』（一九六〇年七月号）の特集「新興宗教への疑問」では、緑の会を退会後、創価学会に入信して、「緑の会よりも幸せな道を選ぶことができ」たという元会員の手記のほか、「友がすすめてくれる創価学会に入会した方がよいのか、今の自分はこんなことはありえないと笑ってはいますけど、誰に頼るすべもなく一人で苦しみ悩んでいます」という読者からの手紙が紹介されていた［五二頁］。

しかしながら、「新興宗教への疑問」という特集タイトルからもうかがえるように、人生雑誌は新興の宗教に対して、否定的なスタンスをとっていた。同じ特集のなかで、編集部は「神仏に頼ることによって私達は本当に幸福をつかむことができるものでしょうか」〔五二頁〕と記していたほか、「他力本願的な思想をくつがえして行く努力のつみ重ねが大切なのである」「本尊というデク（偶像）があり、すべてがその力によってくるという考え方はつきつめれば人間尊重・自由・民主の精神を否定し、右翼独裁的な色彩をおびてくる」といった読者投稿を掲載していた〔名倉七郎「私達はごめんだ」五四頁〕。

新興宗教に対するこうした違和感は、人生雑誌における教養志向を考えれば、必然的なものであった。同じ特集の中で、ある読者は「祈りによって富をえるようなことを考えず、近代科学を十分にとり入れ」ることの必要性を綴っていた〔佐野年造「神に祈るときの心」五五頁〕。そこで示唆されるのは、「近代科学」、すなわち制度的な知に根ざした教養に重きを置こうとする姿勢である。人生雑誌は大学知識人への憧れを内包し、彼らによる人文科学・社会科学の論説や解説を多く取り上げてきた。そこで重んじられたのは、あくまで高等教育や総合雑誌のような場で受容され、制度化されている知であった。文理書院の広告が「働く青年が大学程度の「社会科学」の基礎知識を学習できる入門書！」と銘打っていたことは、このことを如実に示している。だとすれば、大学や知識人による裏付けを欠き、制度化された知の範疇にない新興宗教に、人生雑誌が歩み寄ることはあり得なかった。

『人生手帖』（一九五六年一〇月号）には、宗教史家・村上重良が「新興宗教の歴史」を寄稿しているが、そこでも「資本主義社会のしくみを科学的に分析し、より豊かな平和な社会をもとめて、社会を変革してゆく」ことの重要性を指摘し、「世界救世教、日蓮宗の立正交成会、霊友会、創価学会など無数の新興宗教はおおくの場合、保守政党を支持して、はたらく人々の、このような目ざめを遅らす役目を果してきました」「わたくしたちが幸福になる道は、新興宗教に入ることよりも、この社会のありかたを明らかにする科学をみんな手をとりあって、勉強することから始る」と記している〔七七頁〕。人生雑誌が教養への憧れや社会批判への関心を内包し、社会的・制度的に「科学」とされているものへの接近を志向していたことを考えれば、編集部が新興宗教を肯定的に捉えるはずはなかった。見方を変えれば、それもまた、読者や編集部の教養に対する執着のあらわれであった。

刻苦勉励のエートス

宗教への接近が思考に歯止めをかけてしまうという判断も、人生雑誌が新興宗教と距離を取ろうとした要因であった。先の特集「新興宗教への疑問」（『人生手帖』一九六〇年七月号）の結論部において、編集部は、「宗教が人間の心をとらえるのは、自分が無力であるという考え方からぬけきるだけの勉強と努力をしないで、手軽になにかに頼ろうという弱い心もちでいるときだと思います」と記している〔五六頁〕。そこでは、「生き方」を自らが思考し、突き詰めるだけの「勉強と努力」を手放すことへの嫌悪感が透けて見える。

そもそも、『葦』や『人生手帖』には「刻苦勉励」のエートスが密接に結びついていた。『葦』（一九五九年一月号）の「かわず」欄では、一度は挫折した通信教育に再び取り組んでいる農家の一七歳の女性が、以下のように綴っていた――「親父らの小言、嫌味、弾圧。一冊の参考書もなく聞く人もいない。時間は普通の時で夜仕事が終つてからの十時過ぎだけ（農繁期は駄目）。これらのなかで私がどれぐらいねばり、頑張つてゆけるか、私の試験です」［一二七頁］。勉学はむろんのこと、人生雑誌を読むことさえ、忍耐と努力を要することが透けて見える。

同様のことは、『人生手帖』の誌面にも色濃く表れていた。『人生手帖』（一九五七年一〇月号）の特集「働く者の勉強について」には、店員を務める二二歳の勤労青年の手記が収められているが、そこでは彼の日常生活が以下のように記されている。

私の勉強法は、理想に反しない日常生活を歩むことにしています。Kさんと二人の自炊生活で、毎朝六時半頃起床し、七時から十五分間、フランス語講座のラジオを聞き、朝飯を食べながらニュースを聞きます。八時から夕方の五時までお店で働き、夜は学校へ行き、放課後の火、金曜はコーラスをやっています。毎土曜日の学校帰りには五人で十二時まで「資本論」をやって来ます。夜は学校の復習や読書と日記をつけ、一時頃までには寝るようにしています。理想を抱き、必ず実現出来ると思い、自分なりに努力し、自信を持っています。

［佐藤高史「職人は勉強しなくともいいのだろうか」一二〇頁］

勤務のかたわら、夜学のみならず、フランス語学習や読書を毎日実践し、週に一度は『資本論』のような古典の読書会に欠かさず参加することは、決して容易ではない。『人生手帖』(一九五七年一一月号)でも、一三歳の店員が「一生涯をかけた希望として、この生命のある限り、一日も欠かさず勉強を続けることだけは実行する覚悟です」と記している[中原清武「一日も欠かさず勉強を続けます」一九頁]。働きながら「生き方」や「教養」を突き詰めようとした彼らの姿勢には、刻苦勉励の行動規範が鮮明に浮かび上がっていた。

教養主義の野暮ったさ

もっとも、これは、学歴エリートたちの教養主義にも当てはまるものであった。多くの難解な思想書を渉猟し、しばしば英語・ドイツ語等の原書をひもとかなければならない教養主義的な読書には、忍耐と勤勉さが不可欠だった。教養主義は、もともと受験エリートたちの「ガリ勉」を否認するためのものであったわけだが、それは「読まなければいけない本を読む」という「ガリ勉」的なスタイルに拠らなければならなかったのである。

このような教養主義は、ゆとりを欠いた真面目さや愚直さに基づくものであり、優雅さやスマ

★3 エートス　ある社会集団にゆきわたっている道徳的な慣習・行動の規範。

ートさを基調とする都市中流階級のブルジョア文化とは相容れなかった。それは農村的とでも言うべきものであった。中村真一郎の小説『女たち』(一九六一年)には、カントなどの読書の一方で、テニスや歌舞伎に親しみ、西洋音楽の演奏をもたしなむ上流階級の旧制高校生が描かれている。彼は一般の高校生から見て、「ディレッタントだった」が、「ディレッタントであること自体にも、熱心ではなかっ」た。つまり、齷齪《あくせく》とした勤勉さを見せることなく、都市ブルジョア的な嗜好・関心・振る舞いを身につけた、スマートさの持主であった。また、彼の妹は、「お兄さまのお仲間みたいに難かしい議論ばかりしている男の人」や「人類だとか社会だとか芸術だとか学問だとかばかりを年中議論の対象にしている者たち」ではなく、「もっと愉しくスポーツをしたりダンスをしたりして、日常生活の小さな娯楽を追い求めている青年たち」への親近感を語っている。[59] 竹内洋はそこに、堅苦しい教養主義と垢抜《あかぬ》けたブルジョア文化との決定的な相違を見ている。[60]

上流階級の子弟は、生まれついて高尚な芸事にふれ得る家庭環境に育ち、「自然」にそれらを吸収する。それに対して、地方農村出身の学歴エリートたちは、家庭の貧しさにめげず、ガツガツと勉学にいそしみ、旧制高校に入学すると、教養主義的な教養を齷齪《あくせく》と身につけなければならない。見ようによっては「がさつ」な勤勉さを内面化した教養主義は、どれほど西洋の古典や思想への関心に根差していたとしても、いかにも農村的なものであった。それは、「洗練」「優雅」を帯びた都市ブルジョア的なものとは、明らかに対照的だった。[61]

人生雑誌における刻苦勉励のエートスも、ある意味では、こうした教養主義に固有のスタイルに根ざすものであった。

教養主義の暴力

勤労青年たちにとって教養や勉学は、かくも多大な困苦を伴うものであっただけに、「教養ある者」が彼らを排除するような言動には、激しい反発が見られた。第1章でも述べたように、山本茂實は「おれ達にもつともつとわかるようなやさしい綜合雑誌が欲しいなア」という思いを抱いており、そのことが『葦』や『潮』の創刊につながった。そこには、難解な言葉遣いという「参入障壁」を築き、「教養」の世界から勤労青年たちを締め出そうとするかのような知的世界への反感があった。『葦』の反知性主義的知性主義は、こうした思いに根ざしていたわけだが、『人生手帖』にも同様の傾向が色濃く見られた。

『人生手帖』(一九五七年五月号)の社会批評欄「展望台」は、全国紙の学芸欄で「著名な評論家」(加藤周一、中村光夫、美濃部亮吉など)が「そろって綜合雑誌の論文が非常にむつかしい文章で書かれていること」を批判し、「むつかしい文章を書いたり有がたがったりするのは、日本の知識階級の特権意識によるもの」であると指摘したことを、好意的に紹介していた[一〇七頁]。同欄ではさらに「やさしい、誰にもわかる言葉で、文章で、真実のことを書くこと、話すことが、一番大切」であると記されている[一〇七頁]。教養に接近しようと刻苦勉励を重ねる勤労青年たちを、難解な言語でもって締め出す知識人への反発が、そこに透けて見える。
こうした反知性主義的知性主義は、人生雑誌と左派的な言説との微妙な齟齬《そご》とも結びついていた。『人生手帖』（一九五八年五月号）には「進歩的な人々に――一会員の意見」と題された読者の文章が収められているが、そこでは地域の緑の会の例会における「進歩的な人々と、そうでない人々とのギャップ」について、次のように書かれている。

階級意識にめざめた進歩的な人々には、生きることは闘うことだという信念というか自覚のもとに話そうとし、表現のしかたも自然そうなるのでしょうが、緑の会の性格はそういうことだけのものでしょうか。僕は疑問なのですが、以前、運営委員会に集った進歩的な人々が、例会が面白くない、得られるものがないと口をそろえて言っていましたが、もしそれらの人々を満足させるような労働者意識に合うことだけ話されていれば満足だとしたら、それを理解できない人はどうなるのでしょうか。［中略］
僕は「下の方の人間」です。一年前に徒弟生活から抜け出て、やっと社会問題に関心をもちはじめたばかりで、進歩的な人々のように階級的な理論と実践できたえられているわけではありません。学力もおとっていますが、今日の社会の階級性が憎いと思います。しかし、進歩的な人々が自分たちだけでわかるような話ばかりしていると、その人々に「我々のところまで降りてきて話してくれとお願いしたい」といいたいのです。進歩的な人々と、そうでない人々とのギャップ（溝）をどうしたらうずめるかを考えてくれないと、進歩的な人々との心の結びつきもできず、ブルジョア階級と同じように、われわれにはついていけないもう一つの階級みたいにも感じさせてしまうと思うのです。〔一三五頁〕

左派的な議論に多くふれてきた者が、そうでない者たちに対して優位に立ち、「われわれにはついていけないもう一つの階級」のように振る舞う構図が浮かび上がる。「例会が面白くない、得られるものがない」と感じるような「運営委員会に集った進歩的な人々」は、左派的な知識をさらに吸収しようとする上昇志向に駆り立てられているのであろうが、そのことは「下の方の人間」を軽侮し、彼らの発言を封じるかのような姿勢を生み出す。少なくとも、「下の方の人間」の目にはそのように映っていた。

このような排除の力学は、教養主義の価値観に根ざすものでもあった。教養に重きを置くかぎり、後発の若者たちは、古典を長年読み込んできた年長の教養主義者の劣位に置かれ、永遠にそこから抜け出ることができない。教養は、学識ある年長者を頂点としたヒエラルヒーを不断に生産し続けるものでもあった。

このことは、戦前期の代表的な教養知識人である和辻哲郎の「教養」（一九一六年）というエッセイからもうかがうことができる。「小さな創作」に精を出し、能動的に社会に関わろうとする若者に対して、和辻は次のように語っている。

君は自己を培《つちか》って行く道を知らないのだ。大きい創作を残すためには自己を大きく育てなくてはならない。〔中略〕君が能動的《アクテイヴ》と名づけた小さい誇りを捨てたまえ。〔中略〕常に大きいものを見ていたまえ。〔中略〕世界には百度読み返しても読み足りないほどの傑作がある。そういう物の前にひざまずくことを覚えたまえ。ばかばかしい公衆を相手にして少しぐらい手ごたえがあったからといってそれが何だ。君もいっしょにばかになるばかりじゃないか。[62]

教養主義は「百度読み返しても読み足りないほど」の古典を尊ぶがゆえに、それらを多く読破してきた年長者への従属を強いることになる。竹内洋が『教養主義の没落』のなかで指摘するように、「教養主義を内面化し、継承戦略をとればとるほど、より学識をつんだ者から行使される教養は、劣位感や未達成感、つまり跪拝《きはい》をもたらす象徴的暴力として作用する」のである〔五四－五五頁〕。

人生雑誌をめぐる言説空間も、こうした象徴暴力から免れることはできなかった。人生雑誌が左派的な知に根ざした教養主義に基づくものである以上、たとえ読者サークルの場であっても、「進歩的な人々」が日の浅い会員や必ずしも読書の蓄積が多くない会員に対して、圧倒的に優位な立場に立つことは避けがたかった。それは、人生雑誌やその読者サークルが、教養主義的な価値規範のもとに置かれていたことから必然的に導かれるものであった。

むろん、人生雑誌が掲げる反知性主義的知性主義からすれば、そうしたヒエラルヒーは否定されるべきものであり、議論や知は新規の読者たちにも開かれていなければならないはずであった。しかし、人生雑誌は、その根底にある教養主義のゆえに、ときに反知性主義的知性主義を否定し、「知性主義」の暴走に傾く局面も、少なからず見られたのである。

「マルクスみかん水」と反知性主義的知性主義

「進歩的な人々」に対する違和感は、左派政党との微妙な距離感にもつながった。『人生手帖』(一九五九年一月号)に収められた「緑の会の発展のために」(緑の会本部事務局)には、次のような一節がある。

> 現在の社会党や、共産党のような革新的な運動は、すでに四十年以上も前からつづけられてきたにもかかわらず、今日なお、総選挙において、封建的といわれる自由民主党に負けてわずかに三分の一の勢力しか持てないということは、私たちに何を教えるでしょうか。外国で書かれた社会主義・共産主義のホン訳だけを唯一のたよりにしてむつかしい理屈を言って、まわりの人々から敬遠されるような活動態度であっては、どんなに自己犠牲的に活動しても、何十年やっても、ついに社会と政治の現実を動かすだけの力を結集し得ないということを実証しています。[一三八頁]

ここでは、「外国で書かれた社会主義・共産主義のホン訳」や「むつかしい理屈」を振りかざす左派政党の「まわりの人々から敬遠されるような活動態度」が、つよく批判されている。そこに透けて見えるのは、人生雑誌の「マルクスみかん水」的性格と反知性主義的知性主義の接合である。

人生雑誌は左翼運動への親近感を抱きつつ、微妙な距離を保とうとしていたが、これは、過剰な政治主義への違和感や政治団体に雑誌が取り込まれることへの懸念のみに、根ざしていたわけではない。あたかも知的世界の特権階級でもあるかのように、左派的な議論が勤労青年たちを威圧し排除する「教養の暴力」も、そこでは感じ取られていた。知識人への憧れを抱きながら、彼らの知の占有を拒絶する反知性主義的知性主義は、左翼政治運動に共感しつつ、そこから微妙な距離を取る「マルクスみかん水」的な性格とも密接に結びついていた。

こうした指摘は、何も先の引用に限るものではない。寺島文夫「緑の会のあり方に自信を持とう」(『人生手帖』一九六〇年三月号)は「外国製の文化運動理論」に依拠した「左翼公式主義」を批判していたほか〔一三四頁〕、『人生手帖』(一九六一年三月号)に掲載された緑の会会員の投書も、「むずかしい言葉や字句を使って議論しないと気がすまない」ような左翼政党や労働組合への憤りを綴っていた〔小山英一「そのために『人生手帖』を役立てよう‼」一三七頁〕。左翼運動への違和感と知識人による知の占有への苛立ちが密接に結びついていることが、そこにはうかがえる。「マルクスみかん水」と反知性主義的知性主義は、表裏一体のものであった。

転覆戦略の逆接的な帰結――階級の再生産

学歴エリートへの憧憬と鬱屈を抱えた人生雑誌は、読者たちの階層構造にも一定の影響を与えた。人生雑誌は実利を超越した「生き方」や「教養」を追求するものであっただけに、社会階層の上昇のために学歴を獲得しようとする行動を、ことさらに嫌悪した。

『人生手帖』(一九六二年一月号)の「人生相談」欄には、中学卒業後に就職した勤労青年からの相談が掲載されている。その青年は、会社が併設する訓練所の訓練生として、三カ年にわたり、実務知識や技術の習得に専念することになっており、課程修了後は「職場の基幹作業員として、また幹部としての道はひらけてい」たという。しかし、それで高校卒業資格が得られるわけでもなく、また、会社も夜学への進学を認めていなかった。この相談者は「どうしても別に高校卒の資格をとり、三〇歳になろうとも大学卒の資格をとりたい」と願っており、「どうか大学まで進める道を教えて下さい」という相談を寄せていた[一一五頁]。

加瀬和俊『集団就職の時代』によれば、企業内研修所で勉学や研修を積むことは推奨しても、定時制高校への通学を許容しない姿勢は、大手企業であっても広く見られた。『労働行政要覧昭和三七年』(労働省編、一九六三年)でも、「大企業では職業訓練所が事業[所]内に設置されている関係もあり、従業員の定時制高校への通学を必ずしも歓迎していない」ことが指摘されている〔二〇〇頁〕。その背景には、先にもふれたように、学歴上昇により待遇改善を求められたり、単純作業を割り振ることが困難になったり、あるいは、より条件のよい職場に移りかねないという懸念があった。この勤労青年の相談の背後に、よりよい職場に移りたいという願望があったかどうかは、定かではない。だが少なくとも、学歴の獲得が職業選択の幅を広げ、何らかの階層上昇につながる可能性があったことは否めない。

しかし、容易に想像できるように、『人生手帖』での回答は、相談者の進学願望を頭から否定するものであった。回答文では「君の相談に答える前に、君は「なんのために大学へ行こうとしているか」ということをもう一度じっくり考えることをすすめます」「なによりも、資格と学歴にこだわる君の考え方そのものが、君を人間としてだめにしてしまいそうに思います」と記されている。そのうえで、相談者への助言として、「もう少し落ち着いて『人生手帖』をよくよんで下さい」「大学で学ぶことのできないような〝真実なもの〟があることを君は発見できるだろうと思います」と綴られていた〔一一五頁〕。

『人生手帖』を読むことで、「真実なもの」を見出すことはできたのかもしれない。だが、それによって、「資格と学歴」を獲得し、社会的な階層上昇をめざす意欲は押さえつけられる。むろん、既述のように、「真実な道」を追い求める求道的な姿勢は、就職や進学といった実利に齷齪《あくせく》する「進学組」より優位に立とうとする「就職組」の転覆戦略ではあった。それによって、いくらかの自負心を抱くこともできただろう。だが、結果的には、義務教育より上の学歴を要する職場に移り、社会的な階層上昇をはかることが、阻まれてしまう。『葦』（一九五五年五月号）の論説においても、「夜学でもいいから大学へ入りたい」という希望や「靴工場で靴の底を叩く仕事」をやめて「弁護士になりたい」という階層上昇の願望が否定されていた［六三－六六頁］。そこにも、純粋な「生き方」の模索を通して学歴エリートの優位に立とうとする人生雑誌の転覆戦略が、現状の階層への安住を強いている状況が浮かび上がる。

人生雑誌への執着は、しばしば職を失うことにも結びついていた。人生雑誌は「アカ」さを帯びていただけに、雇用主が警戒心を抱くことも多く、雑誌の購読や読書サークルの創設が、職場での圧迫や解雇に結びつきがちであったことは、先に見たとおりである。

人生雑誌を読むことは、あくまで「実利」を超越した「生き方」「真理」を模索することにつながっており、それは、試験や就職のための「ガリ勉」にいそしむ「進学組」への優位を示すものでもあった。だが、彼らのこうした自負やアイデンティティは、階層上昇への意欲を封じたり、勤務先で「アカ」と目され、職を失うことにもつながった。「進学組」に対して鬱屈を抱きながらも、自らを彼らの優位に置こうとする転覆戦略は、まさにその帰結として、低い社会的地位の再生産やさらなる下降を生むこともあったのである。

「中間文化」の光と影

人生雑誌をめぐるこうした状況は、「中間文化」と言われた一九五〇年代後半のメディア環境の光と影を映し出している。

社会学者の加藤秀俊は、『中間文化』（平凡社、一九五七年）のなかで、当時のメディア文化の特徴を「高級文化と大衆文化との中間的形態をとる文化」に見出し、これを「中間文化」と名付けている［九頁］。

一九五〇年代後半には、既存の新聞社系週刊誌（『週刊朝日』『サンデー毎日』など）に加えて、出版社が週刊誌に参入するようになり（『週刊新潮』一九五六年創刊、『週刊文春』一九五九年創刊）、週刊誌メディアも高揚期を迎えていた。また、光文社カッパ・ブックスの立ち上げ（一九五四年）を皮切りに、新書ブームも盛り上がりを見せていた。これらは決して、学問的に高度な内容を扱うものではなかったが、かといって、娯楽一辺倒というわけでもなかった。加藤は当時の新書ブームについて、「さまざまの学問的・専門的分野の中心的な課題を、平易に簡潔に整理」し、「「常識」としてこのくらいは知っていてもらいたい、といったような調子の内容のもの」が多く見られたことを指摘している［九－一〇頁］。

岩波新書などに比べれば通俗的なイメージがつよいカッパ・ブックスにしても、南博[★4]『マス・コミュニケーション入門』（一九六〇年）や川喜田二郎[★5]『ネパール王国探検記』（一九五七年）など、気鋭の学者の手によるものも少なくなかった。『思想の科学』編集長を務めた映画評論家・佐藤忠男も一九六三年の文章のなかで、カッパ・ブックスを約四〇冊、既刊分の一割強は読んでいたことを記している。[63]

加藤秀俊は、これら「新書、週刊誌という断片的常識主義」の広がりを通して、「現在では特権階級の文化と、庶民の文化のあいだの落差は実はきわめて小さ」くなっていることを、肯定的に評価していた［一一頁、一五頁］。

かつての旧制高校生が、カントの『純粋理性批判』を読み通すことにプライドを感じたのと対照的に、新制大学の学生の読書生活には新書が進出しているし、それと同じ新書を紡績会社の女工さんも読んでいるのだ。つまり、現在、文化の担い手として進出しつつある世代は、その社会的プライドの平均値においてかつての知的特権階級よりやや低く、しかしその水準の均一化とその規模においてははるかに広汎な構造をもっている。［一七－一八頁］

読書文化やメディア文化において、少数のインテリ層と大多数の大衆層が画然と分け隔てられていた戦前期に比べれば、一九五〇年代後半以降の中間的な層の厚みは際立っていた。新書や週

★4　**南博**（一九一四－二〇〇一）　社会心理学者。アメリカの社会心理学を日本に導入し、社会現象の背後にある人々の心理を考察した。一橋大学教授、日本社会心理学会理事長、日本映像学会会長を歴任。『日本人の心理』（岩波新書）、『南博セレクション』（全七巻、勁草書房）など。

★5　**川喜田二郎**（一九二〇－二〇〇九）　文化人類学者。ネパール、チベットの山村のフィールドワークで知られる。東京工業大学教授、筑波大学教授を歴任。『川喜田二郎著作集』（全一四巻、中央公論社）など。

刊誌は、インテリ層であれノン・エリート層であれ、広く手に取られるものであった。知識人と大衆の格差は、かつてに比べれば縮小し、庶民的な読書文化の厚みが増したのが、「中間文化の時代」であった。

人生雑誌が一九五〇年代後半に盛り上がりを見せた状況も、こうした「中間文化」の一環として位置づけることができる。人生雑誌の読者のなかには、大学生もいないわけではなかったが、主たる読者はあくまで勤労青年たちであった。彼らは「生き方」を考える延長上で人文科学や社会科学に関心を持ち、編集部もその要請に応えるべく、ヘッセ、カント、マルクスなど古典的な哲学・文学・社会科学の文献を紹介し、大学知識人の論説も多く掲載した。

むろん、インテリ層とは異なり、勤労青年たちがカントやマルクスをドイツ語で読みこなすなどということは皆無に近く、人生雑誌で扱われたのも、せいぜい、文献案内や内容紹介にとどまっていた。しかし、少なくとも勤労青年たちは、人生雑誌を媒介にしながら、「教養」への関心を知識人や大学生と共有することができた。その意味で、人生雑誌は中間文化の高揚を後押しし、下支えするメディアであった。

しかし、人生雑誌には、勤労青年を取り巻く社会状況のさまざまな歪《ひず》みが映し出されていたことも、また否めない。彼らが人生雑誌を手にした背後には、家計の困難ゆえに上級学校に進めなかったコンプレックスが根深く横たわっていた。教養を志向する延長で学歴エリートへの優位が語られる局面も少なからず見られたが、それも経済成長に湧きつつあった当時の貧困や格差を浮き彫りにするものであった。

しかも、人生雑誌が左派的な色彩を帯びていたこともあり、定期購読する読者のなかには、雇用主の圧迫を受け、解雇されることもしばしばだった。少なくとも、住み込みで働く多くの勤労青年にとって、人生雑誌は余暇に安穏と読めるものではなかった。

その意味で、人生雑誌は中間文化の「光」の部分を照らしていたのと同時に、それが内包する「影」や歪みを映し出すものでもあった。

「戦争をめぐる悔恨」の後景化

ただ、戦後初期に比べて後景に退いた論点も、見落とすべきではない。

第1章でも述べたように、創刊間もない時期の『葦』には、戦争体験をめぐる自責の念が多く綴られていた。山本茂實自身、かつて戦争遂行に疑問を抱き得なかったことへの悔恨が、『葦』を立ち上げるひとつのきっかけになっていた。また、『葦』(一九五四年六月号)でも、「かつて僕達は誤まつた戦争の中で、かけがえのない青春を虚しい灰色で塗りつぶしてしまつた」「僕達自身の眼と体で、真実を見極めて行きたい。僕はそう言う意味であの雑誌〔『葦』〕を読んでいるのです」という読者の思いが綴られていた〔一一五頁〕。

その点では、初期の『人生手帖』も同様だった。『人生手帖』(一九五二年四月号)の「緑の広場」欄では、読者の戦争体験記が多く掲載されている。フィリピン戦線や沖縄戦を体験した勤労者の手記も収められていたが、そこでは「その頃の苦しい生きるための精神的苦悩が昨日の様に思い出される」ことにふれながら、以下のように綴られていた。

聖戦、八紘一宇、皇道楽土、総てが嘘だつたのだ！　そして俺はその嘘のために一命をなげうつて戦い傷つき、そして廃人同様になつてしまつたのだ。［中略］

正義とは、人間とは、人生とは、社会とは解らぬま、に悶え苦しんだ！〔松田圭純「こ、にも犠牲者がいる」三三頁〕

戦争体験の重さが自己省察を導き、「悶え苦し」むほどに「正義とは、人間とは、人生とは、社会とは」といった問題を突き詰めようとしているさまがうかがえる。しかし、一九五〇年代半ば以降にもなると、戦争体験の自省や悔恨に根ざした議論は、総じて後景化していった。むろん、戦争をテーマにした論説や読者投稿が消え去ったわけではない。前にふれたように、『人生手帖』（一九五六年一月号）は特集「再軍備問題をめぐるさまざまな意見」において、再軍備をめぐる読者投稿を多く掲載していた。かつて陸軍中将でありながら戦後は反戦運動に積極的に関わった遠藤三郎も、「私はなぜ再軍備に反対するか」（一九五六年一二月号）や「国土防衛のあり方を反省しよう」（一九五九年一二月号）といった論説を『人生手帖』に寄稿していた。『葦』でも特集「八・一五記念日に憶う」（一九五四年八月号）や「二十五歳で戦死した若き父の霊に捧ぐ」（一九六〇年一〇月号）などが掲載されていた。

だが、再軍備批判や戦争による肉親の死をテーマにしたものが多く見られる一方で、かつてのように、「自らが戦争の過誤に気づき得なかったことの自責」に根ざした読者の投稿は、あまり見られなくなった。それは明らかに、読者の世代変化によるものであった。

戦後の比較的初期であれば、読者のなかには戦場経験を有する勤労青年は少なくなかった。戦場に送られた最も若い世代は、一九二〇年代後半の生まれであった。彼らは、五〇年代前半において二〇歳代前半であり、人生雑誌を手に取る年齢層だった。彼らにとって、戦後の「生き方」を突き詰めることと戦時の自己を問いただすことは、表裏一体のものであった。

さらに言えば、彼らのすぐ下の世代にも、しばしば同様のことが見られた。一九三二年生まれで東京空襲を経験した早乙女勝元は、「戦争中、頭から一つのものを教えこまれてきたわたしにとって、批判精神は必要以上に強かった」だけに、「戦争は、どうして起るのか？　二度と戦争のない社会、みんながみんな、豊かでしあわせになれる社会を作るためにはどうしたらいいか？この自分が、なにをしたらいいのか？」という問いにこだわった。そのことが、人生雑誌の編集・寄稿やその後の執筆活動へと、早乙女を駆り立てた[64]。

だが、こうした世代の読者も定職を得て結婚し、家庭を持つようになると、青年期の悩みを主題にした人生雑誌から徐々に離れて行くようになる。代わって一九五〇年代後半以降に主要な読者層を占めたのは、終戦前後、あるいはそれ以降に出生した世代であった。戦争の問題に対する彼らの関心は決して小さくはなかったが、戦場体験はむろんのこと「戦争の記憶」すら持たなかっただけに、彼らが体験をめぐる自省や悔恨に言及しないのは、当然と言えば当然であった。

そこで誌面に前景化するようになったのが、進学が阻まれることの鬱屈であった。初期の『葦』や『人生手帖』でもこうした主題は少なくなかったが、読者の戦場体験に根ざした「生き方」の模索も、多く扱われていた。しかし、一九五〇年代後半以降になると、読者の世代交代も相俟って、それらの主題は後景に退き、進学をめぐる鬱屈や労働・貧困の問題が主たるテーマとしてせり上がってきた。

では、このような状況は、東京オリンピックや大阪万博が開かれた高度経済成長の中後期において、いかなる変容を遂げたのか。それを次章以降に見ていくこととしたい。

第3章

大衆教養主義の退潮——経済成長と消費の時代

1　「政治の季節」と人生雑誌の衰退

『青春の手帖』の創刊

一九六〇年一月、新たな人生雑誌が創刊された。青春出版社発行の月刊誌『青春の手帖』である。全六六ページで、当初の発行部数は一万部であった。

この雑誌の編集を手掛けたのは、大和《おおわ》岩雄であった。前述のように、大和は『葦』編集部を経て『人生手帖』創刊に携わり、編集長を務めていた。だが、一九五六年秋に文理書院を退職し[1]、小澤和《わ》一《いち》とともに株式会社青春出版社を立ち上げた。

小澤も、もともとは『葦』編集部に勤務し、営業担当の取締役を務めたほか、同誌が内紛に見舞われた時期には、自らが発行人を務めた（『葦』一九五四年九月号・一〇月号）。それだけに、山本茂實が職場に復帰し、以前のように編集を取り仕切るようになると、編集部にとどまりにくかったことは想像に難くない。こうした経緯もあって、小澤は『葦』を離れ、旧知の大和とともに青春出版社を創業した。資本金は双方が二五万円ずつ出資し、大和が編集担当の代表取締役、小澤が営業担当の代表取締役に就いたほか、双方の妻も役員となった。

当初の青春出版社は、「これだけは知らねばならない」シリーズ全一〇冊など、実用書を多く刊行したが、その一方で、三浦つとむ『弁証法をどう応用するか』、真下信一『学生の生き方』、柳田謙十郎『現代の倫理』などを収めた青春新書、亀井勝一郎『青春をどう生きるか』や武者小路実篤『人生をどう生きるか』等を収めた「青春教養大系」（全一〇巻）など、教養色のつよい書籍の刊行にも力を入れていた。

雑誌『青春の手帖』も、青春出版社のこうした教養路線の延長上にあった。創刊号には、亀井勝一郎「人間と言葉」や石坂洋次郎「若い友へ」などのエッセイが掲載されている。その後も、武者小路実篤「隣人愛について」（一九六〇年四月号）、野間宏「一九六一年をどう生きてゆくか」（一九六一年一月号）、柳田謙十郎「かなしみをのり越えて」、三浦つとむ「人生いたるところに学問あり」（ともに一九六一年二月号）といった論説

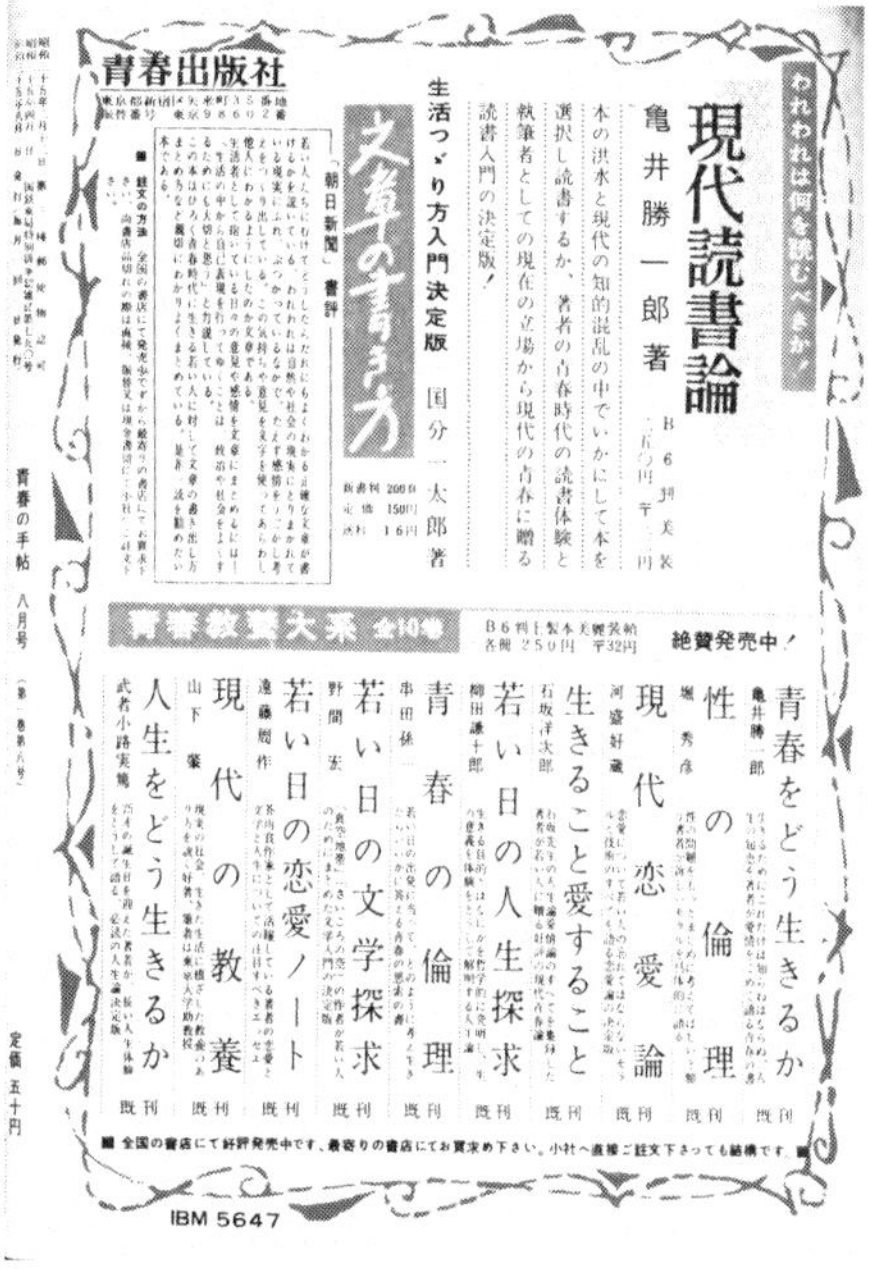

青春出版社広告（『青春の手帖』1960年8月号）

が収められた。

　とはいえ、知識人・文化人の文章ばかりではなく、読者からの手記も毎号多く掲載されていた。一九六一年一月号には「幸福な生き方を求めて」というテーマのもと、読者の手記が収められていたほか、六一年一二月号では特集「愛することと、生きること」や「若い泉」欄などで、読者のエッセイや手記が収録されていた。「哲学講座」「社会学講座」「歴史講座」といった人文社会科学の解説欄や「ニュースの眼」欄のような時事問題解説も、しばしば盛り込まれた。

　こうした誌面構成は、明らかに『葦』『人生手帖』に通じるものであったが、いずれも大和岩雄が編集を手掛けていたことを考えれば、それは当然のことであった。相違を強いてあげるならば、A5判の『葦』『人生手帖』に対し、『青春の手帖』は大判のB5判で、紙質も良質であり、二色刷りやイラスト、写真が多用されていた。また、「若い人の手紙の書き方」「旅と人生――たのしい旅行のために知らねばならないこと」など実用的な記事もいくらか見られた。とはいえ、人文社会科学に根ざした「生き方」や読書への関心が前景化し、知識人のエッセイと読者の手記を中心に構成されている点で、やはり『葦』や『人生手帖』に連なるものであった。

　柳田謙十郎や真下信一、三浦つとむなど、書き手もかなり重なっていたが、丸山眞男の実弟で評論家の丸山邦男が時事解説欄「ニュースの眼」を担当したり、のちに日本戦没学生記念会事務局長を務め、天皇の戦争責任について多く発言していく渡辺清が、自らの戦争体験に基づく記録「戦艦「武蔵」の死闘」を一九六〇年一〇月号から連載しているのは興味深い。[2]

雑誌を読まない読者サークル

『青春の手帖』はもともと、青春出版社のPR誌を兼ねたものであったが、その売れ行きは順調であった。一九六〇年八月号の編集後記には「創刊以来毎号部数がのびてい」ることが記されている〔七四頁〕。それを裏付けるように翌九月号は、前号より八ページ増の全八二ページ建てとなった。六〇年一一月号では、「最近、読者の原稿が激増して、そのため編集部員を新採用してその処理にあた」るほどの活況が書かれているほか〔八二頁〕、六一年二月号の編集後記でも「満二才になった本誌は、読者のみなさんの御協力によって、順調にのびています」と記されていた〔八二頁〕。

『青春の手帖』創刊号（1960年1月）

こうしたなか、『青春の手帖』の編集・発行を主に担う別会社として、一九六一年七月、有限会社青春の手帖社が設立された。今日の大和書房の前身である。これも、青春出版社と同じく、大和と小澤がともに代表取締役を務めたが、事務所は大和の自宅が当てられるなど、実質的には大和が青春の手帖社の経営・営業・編集の一切を統括することとなった。

だが、このころから、同誌の売れ行きは陰りを見せるようになる。『大和書房三十年のあゆみ』（大和書房編・発行、一九九一年）には「数度にわたる判型の変更や誌面刷新にもかかわらず、なかなか満足する結果を得られなかった」とある［三七頁］。一九六三年にもなると、『青春の手帖』は月刊から季刊へと変更され、やがて休刊を迎えた。大和自身も著書『明日の記念に』（私家版、一九七〇年）のなかで、このころを振り返って、「『青春の手帖』も悪戦苦闘の連続であった」と記している［八六頁］。時を同じくして、青春の手帖社は大和書房へと改称され、そのタイミングで大和と小澤はそれぞれ、大和書房と青春出版社の経営に専念することとなった。

のちに大和書房で専務を務めた編集者・林春樹は『大和書房三十年のあゆみ』のなかで、「大和さん自身どこかで話しているように、青春出版社から大和書房への歩みは、出版編集者から出版経営者となってゆく道」であったと語っている［三五頁］。それは言い換えれば、大和が人生雑誌の編集から離れていく過程でもあった。社名から「青春の手帖」が消え、実用書やエッセイなどの単行本刊行を中心にした大和書房へと改組されたことは、大和のなかでの人生雑誌史の終焉を暗示していた。

人生雑誌の衰退は、何も青春出版社（青春の手帖社）には限らなかった。人生雑誌ブームのころに創刊された『人生』『若人』などは軒並み姿を消し、『葦』も一九六〇年一二月号を最後に廃刊となった。『葦』は、一九五四年の内紛後も一定の発行部数を維持したものの、名誉棄損をめぐる訴訟対応などもあり、経営面では逼迫していた。それもあって、葦会（葦出版社）の所有権は山本茂實の手を離れ、用紙取引のあった文京洋紙店に譲渡された。だが、間もなく文京洋紙は倒産し、『葦』の発行は八雲書店へと移された。その八雲書店も数カ月で経営が破綻し、『葦』は一二年の歴史に幕を閉じた。[3]

これらに対して、『人生手帖』は一九六〇年代以降も刊行が続けられた。だが、かつてのような勢いは見られなくなった。『人生手帖』の発行部数は一九五六年に八万部に達していたが、その後は下降をたどり、六三年ごろには二、三万部にまで落ち込んでいた。[4]

読者たちの冷めた視線も、少しずつ目立つようになった。すでに『人生手帖』(一九五九年一月号)には、「人生手帖は幼稚だから、あんなものをいつまでも読んでいたのでは成長も進歩もない」という「緑の会の活動家」の発言が引かれていた〔緑の会本部事務局「緑の会の発展のために」一三七頁〕。同誌(一九六〇年四月号)には、読者の感想として「人生は苦しみや悩みだけでありませんから、気持のやすらぎもちよっぴり入れてほしいと思います」「人生手帖は陰気くさい、ジメジメした本だね。友達に、この本を貸した後の、決つた文句だ」などがあげられていた〔「やまびこ」欄、一〇二頁〕。

読者サークルにおける人生雑誌離れも、深刻になりつつあった。『人生手帖』の読者サークルである緑の会は、一九五五年の時点で会員数万、全国に一千以上の支部を有していた。[5]だが、六〇年ごろになると、「支部の中心になっている人がほとんど『人生手帖』をよんでいない場合」さえあったという。[6]『人生手帖』(一九五九年六月号)では、寺島文夫自身が「〔緑の会のメンバーでありながら」人生手帖を軽視してのぞいてみようとしないのは、読んだことのない人と同様に緑の会の活動家としては欠けるものがあるのではないでしょうか」と記していた〔「「支部連絡協議会」その他について」一三八頁〕。『人生手帖』の読者サークルにおいてさえ、同誌から離れようとする動きがあらわれつつあった。

人生雑誌と『思想の科学』

マス・メディアにおいても、人生雑誌への否定的な言及が少なからず見られるようになった。『毎日新聞』（一九六一年一月一六日）は、『人生手帖』『葦』『青春の手帖』に言及しながら、「しょせん人生雑誌は、若い心のコンプレックスに夢を与え、慰め励ますことはできても、社会に働きかけ現実を揺り動かして、一人一人に幸福を約束する〝力〟は与えてくれない。あまりにも叙情的であり、鎮静剤的である。無力である」と記していた。この報道を受けて、『人生手帖』には読者から多くの疑問や意見が寄せられ、一九六一年四月号では「『人生手帖』は無力か、無力でないか」という小特集も組まれた。この記事の編集部や読者に対するインパクトの大きさがうかがえる。

『思想の科学』（思想の科学研究会、一九六二年一一月号）には、論文「人生雑誌の運動をになうもの」が掲載されているが、そこでも「人生雑誌の内容的中心は、相も変らず私的な「身上吐露」形式であって、主観的な慰め合いに終り、そこからは積極的な未来像建設への意欲がでてこない」と、批判的な指摘がなされていた〔布川清司・野崎務・遠島満宗、一九頁〕。

だが、かつてであれば、『思想の科学』関係者の人生雑誌への評価は、これとは異なるものであった。『思想の科学会報』（第六号、一九五四年一一月一日）では、哲学者・三浦つとむが『葦』『人生手帖』などの人生雑誌を単なる「投稿雑誌」としてではなく、「思想運動」として評価する一文を寄せている〔「思想運動の理論的な研究が必要です」〕。さらに思想の科学研究会は、一九五四年一一月二五日に大和岩雄を招き、「ひとびとの哲学の会」を開催した。大和の演題は「『葦』と『人生手帖』を編集して」というものであり、『思想の科学会報』（第七号、一九五四年一二月一日）には「雑誌史的な視角から眺めても興味深い事実が多い」「大和岩雄さんの話を手がかりにして、今後の『思想の科学』をどのように発展させればよいかについて、みんなが意見を出しあった」と記されている〔六頁、強調は原文どおり〕。ちなみに、この記録を会報に執筆したのは、のちにW・リップマン『世論』（岩波文庫）を訳出した掛川トミ子である。

鶴見俊輔・和子の姉弟を中心に一九四六年五月に創刊された雑誌『思想の科学』は、とくに五〇年代以降、「日本の大衆」を重視し、生活記録運動[★1]やサークル運動[★2]を紹介したほか、大衆小説

★1 **生活記録運動** 従来ペンをとらなかった民衆が自らの生活を見つめ、それを記録する文化運動。一九五〇年代に全国各地で盛り上がりを見せた。

★2 **サークル運動** 職場や学校、地域などで人々が自主的に集った文化運動。ガリ版刷りの雑誌を発行し、文芸作品や生活記録を掲載することも多かった。

や漫画、映画など、大衆文化を考察した論考も多く掲載した。こうした雑誌の性格が、勤労青年を主要な読者・書き手とする人生雑誌と親和性を持ったことは、ある意味では必然的なものであった。先の『思想の科学会報』の記録には、「『人生手帖』で育てられた読者が、科学的な物の考え方を身につけるためにも『思想の科学』を読むようになってほしい」と書かれている〔六頁〕。そこでは明らかに、『人生手帖』の延長上に『思想の科学』が位置づけられている。『人生手帖』（一九五五年一月号）に『思想の科学』（新年号）の広告〔表四〕が掲載されていることも、両誌の連続性を物語る。

しかし、一九六三年にもなると『思想の科学』は、人生雑誌を「積極的な未来像建設への意欲がでてこない」「現在の人生雑誌が現代青年の要求に答えていない」と評するようになった〔一九六三年一一月号、一八‐一九頁〕。そこには、『思想の科学』と人生雑誌の断絶が透けて見える。

「政治の季節」とのミスマッチ

では、なぜ、人生雑誌は社会的な支持を失うようになったのか。その要因のひとつには、人生雑誌が政治的な主題に対して距離をとっていたことがあった。かつての『葦』の愛読者は、秋田県のサークル誌『山脈《やまなみ》』（一九六〇年一月号）のなかで、人生雑誌から離れた理由について、以下のように記している。

私達はもう「人生雑誌」というものに満足しなくなつています。単なる泣言の言い合いや慰め合いは沢山だ。何でもよいから「イズム」を求めているのです。それは自由主義とか社会主義とかの既成の気負つたものでなくてもいいのです。〔中略〕

人生雑誌に於ける悲しみは文学的すぎる上に類型的です。悲しみや苦しみを必要以上に誇大視しています。自分ほど惨めなものはないと、自分を悲劇のヒロインに仕立て、自虐的に誇ることによつて自己陶酔しています。〔中略〕

また、人生雑誌で戦争体験に類似したものに接したことがない。日本国開闢以来の非惨事なのに、忘れ去られてしまつたのでしようか。自己の悲しみが小さかつたから、戦争に反発しないでもよいと言うのでしようか。〔吉沢明子「私のみた「人生雑誌」」七頁〕

以前であれば、「類型的」な「人生雑誌に於ける悲しみ」や「自虐的に誇ること」による「自己陶酔」は、似た境遇にある読者たちの「想像の共同体」を生み出していた。だが、ここでは、そうした人生雑誌のありように露骨な嫌悪感が示されている。その要因として挙げられているのは、「戦争に反発しない」姿勢や「イズム」の欠如であった。

折しも六〇年代は、政治的な争点が国民的に加熱した時代であった。すでに一九五八年の警職法（警察官職務執行法）改正の際には、反対運動が高揚し、一〇月から一一月にかけて五次にわたる全国統一行動が展開された。六〇年安保改定では、衆議院での自民党単独可決（一九六〇年

60年安保闘争（1960年5月20日）

五月一九日）や、警官隊との衝突による樺美智子《かんばみちこ》の死亡（同年六月一五日）が広範な憤激を招き、全国で五八〇万人が反対デモに参加する事態となった。一九六五年には日韓基本条約調印をめぐって、反対の輿論《よろん》が高揚し、六〇年代後半にはベトナム反戦運動、佐世保闘争、大学紛争が過熱した。

　こうした「政治の季節」にあって、人生雑誌はいかにも微温的で、政治的な争点を避けているようにも見えた。『人生手帖』（一九六〇年五月号）の「サークル活動の欄」には、「若い人達によって今日のめまぐるしい政治の問題は、より多く語られなければならない非常に大切な問題ではあるが、これを期待している会員がどのくらいあるだろうか」「多くの会員が望みもとめているもの、それは現実的な、ともすれば忘れがちな身近な話題であり、ふだんの味気ない毎日の生活に、たった一日でも明かるくたのしい日を折りこみたいと願っているのが実状ではないだろうか」とある［一二八頁］。政治的なテーマを前面に出すことへの編集部の違和感が滲み出ている。

　同欄には、「政治や労働問題をあげて、大いに活躍している支部の数多いことも知っているが、反面、このような問題をあげたばかりに解散せざるを得なくなった支部、失望して脱会した会員の多いことも見聞きしている」ことも書かれていたが〔一三八頁〕、裏を返せば、政治的な関心がつよい読者にとって、『人生手帖』はすでに物足りないものになっていたことがうかがえる。人生雑誌はかつて「マルクスみかん水」とも言われていたが、みかん水のように甘く薄められた左翼色は、政治へのつよい関心を抱くこの当時の読者にとって、共鳴しがたいものになっていた。

それでも、六〇安保闘争の最高揚期には、具体的な言及も見られないわけではなかった。自民党による強行採決が行われた時期に編集された『人生手帖』（一九六〇年七月号）の編集後記には、「〔五月〕二十日朝の編集室は、出勤してきた皆が新聞を囲んで一しきり「チキショーッ」「ひでえ」を連発しました。アメリカさんが戦争を始めたら日本も必らず一緒にやらなければならぬ、という例のアンポが、〔中略〕岸さんたち賛成者だけの採決で「きまった」というのです」「多勢の仲間たちと「平和」を叫びます。そして「採決は無効だ！」と叫びます」と記されている〔一四〇頁〕。だが、おそらく、これは若手の編集部員によるものと思われる。同号の「編集後記」において、寺島文夫は「時事問題の底にある本質的なものをとらえるものごとの見方、考え方、すなわち人生観世界観を身につけることが大切だと思います」と綴っていた〔一四二頁〕。主筆と若手編集部員との温度差が、そこには垣間見える。

「マルクスみかん水」の圧力

『人生手帖』のこうした姿勢は、一部の読者会員との軋轢を生み出した。『人生手帖』(一九六四年一二月号)には、緑の会本部(文理書院)による「声明書 緑の旗を守り前進しよう」が掲載されているが、そこでは「緑の会が自由な集りであるのを利用して、多年の信義と友情を裏切って会を乗っ取ろうと策動」する動きにふれながら、「自己の信念にしたがって、ある党派、団体に所属する会員も、その立場を緑の会員におしつけるようなことは厳につつしんでもらいたい」と書かれている[一三〇頁]。党派的な政治主義を緑の会に持ち込もうとする会員と、『人生手帖』や緑の会本部との対立構造がうかがえる。

実際、同じく『人生手帖』(一九六四年一二月号)で紹介された大阪の会員からの手紙では、「二言目には、相手も場所も考えずに、革命、革命と叫」び、言葉に詰まると「君は寺島の子分だ」「いくらもらっている」と食ってかかるメンバーの存在が指摘されていた[一二一頁]。こうした動きについては、『人生手帖』誌上で頻繁に懸念が示されていた。一九六三年五月号では、寺島文夫が「他を邪宗よばわりして、自らを正当化しようというような押しつけのやり方は、緑の会の中ではしないでいただきたい」と注意を喚起していたほか[寺島文夫「「政治」の扱い方について」一一五頁]、六三年七月号でも「民青・共産党等から除名されたもの、社青同の不良分子等もいて、自分らの勢力をのばそうとたくらんで」いる「緑の会のニセモノ」への警戒を促している

［人生手帖編集部・緑の会本部事務局「緑の会のニセモノにご注意ください」一一七頁］。

もっとも、政治主義的な動きは、会員たちから広く支持されていたわけでもない。先の手紙の書き手も、「現在の日本は、南ベトナムなどとちがって、レジャームードのひろがっている高度に発達した資本主義国です。この日本の現実（条件）を無視して、どうして仲間がついてくるでしょうか。ついてくるのは、鉄かぶとの警官だけでしょう」「全くあきれてものが言えないしまつです」と記していた［一九六四年一二月号、一三一頁］。

また、第2章でもふれたように、政治主義から一定の距離をとる姿勢は、反知性主義的知性主義に根ざすものでもあった。寺島は『人生手帖』（一九六六年一月号）のなかで、「人生手帖を読まないで軽べつする△△員や○○党員のような心得ちがい」について、「自分が二階へ上がったからといってハシゴを引っぱり上げて、あとの人が上がってこれないようにしていて、上がってこいといっているようなものだ」と述べている［一三〇頁］。あえて伏字にされている部分は「民青員や共産党員」であろうが、この記述には、専門用語を振りかざし、政治・社会の知識の高みから人生雑誌や一般読者を否定するかのような左翼活動家への不快感が滲んでいる。読者や編集者からすれば、彼らの言動は、難解な言葉遣いでもって参入障壁を築き、知を占有しようとするかのようなものであり、自分たちの知的関心を抑えつけるものに映ったのである。

裏を返せば、政治的な関心がつよい層にとって、『人生手帖』や緑の会は先鋭さに欠けるように感じられた。『人生手帖』は「マルクスみかん水」のスタンスを堅持することで、偏狭な政治主義に落ち込むことを避けようとしたわけだが、政治運動に関心を有する青年たちにとってみれば、それは「生ぬるい」ものでしかなかった。『人生手帖』と「政治の季節」の齟齬が、そこには浮かび上がっていた。

2 学歴をめぐる変化と「就職組的発想」の衰退

「就職組」の減少

だが、それ以上に人生雑誌の退潮を決定づけたのは、「就職組的発想」の衰退であった。これまでに述べてきたように、人生雑誌を主として支えていたのは、家計困難のゆえに、大学はおろか高校にも進めなかった「就職組」の鬱屈であった。しかし、こうした情念は一九六〇年代前半以降になると、社会的に後景化していった。大和岩雄は、『青春の手帖』（一九六三年九月号）に寄せた「読者への手紙――一編集者の回顧と展望」のなかで、以下のように記している。

『青春の手帖』を季刊にするのは、その読者との共感がお互にピッタリしなくなったからである。つまり就職組的発想だけでは、今の十代後半、二十代前半の読者とうまく合わないのだ。［中略］「新生面」をきりひらくには、いままでの、単に、就職組的発想だけの「人生雑誌」からぬけきらなければならないと思っている。[7]

大和は、人生雑誌を手掛けるうえで、「進学組と就職組に、ただ家が貧しいからというそれだけの理由で分けられ、差別されたくやしい思いを、進学組の連中にはわからないだろうが、わかる連中に、ぶちまけた」「書き手も就職組、読み手も就職組、そして編集者も就職組なのだ」という思いを抱いていた。だが、一九六〇年代前半にもなると、こうした情念は共有されにくくなっていった。

では、なぜ、「就職組的発想」に基づく人生雑誌は受容されなくなってきたのか。その要因の一つには、高校進学率のさらなる上昇があった。人生雑誌全盛期の一九五〇年代半ばの高校進学率は五割ほどであったが、六一年には六二・三パーセント、六三年には六六・八パーセントに達し、六五年には七割を超えるに至った。そのことは、家計の困窮が原因で義務教育より上の学校に進めない層の減少を意味する。人生雑誌を駆動していたのは、かつてであれば、高い学力を有しながら経済的な事情で進学できないことの鬱屈であった。だが、こうした思いを抱く層は、六〇年代に入ると加速的に減少していった。

「技術革新」と高校進学率

当時は高度経済成長の成熟期にあった。義務教育以降の進学率が高まったのも、これに起因する。家計所得が全体的に上昇し、子弟の教育費を賄える家庭が増えたこともあったが、産業界の技術革新の進展も、高校進学率の上昇を後押しした。

経済成長が進むなかで、企業は新たな技術や機械設備の導入を進め、生産性の向上をはかった。だが、そうなると、新鋭設備を使いこなすだけの基礎知識や柔軟性が必要になる。必然的に、高校卒の学歴が、労働者にも徐々に求められるようになった。鉄鋼企業のある労務担当者は、一九六〇年代に高卒採用の方針が確立した背景について、以下のように述べている。

> 血のにじむような思いをして入れた新鋭設備を使いこなすためには、従前の［尋常・高等］小学校出の熟練工ではとても無理であった。例えばドイツから輸入した新鋭機械の横文字が読めないとか、電気操作を行うにしても電気の基礎理論がわかっていないということでは困るし、また高炉にしても、火かげんをみてリンが多いか、少ないかを判断するような時代ではなくなっていた。[8]

こうした変化は、鉄鋼業界にかぎるものではない。技術革新を本格化させつつあったさまざまな産業において、単純労働者が現場の労働内容を理解できない状況が生じつつあった。それゆえに、理解力がより高いとされていた高卒者は、労働力として広く求められるようになった。むろん、高度経済成長のなかで中卒者の求人倍率は上昇していたが、一九六二年以降になると、高卒者の求人倍率が中卒者を上回ることも多くなった。[9]

だとすれば、生徒たちのみならず、父母たちも高校進学を積極的に後押しするようになるのは当然であった。一九六〇年代前半の母親大会[★3]などの場でも、「いまの農家は隣りの作付けをみてからというわけにはいかない。新しい技術経営がどんどん入ってくるので、最低、高校程度の教育はどうしても必要なのです」「就職先でも新しい機械がどんどん入ってくる。機械の名前は横文字です。中学程度では仕事もできない。せめて高校だけは！」という声が多く聞かれたという。[10]

日教組中央執行委員の坂牛哲郎も、一九六二年の論考「高校全入運動の背景と現状」（『月刊社会党』一九六二年三月号）のなかでこう述べていた。

たしかに現代の技術革新は、労働者の質を一変させている。昨日まで現場に君臨していた熟練工が、一変して今日は使いものにならなくなって、「せめて高校位卒業していたら」と

★3　日本母親大会　一九五五年に始まった全国の母親たちの集会。平和、人権、子どもの教育などをテーマに、毎年、全国大会が開かれている。

歎息することになる。そして「子供には新しい時代に見合った教育を」と決意させている。勤労者の生活水準上昇によって高校教育進学率が上昇したのではなく、「社会的強制」とでも言おうか、「生きてゆくための必要」からなのである。〔五〇頁〕

必然的に、多少家計が厳しくとも、子弟を高校に入れようとする動きは顕著になった。同時代の『人生手帖』を見渡しても、父親の病や死没により困窮に喘ぐなかでも、母親が「「高校だけは……」と進学させてくれ」たという手記や「母が熱心に定時制高校への進学を勧めてくれた」といった投稿が散見される。[11]

高校全入運動の高揚

こうした状況を如実に物語るのが、高校全入運動の盛り上がりである。

高校進学希望者が増加するなかで、社会問題になっていたのは、高校の収容力の不足であった。たとえば、東京ではすでに一九六〇年頃には中学卒業生は一九万、高校進学率は七三・五パーセントに達していたが、高校の収容数は公立四万、私立七万にとどまっていた。単純計算でも三万人ほどが浪人を余儀なくされる状況にあった。[12]これほどではなくても、高校の収容力不足は全国的に見られる現象だった。このことは、入試倍率の上昇に直結した。一九六三年度入試では、公立高校の志願者が定員の二・八倍になることが懸念され、東京の「一流校」では「満点近くをとらねば合格はおぼつかない」とも言われた。進学希望者中、五パーセントの浪人生が出かねないことも、懸念されていた。[13]

もっとも、文部省も手をこまねいていたわけではなく、進学率の上昇を念頭に高校増設をはかってはいた。だが、それは実際の進学希望者数の増加に追いつくものではなかった。文部省は一九六五年までの高校生の増加について、進学率六三パーセント、進学者一二三万人と見込み、これを公立と私立に二対一の割合で収容すべく、全国で公立二五〇校、私立五〇校の急増対策を組んだ。[14]だが、六五年の進学率は七〇・七パーセントであり、文部省の予測を大きく上回っていた。

教室の「すし詰め」問題も深刻だった。すでに一九五八年の時点で、生徒五一名以上の教室が、東京の中学校で八〇パーセント、大阪でも全体の三分の二に及んでいた。こうした状況が、高校進学を見据えた基礎学力習得の足かせになることは、十分に予見された。高校にしてもその状況は変わらず、東京や名古屋の私立高校では一クラスの生徒数が七〇名以上に及ぶことも珍しくなく、甚だしい場合は一〇五名にのぼるケースもあったという。一九四八年から五八年にかけて学校数は五パーセント増なのに対し、生徒数は二倍以上になっていることを考えれば、学校・教室の不足は明らかであった。[15]

この問題は、一九六三年から六五年にかけて、さらに深刻さを増すことが予想されていた。一九四七年から四九年の間に出生したベビーブーム世代(「団塊の世代」)が、高校入学年齢に差し掛かるためである。高校進学をめぐるこの時期の父母たちの懸念は、以前にもまして大きなもの

高校増設を求めて都議会に詰めかけた都民（1962年2月5日）

となった。こうした背景のもと、高校進学希望者の全員入学を実現するとともに、高校増設と「すし詰め」解消をめざす動きが活発化していった。

日本教職員組合は、一九五九年六月に開催された第二一回大会で、「高校入試制度の廃止、全員入学をかちとる運動を強力に展開する」ことを決議した。六一年八月の日本母親大会でも、「すしづめ学級の解消」「高校増設による高校全員入学の実現」にむけた運動方針が決定された。[16] こうした流れを受けて、六二年四月には、日教組、日高教、母親大会、総評など一七団体が高校全員入学問題全国協議会（全入全協）を結成した。[17] 設立大会では、「進学希望者を全員入学させるための施設・設備を大幅にふやす」「すしづめ学級をなくし、教員の定数・教室を大幅にふやす」といった運動方針が採択された。会長には哲学者・務台理作★4、事務局長には女性運動家・羽仁説子★5が選出され、以後、日教組などと連携しながら、「高校全入」の輿論を喚起する役割を担った。[18]

定時制高校の変質

高校入学が自明視される状況は、人生雑誌の読者たちが少なからず通った定時制高校の変質をも促した。地方出身の勤労青年が多く集まった東京では、定時制高校の生徒数が一九五五年に約五万人に達し、六六年まで五万人台を維持した。しかし、六五年をピークに下降傾向に入り、七二年には二万六八〇〇人にまで落ち込んだ。その要因は、全日制高校への進学が急増したためであった。六五年には全高校生のうち定時制が二五パーセントを占めていたが、七五年には一一パーセントへと激減した。[19]入試の競争率も、五六年には〇・九四倍だったものが、六九年には〇・三七倍、七二年には〇・二一倍となった。[20]もっとも、地方からの就職者への対応もあり、定時制高校は新年度に入ってからも募集を行っていたので、実際の志望者はもっと多かったわけだが、そうだとしても、定時制希望者の激減は明らかである。

当然ながら、低学力層が目立つこととなった。定時制高校教師であった清水勇によれば、新入生のあるクラスでは、英語に関して「中学三年まで一応リーダーを終ったというもの」は一二パーセントにすぎず、「三年のリーダーは殆んど手をつけなかった」「英語は全然やる気がなかった

★4　**務台理作**（一八九〇－一九七四）哲学者。西田幾多郎やフッサールのもとで哲学・現象学を学んだが、戦後は社会主義的なヒューマニズムの方向に関心を移すようになる。東京文理科大学学長、日本哲学会会長、慶應義塾大学教授を歴任。『現代のヒューマニズム』『思索と観察』など。

★5　**羽仁説子**（一九〇六－一九八七）児童の権利擁護に活躍した社会運動家。歴史家・羽仁五郎の妻。婦人民主クラブ、民主保育連盟の設立に関わり、日本子どもを守る会会長などを歴任した。

から何も覚えていない」と回答した者が合わせて八割に達したという。[21]一九七〇年に東京都が定時制教員に実施した調査でも、「生徒について最も困っている問題」について、四二パーセントの教師が「学力の問題」をあげ、「生徒の学力差が大きい」という回答も教員の七八パーセントにのぼった。[22]

こうしたこともあり、勤労青年たちは、かつてほど定時制に魅力を覚えなくなった。一九五〇年代であれば『人生手帖』のなかでも、定時制進学への強い憧れや「働きながら学ぶ喜び」が多く語られていたが、一九六〇年代半ばにもなると、「定時制とは全日制の入試に失敗した人や、不良学生の行く所だと思っていた」〔木室幸子「働きながら学ぶことに」一九六五年一月号、三五頁〕や「私は定時制がいやだった。全日制の試験に受からなかった頭の悪い、不良っぽい者が入る所なのだ、などと思ったりしたことさえありました」〔寺口幸江「定時制の仲間たち」一九六五年一一月、一二二頁〕など、消極的な姿勢が誌面に目立つようになった。

「進学できない理由」の変化

以上から浮かび上がるのは、高校に進学しない要因の変化である。上級学校に進めない状況があったとしても、多くの場合、家計が原因なのではなく、学力の問題となっていた。

むろん、一九六〇年代に入ってからも、『人生手帖』の誌面には、家庭の経済状況が原因で高校進学できないことを綴った読者手記がなかったわけではない。だが、当時の日本社会では、高校全入運動が盛り上がりを見せるほどに、高校進学は自明視されつつあった。そこでは、高校受験浪人をなくし、「進学希望者を全員入学させる」ことに重きが置かれていたわけだが、それはすなわち、進学の問題が家計の問題というより、学力や選抜の問題として捉えられるようになったことを示している。教育社会学者・苅谷剛彦の指摘にもあるように、「社会の豊かさと教育の拡大は、能力以外の理由で上級学校に行けない人びとの数を少なく」し、その結果、教育の機会を生かせるかどうかは、「本人の努力や能力次第だ」という認識が一般化した。[23]

定時制高校が、しばしば「全日制の試験に受からなかった頭の悪い、不良っぽい者が入る所」と見られていたことも、このことを暗示する。定時制高校は、義務教育修了後に働かざるを得ない勤労青年が、あえて学ぶために通う場というより、学力的に全日制の基準に達しなかった層が進む場として、見なされつつあった。いずれにせよ、高校進学が圧倒的に学力の問題として位置づけられるようになったのが、一九六〇年代半ば以降の時代であった。

人生雑誌への支持の低下も、こうした動きに関わっていた。家計が原因で上級学校に進めない状況では、低学力の烙印を押されたわけではないので、進学という目標を定時制や人生雑誌購読へと縮小しつつも、あきらめ切れなかった勉学・読書への憧憬は維持され、ときには、かえって加熱されることすらあり得た。実利を離れた求道的な「真実」の模索や、人生雑誌の「査読」に挑戦しようとする心性は、それを裏打ちするものであった。

だが、進学できない理由が学力に起因する場合、言い換えれば、学力の世界から拒絶されたのであれば、それとの親和性が高い目標は維持し難い。必然的に、「実利」を離れた読書や形而上的な「真実」の模索を突き詰め、「査読」を通して優等生的な「進学組」を凌駕しようとする発想は生じにくい。

それはすなわち、「順調なコースを歩む層」でもなく、「マンボにうつつをぬかす連中」でもない「第三の若者」が社会的に少なくなってきたことを意味する。だとすれば、従来の「就職組的発想」だけでは、「今の十代後半、二十代前半の読者とうまく合わない」のは当然であった。

「鬱屈」から「希望」へ

かつての「就職組的発想」が後景に退いているさまは、『人生手帖』の誌面にも投影されていた。『人生手帖』(一九六二年七月号)には、中学卒業後に家具職人や薬品販売店員になった勤労青年の手記が掲載されているが、そこには上級学校に進めなかった鬱屈はとくに言及されず、あくまで仕事の困難さに記述の重きが置かれている〔松島敏晴「わが修業時代」・長矢素和「薬売り」〕。一九六六年一一月号では、「「学歴」をこう考える」と題した特集が組まれているが、そこに収められた中卒勤労青年の手記でも、高校に進めなかった悔しさへの言及はあまり見られない。

むしろ、この時期に際立つのは、仕事の技術を習得したり、新たな進路を見据えて勉強に励むことの「前向きさ」や「明るさ」である。先の薬品販売店員の手記では、近い将来の独立を目指して、「今まで以上にファイトをもやしてい」ることが記されている〔六九頁〕。『人生手帖』〔一九六七年一二月号）には、働きながら定時制高校を卒業し、夜間大学に通う勤労青年の手記が掲載されているが、そこでは「教員の免状をとり、僻地か定時制の教師になるために、現在、夜間大学で学んでいます」「こうした私の希望は、日々の生活をたのしくしてくれます。人生にとって夢と希望のある生活ほどたのしいものはありません。〔中略〕私は、夢を具体化するまで努力しようと覚悟しています」と綴られている〔戸嶋楯之「定時制の教師めざして」一二三頁〕。「数々の試練」や「忍耐」への言及はあるものの、その記述は「前向きさ」や「希望」に満ちている。さらに言えば、夜間大学に進学でき、定時制教師への道が現実のものとなりつつあることの「ささやかな成功」をほのめかすものでもあった。

こうした傾向は、一九五〇年代までの人生雑誌に見られたような煩悶や社会批判、「真実の生き方」の模索とは異質なものであった。『人生手帖』（一九五三年一月号）に掲載された手記「流れゆく雲に想う」（針ヶ谷節子）では、自身の生い立ちを振り返りつつ、「自分一人幸福になろうなんて、そんな個人主義はいや」「世の中全体が平和になり、幸福になつてこそ、節子もその中に真の人生を見い出し、そして幸福をつかむことが出来るのです」と綴られていた〔二一頁〕。『人生手帖』（一九五六年五月号）に寄せられた手記「みんなで勉強したい」（高橋允子）でも、生活の苦しさにふれながら、「どうして私達はこんなに苦しまねばならないか……？　どうしたらもっと人間らしい生活ができるのか？」「今の蝕まれている暮しを、ほんのちょっぴりでもよくする事が、そしてまた、そのために私達は今後どう生きていったらよいかということは、この生[24]

きた社会の中で学ぶことができるのです」と書かれていた〔六九頁〕。答えを出しがたい問いに向き合いながら、社会や「生」のありようについて、思考しようとするさまが顕著にうかがえる。だが、このような記述は、一九六〇年代前半以降になると、あまり目につかなくなっていく。

それに合わせるかのように、哲学者や文学者の名前を散りばめた手記も、ほとんど見られなくなった。たとえば、『葦』（一九五四年七月号）の手記「らくがき——逃避からの終止符的覚え書」（小竹弘四郎）では、ロマン・ロランやゲーテ、スピノザ、ヘルマン・ヘッセ、阿部次郎など、古今東西の哲学者・文学者の言葉が引かれていた。『人生手帖』（一九五三年二月号）に収められた二〇歳の工員の手記「生きる道は厳しく」（廣岡しげ子）でも、自らの生活苦を綴りながら、「トルストイやアウグスチヌスの宗教的境地にもはいってゆけない若さ」に言及されていた〔一七頁〕。彼らがどれほど深く、これらの文学・思想を理解していたのかは、ここでは重要ではない。少なくとも、彼らにはこのような人文知に近づこうとする意志が明確にうかがえた。だが、一九六〇年代前半以降の人生雑誌では、こうした志向は目立たないものになっていた。

むろん、この時期でも、柳田謙十郎「人生随想 少年犯罪の増大について」（一九六六年四月号）、真下信一「民主主義とはどういうものか」・芝田進午「ベトナム戦争の実態」（いずれも『人生手帖』一九六七年一一月号）など、人文社会科学分野の知識人の論考も少なからず収められていた。だが、読者が手記のなかで、教養主義的な人文知にふれながら、抽象的な「生」や社会を追究し、捉え返そうとすることは、あまり見られなくなった。大衆教養主義の衰退を、そこに読みとることができよう。

経済成長下の「貧困と学歴」

ただ、見落としてはならないのは、「貧困のゆえに進学できない」という問題が、当時の『人生手帖』において、かつてほどではないにせよ、多少は取り上げられていた点である。高校進学の問題は、社会的に「学力の問題」として扱われる傾向があったが、それは決して、家計困難のゆえに進学できない層が消失したことを意味するわけではない。たしかに高校進学率は、一九六五年の段階で七〇・七パーセント、七〇年には八二・一パーセントに達していたが、進学しなかった三割なり二割のなかには、家計困難が原因だった層があったことは想像に難くない。社会的にはこの問題は焦点が当てられなくなっていたが、人生雑誌はこの問題をときに扱う、数少ないメディアであった。

『人生手帖』(一九六八年一月号)では、特集「学歴はないけれど……」が組まれているが、そこに寄せた手記のなかで、二一歳のある勤労青年は、かつて「大学へは行けなくともいい、せめて高校へは行きたいと、入試の日を夢みていた」ものの、家庭の経済的困難により、それを断念した悔しさを綴っている[田中象三「〝中卒のくせに〟といわれて」二一頁]。同様の理由で高校に進学できなかった別の女性も、「お金がないということは、つらいものである。何もできはしないから……」「人並以上に勝気な私は、表向き平静を装っていたけれど、心の中は憎しみでいっぱいだった。そんな気持ちだったから、自分がどのような職につきたいなんてことは、全然わからなくて、落着かない日を送っていた」と書きつけていた〔松尾多美子「勝気な私に欠けていたもの」一二二頁〕。

この特集が組まれた一九六八年は、国民総生産（ＧＮＰ）において、日本が西ドイツを抜いて世界第二位になった年でもある。これほどの経済成長に湧きながらも、貧困ゆえに義務教育から先には進めない層が存在していたことを、『人生手帖』は指し示していた。

こうした状況は、高校全入運動に対する不快感につながった。中学卒業後に農業に従事していたある青年は、『人生手帖』（一九六五年六月号）に寄稿した文章のなかで、次のように記している。

全入運動を、私は全面的に、すぐ肯定できない。結局、中学を卒業しただけでは生存競争の世の中で優位な立場にたてないから、わが息子、わが娘を高校へ入れたいということだろうが、それも学費を出せる家庭の子供に限られるだろう。高校へ入りたくても入れない立場の者はどうすればいいのだ。そして、この学歴重視の社会のどこに夢や理想や希望を持って生きていけばよいのだろうか。

能力さえあれば誰もが高等教育を安心して受けられる、という社会保障はどこにもない。このようなことを考えたとき、高校全入運動というのは、経済的に恵まれた人達がやってる「自分達の子供が社会へ出たとき、高い地位につき楽ができるように」といった一種の利己

的要素を含んでる運動にも見える。〔片倉昭一「小さな抵抗を大きな抵抗へ」九三頁〕

『人生手帖』における高校全入運動への反感は、これに限るものではない。すでに一九六三年三月号でも、新潟市の緑の会員が「高校全員入学運動への疑問」と題した文章を寄稿し、「勉強させて今日の社会を正しく理解させるということよりも、父母としては、人並に差別されない学歴を身につけさせたいという考え方の方がより大きい高校全入運動ではないでしょうか」と違和感を吐露している〔二五頁〕。彼らにとって高校全入運動は、一定以上の経済力のある層が厳しい競争を経ることなしに学歴を獲得できることを保証しようとする、利己的なものにしか見えなかった。

もっとも、高校全入運動が経済的に進学できない層を無視していたわけではない。全入全協の結成大会の場でも、「せめて学校教育は、金のあるなしにかかわらず受けられてよいのではないか」という提起がなされていた。[25] しかし、総じて主眼は、高校増設要求や希望者全員入学の実現に置かれていた。先にあげたような人生雑誌の読者たちからすれば、それは「勉強は嫌いだが親の勧めで進学する人」が「学歴というものを金で買える」ように仕向ける「利己的」な欲望のあらわれでしかなかった。[26]『人生手帖』は社会的には霞みがちな「学歴と貧困」という問題系を、かつてほどの頻度ではないにせよ、メディア空間に提起しようとしていたのである。

3 「昭和元禄」と「教養」の齟齬

改善される労働環境

「就職組的発想」の衰退は、学歴構造の変化だけに起因するわけではない。勤労青年たちの労働環境が一定の改善を見たことも大きかった。

一九六〇年代に入り、経済成長が前にもまして加速するなか、若年層に対する労働需要はますます高まった。それまで大都市圏の工場・商店は、農村部の余剰人口（農家の二三男など）を吸収するかたちで労働力を確保していたが、六〇年代前半に入ると農村部の「人余り」は解消されるようになった。[27] こうしたなか、都市部や工業地域における労働力の逼迫はますます顕著になった。

前述のように、この時期は技術革新への対応もあり、高卒労働者への需要が急増していたが、中卒労働者のニーズもきわめて高かった。高卒労働者が条件の良い大企業に吸収されることで、中小企業は中卒労働者に照準を合わせねばならず、しかも高校進学率の急上昇に伴い、中卒労働者の数には限りがあった。こうしたなか、集団就職は一九六四年にピークを迎えた。中卒労働者たちが「金の卵」や「カズノコなみの希少価値」(『朝日新聞』一九六一年三月四日)と言われたゆえんである。

それだけに、若い働き手の確保に苦慮する企業は、いくらかなりとも労働条件の改善に着手せざるを得なかった。若年労働者の賃金の面でいえば、大企業と中小企業の格差が、かなりの程度、解消される方向に向かい、むしろ規模の小さい企業ほど高額の賃金を出す傾向も見られた[28]。居住条件の改善や労働時間・休日の明文化についても、一定の進展が見られた。個々の商店・工場は互いに競合関係にあるので、労働時間の短縮や定休日の設定を率先して行うことは難しかったが、業界団体や労働行政当局(各地の職業安定所など)が主導するかたちで、労働条件の改善がはかられた[29]。

定時制高校への通学にしても、かつてに比べれば企業側の理解が進むようになった。東京都内の中学を卒業した勤労者の場合、定時制高校進学者は一九六三年には二〇・九パーセントであったが、六六年以降は約三割に達していた。地方出身の都内勤労者の場合、定時制進学率はかなり低く、六六年ごろまで五パーセント程度でしかなかったが、その後は一割から二割へと急速な伸びを見せた[30]。中卒労働者の確保のために、定時制通学を少しずつ認め始めた状況が透けて見える。

定時制に消極的だった大企業でも、同様の傾向をうかがうことができた。中小企業に比べれば人材の確保が容易だっただけに、大企業は定時制高校への通学をあまり認めなかったのは、第2章でもふれたとおりだが、一九六〇年代半ばごろにもなると、労働者の確保や離転職防止のために、渋々ながら定時制通学を認める大手事業所が徐々に増えてきた。「川崎にある従業員一万三千人位の、一流電機メーカー」で働く勤労青年は、『人生手帖』(一九六五年一〇月号)に寄せた手記のなかで、以下のように記している。

私の会社など、一流メーカーでありながら、つい最近まで、定時制高校に行くことは認められていなかったのです。そんなものだから、学校にどうしても行きたい人が、つぎつぎとやめて行ってしまったので、しぶしぶ行ってもよいと認めたというなさけない状態なのです。
〔横倉貴司「定時制高校にもっと理解を!」一六頁〕

「なさけない状態」と言いながらも、定時制通学が認められ、勉学への欲求が満たされつつあることが、ここからはうかがえる。

『人生手帖』の誌面から「鬱屈」が後景に退き、「明るさ」「前向きさ」が前面に出るようになった要因のひとつには、このような労働条件の改善があった。『人生手帖』(一九六三年七月号)の座談会「働く青年男女の生活と意見」では、一九歳のある工員が「〔四年前に入社した〕当時と比べれば、雰囲気も給料もずいぶんよくなりました。人手不足で会社側も大分悩んでいるらしいですね」と語っていた〔四六頁〕。『人生手帖』(一九六三年三月号)に掲載された論説「時代は学習を要求している」でも、定時制高校主事・宇野一が「定時制にも通信制にも学べないほど条件に恵まれていない人はごくわずかだと思います。やる気にさえなれば、大部分の人が高校に進学することは、そんなに遠い夢ではないといえます」と記している［二五頁］。かつての「就職組的発想」から遠く離れた社会状況がうかがえる。

青春の手帖社設立から五周年を記念して作られた大和書房のパンフレットには、人生雑誌が衰退した社会背景について、以下のように記されている。

幸か不幸か、その頃、日本経済の発展にともなう急速な人手不足といった現象は、いわば雇用制度や労働組合等の上で極端な二重構造であった働く人には大きな変化をもたらしはじめました。「人生雑誌」はそうした社会情勢を背景にした雑誌であっただけに、この社会変動による影響は少なからずありました。[31]

労働環境が多少なりとも改善されたことは、勤労青年たちにとって「幸」であったが、それは人生雑誌にとっての「不幸」を意味していたのである。

消費文化のインパクト

消費文化の影響も見落とすことはできない。一九六四年の東京オリンピックに合わせて、名神高速道路や東海道新幹線など、交通インフラの整備が進んだ。幹線道路も合わせて整備されるな

東京五輪に合わせて開業した新幹線のテープカット（1964年10月1日、東京駅）写真提供：朝日新聞社

マイカー・ブームのはじまり（1963年7月）

か、大型連休を当て込んだ観光旅行が増加した。一九六一年には「レジャー」が流行語になり、余暇関連市場は年平均二〇パーセント以上の急増を見せた。ボウリングやゴルフ、スキー、旅行が大衆化したのも、この時期である。

テレビの普及も、一九六〇年代に入って加速した。テレビ受像機の台数は、すでに一九五八年には対人口比で西ドイツを抜いて世界第三位になっていたが、六三年には、第二次世界大戦前からテレビ放送が行われていたイギリスを抜き、アメリカに次ぐ世界第二位となった。とくに東京オリンピックの開催（一九六四年）は、カラーテレビの生産・普及を後押しした。

一九六〇年代後半になると、「マイカー・ブーム」の広がりが顕著になった。乗用車の保有台数は、六〇年には四四万台だったが、六五年には一八八万台、七〇年には六七八万台と、急速な伸びを見せた。大阪万博に沸く同時代を舞台にした映画『家族』（山田洋次監督、松竹、一九七〇年）には、福山の工場に勤務する風見力《かざみつとむ》（主人公の弟）が、月賦で購入したスズキフロンテ360を運転するシーンがある。工場労働者でも何とか大衆車を所有できる時代が、到来しつつあった。[32]

こうした動向は、人生雑誌の誌面にも反映されていた。『人生手帖』（一九六三年一〇月号）は「趣味と生きがい」という特集を組み、詩作や読書のほか、「社寺・史跡めぐり」「ギター」「旅」「アマチュア無線」といった趣味についての読者手記を掲載していた。一九六五年四月号では、「余暇をどう過ごしているか」という特集テーマの原稿募集が告知されており［一二七頁］、六七年一〇月号でも「趣味と生きがい」「なぜ私はお金をためるか」といった特集が設けられていた。勤労青年たちにとっても、趣味や娯楽、消費といったものが身近な存在になっていたことがうかがえる。

娯楽施設を整備する事業所も少なくなかった。ある大企業の工場に勤務する勤労青年は、教育学者・小川利夫らによるインタビューのなかで、「学校と映画館のほかは、なんでも工場の敷地のなかにある」「ふだんの娯楽にはいちおう事かかぬていどのものが、工場内にそろっています」と語っていた。[33]

大阪万博に詰めかける来場者（1970年9月5日）写真提供：共同通信社

　こうした環境に身を置くことは、知や教養を学ぼうと刻苦勉励する意志の冷却《クール・ダウン》につながった。同じインタビューのなかで、この工場の青年工員は「僕は、はじめのうちは定時制にいこうかな、と思ったこともあったんです。……しかし、工場内のふんい気になれるにつれて、……それに僕がいる独身寮は冷暖房つきの住みやすいところだし、……一年もたつとその気もなくなっちゃったんです」と述べている。[34] 消費や娯楽が日常生活に浸透したことで、定時制で高卒学歴を手に入れようとする意志が冷まされている状況が透けて見える。

　人生雑誌への社会的な共感がうすれていったことにも、同様の背景があった。『人生手帖』が趣味や消費の特集をたびたび組んだとはいえ、雑誌全体としてみれば、レジャーや消費文化に否定的な色彩が目立っていた。教育学者・森信三による論説「流行におし流されない生き方」（『人生手帖』一九六三年五月号）では、「わたくしは最近のレジャーブームにたいしては、一種の抵抗姿勢をとることこそ、本当ではないかという気がするのであります」「日々を資本の重圧下にあえいでいるような人びとが、一見華やかそうに見えるマスコミの楽隊に踊らされて、表面はなやかな消費生活にあこがれ、レジャーブームに酔いしれたようなつもりでいるなどは、わたくしには実さい悲惨という外ない気がいたします」と書かれている〔四七頁〕。『人生手帖』（一九六七年四月号）の「人生手帖読者のつどい」欄にも、「〔『人生手帖』は〕レジャーなどと遊んでばかりいてはいけないのだと考える人間になってほしいという信念から作られている」とある〔一三二頁〕。

勤労青年からすれば、消費文化を厭うこうした刻苦勉励の価値規範は、時代にそぐわないものに見えたのではないだろうか。先述の『思想の科学』（一九六三年一一月号）の論文「人生雑誌の運動をになうもの」でも、「現在の人生雑誌が現代青年の要求に答えていない」要因として、「求人難による労働条件、厚生施設等の改善が青年層のものの考え方を大きく変化させたにもかかわらず、人生雑誌の編集方針はそれほど変化していない」ことをあげている〔一八頁〕。豊かさがそれなりに行きわたるようになるなか、人生雑誌は時代にそぐわないものになりつつあった。

「無責任」の明るさと「キューポラ」の暗さ

前章でもふれた『キューポラのある街』は、このことを考えるうえでも示唆的である。

県立第一高校の受験を考えていたジュンは、父親の失職をきっかけに、学費を自ら稼ぐべく、親友・ヨシエの紹介でパチンコ店でアルバイトを始める。パチンコ台の裏側で玉を補充するのがジュンの仕事だが、そのとき店内では「スイスイ　スーダララッタ　スラスラ　スイスイスイ」

と軽快な曲が流れていた。クレイジー・キャッツの「スーダラ節」である。
「スーダラ節」は一九六一年夏にリリースされて大ヒットし、『スーダラ節　わかっちゃいるけどやめられねえ』（大映、一九六二年）などの映画でも用いられた。だが、何より「スーダラ節」からすぐに思い起こされるのは、植木等が主演し、他のクレイジー・キャッツのメンバーも出演した喜劇映画『ニッポン無責任時代』（古澤憲吾監督、東宝）であろう。公開は奇しくも、『キューポラのある街』と同じく、一九六二年である。

　映画の舞台は、高度成長の周縁部にある川口とはまったく異質な、華やかな東京の都心部である。主人公・平均《たいらひとし》は、法螺《ほら》と要領を駆使しながら、酒造メーカー大手の太平洋酒にもぐりこむ。総務部に配属された初日から平然と遅刻し、伝票処理など地道な仕事はまったくしないので、直属上司の谷田《たにだ》部長（谷啓）に怒鳴られっぱなしだが、一向に気にせず、呑気に構えている。唯一、喜々として取り組むのは、関係先への接待だけである。芸者を呼んで、会社の金を湯水のごとく使い、自らも歌や踊りを披露しながら、取引先の社長や株主の面々を抱き込もうとする。こうしたなか、社長（ハナ肇）に気に入られて係長に昇進したと思ったら、仕事のぼろが発覚してクビになり、時を同じくして太平洋酒が買収されると新社長に取り入って渉外部長に昇進する。それでも再びクビになるのだが、接待漬けで取り入ったホップ卸大手・北海物産の社長（由利徹）に気に入られ、その後継に上り詰める。「わかっちゃいるけどやめられねえ」で有名な「スーダラ節」は、この映画の挿入歌の一つである。

同時代の消費文化も、随所に描かれている。若いサラリーマンが都心のバーやビアホールに出入りし、料亭や温泉旅館、ゴルフ場で接待にいそしむ。消費社会化が進展するなか、ホワイトカラーが企業社会を「無責任」に笑い飛ばす『ニッポン無責任時代』の明るさは、ブルーカラーの貧しさをモチーフにした『キューポラのある街』の暗さと、明らかな対照をなしている。しかしながら、前者の挿入歌であった「スーダラ節」は、ひっそりと後者のなかでも用いられていた。このことは、高度経済成長前半期の光と影を浮き彫りにする。

もっとも、厳密に言えば『キューポラのある街』の公開のほうが『ニッポン無責任時代』よりも三カ月ほど早いので、同時代の人々が後者を連想しながら前者を観たわけではない。だが、そうだとしても、ジュンが「スーダラ節」が流れている時代を生きていたことに変わりはない。このことは高度成長に沸きつつあった時代の齟齬を映し出す。

映画『ニッポン無責任時代』（1962年）ポスター

刻苦勉励を笑い飛ばすスタイルも、『ニッポン無責任時代』には顕著だった。映画のなかでは、主題歌「無責任一代男」を軽快に歌う平均が何度も描かれる。その歌詞は「おれはこの世で一番　無責任と言われた男　ガキの頃から調子よく　楽してもうけるスタイル」「人生で大事なことはタイミングにC調〔調子のいいこと〕に無責任　とかくこの世は無責任　こつこつやる奴ァ　ご苦労さん」といったものである。同時代のサラリーマンが、「猛烈社員」ぶりを笑い飛ばせるほどに、身近でありふれた存在になっていることが透けて見える。主人公の名前が文字通り「平均」であることも、このことを暗示する。別の挿入歌「ドント節」にも、「サラリーマンは気楽な稼業と来たもんだ　二日酔いでも寝ぼけていても　タイムレコーダー　ガチャンと押せば　どうにか恰好がつくものさ」というフレーズがある。

とはいえ、「二日酔いでも寝ぼけていて」も、「気楽」に雇用が保証されるホワイトカラーの生活は、労災補償も退職金もなく、労働法が及ばないような川口のキューポラ〔熔銑炉〕の労働者とは異質なものであった。さらに言えば、家計困難を押して勉学にいそしみ、また、工場労働と定時制での勉学を両立させねばならなかったジュンの刻苦勉励とも、まったく異なっていた。

だが裏を返せば、たとえ経済成長下であっても、こうした亀裂や歪みがまだしも社会的に可視化されていたのが、一九五〇年代後半や六〇年代の初頭であった。そのころまでであれば、人生雑誌は「キューポラ」的な勤労青年の教養への憧れに支えられていた。しかし、六〇年代後半以降にもなると、日本社会は『ニッポン無責任時代』に象徴される「豊かさ」と「消費」の時代へと移行し、「キューポラ」的な人生雑誌は徐々に社会のなかで居場所を失っていった。

大卒学歴のインフレーション

大学への憧れが社会的に衰退していくさまも、この二つの映画の対比のなかから透けて見える。『キューポラのある街』では、上級学校への憧れや社会の矛盾への問い、「進学組」に優位するだけの「生き方」「教養」の模索といったものが明らかに見られたわけだが、『ニッポン無責任時代』にはそれとは逆に、高等教育への割り切りや幻滅のようなものが透けて見える。

社長秘書の佐野愛子（重山規子）は、「あたしこれでも大学出てるんだけどさ、秘書っていうのは名ばっかり。お茶汲みとお掃除、月給だってふつうの女の子と同じなのよ。ばかにしてるわ」と語り、大学卒の学歴資格が会社のなかで何の有用性もないことの愚痴を漏らしている。それに対して主人公・平均は、「僕はね三流どころの大学で、しかも中退よ。だからあんまり堅いこと言われる会社じゃ住みにくいの。〔中略〕僕はねC調に暮らせたらそれでいいんだから」と返している。たとえ「三流どころの大学」であろうと中退であろうと、ジュンや人生雑誌の読者たちからすれば、憧憬の対象であるはずだが、そこに何の価値も見出さず、「あんまり堅いことを言わ」れないような会社で「C調に暮ら」すこと以外の望みを抱こうとしない。

当時の大学進学率はまだ一二・八パーセントで、大学の大衆化は必ずしも進んではいなかったが、それでも大卒の学歴資格の価値が低下しつつあることがうかがえる。佐野や平らがビアホールで自嘲気味に歌う「五万節」の歌詞も、そのことを物語っている――「学校出てから十余年いまじゃ　しがねえサラリーマン　課長や部長にペコペコと　毎日お辞儀を五万回」。

大学をはじめとする上級学校への進学にさほどの期待を抱けない状況は、一九六五年の映画

映画『未成年』ポスター

『未成年――続・キューポラのある街』（野村孝監督、日活）にも映し出されていた。

『キューポラのある街』の続編にあたるこの映画は、大手カメラ工場に勤めながら定時制高校に通うジュン（吉永小百合）の悩みや苦しみを描いている。職場では定時制高校への通学が認められているとはいえ、同僚に「一生懸命勉強して、エラくなってね、定時制の子」などと嫌味を言われることも少なくなかった。だが、ジュンは大学に進学し、「施設の保母になって、恵まれない子供たちの世話をしたい」と考えていた。そこには、生まれ育った川口から逃れたいという強い思いもあった。父親は再び解雇され、酒を飲んでは当たり散らし、家族は崩壊寸前の状態にあった。そもそも、景気に左右されやすい零細工場が集まった川口に、何の展望も見出せなかった。こうした思いもあって、夜遅く定時制高校から帰宅しても勉強にいそしむことを日課にしていた。

しかし、ジュンは徐々に大学進学に疑念を抱き始める。ジュンは、中学時代からの友人で、ダンスホールで酩酊していたリスに「ジュン、あんた大学行くの？　へえぇ、バカみたい」「あんたんちは貧乏ね。［中略］だから定時制へ行って頑張って、貯金して頑張って、その上まだ頑張っちゃって大学行って、そいでどうすんのよ。何が面白くってそんなに頑張ってんの」と嘲笑《あざわら》われる。ジュンは苛立ちを覚えながらも、言い返す言葉が見当たらない。

定時制高校では、左派色を帯びた「高校生の集い」に参加したことを咎《とが》められ、勉学に専念するように注意される。だが、そこから逆に、よい点を取るだけのための無機質な高校での勉強に、疑いを覚えるようになった。最終的にジュンは、「自分のまわりから逃げ出してどこかへ行くってのが、間違いだって分かってきたのよ」と語り、定時制を退学し、大学進学の夢も捨て去ることになる。

そのラストは、希望を欠いたものでしかなかった。前作の『キューポラのある街』であれば、働きながら定時制を選び取ることの明るい希望でもって、映画は締めくくられていた。それに対し、『未成年』はその続編とは言いながら、結末は明らかに異質だった。大学に行こうが川口に残ろうが展望がない状態に、諦めを覚えるかのような主人公が、そこには映し出されていた。エンディングでは、「学校やめても働いている仕事の中でしっかり勉強していけると私は信じているわ」という、一見前向きな独白が流れるものの、画面に映し出されるジュンの無表情や、不協和音を帯びたバックの音楽の重さは、かえって、その独白の奥にある空疎さや苛立ちを際立たせていた。ここでは、高校進学はおろか、大学進学でさえ、憧れに満ちたものではなくなっていることが暗示されている。

このことは、当時の実際の進学状況からも、推測することができる。従来、ブルーカラー層や農林漁業層の子弟は義務教育より先にあまり進まなかったが、一九六〇年代にもなると、彼らも多く高校に進学するようになった。高校進学率の高まりも、それによるところが大きかった。だが、教育社会学者・苅谷剛彦の分析によれば、彼らの多くが進んだのは、実業教育に重きを置く職業科高校（工業高校・商業高校・農業高校など）であり、大学進学を見据えることができる普通科上位校ではなかった。つまり、従来の高校非進学者や定時制進学者は職業科高校に吸収され、「かつて高校進学者と非進学者との間にみられた階層差は、高校進学率の上昇の過程で、今度は高校のタイプ間の差異に姿を変えて」いった。だとすれば、彼らが高校に進学したところで、大学進学を実現可能な目標や希望とすることが少なかったのは不思議ではない。「大学進学にむすびつく高校進学機会は、ホワイトカラーやグレーカラー［販売・サービス業など］の出身者により多く配分されるかたちで、高校教育の機会の拡大が行なわれた」のである。そこに見られたのは、せいぜい「親から一ランク・アップし、その地位を守りぬく」という構造であった。[35]

その意味で、高校進学率の上昇は、大学進学への憧れを全階層にわたって浸透させたわけではなく、むしろ、階層間の偏りを生み出していた。かつての非進学者のなかには、「自分も高校、ひいては大学に行けたはずだ」という自負があった者たちも少なくなかったが、そうした層が高校に進学する状況になるなか、現実的な目標の選択や諦めが作動し、「大学への憧憬」がトーンダウンしていく。高校進学率の上昇の背後には、こうしたねじれや歪みが横たわっていたのである。

教養主義の没落

大学への憧れが社会的に薄らいでいくことは、教養主義の没落とも重なり合っていた。高度経済成長の影響で、高校進学率のみならず、大学進学率も急速に上昇した。一九六〇年には一〇・三パーセントであったものが、七〇年には二三・六パーセント、七五年には三八・四パーセントに達した。加えて、六〇年代後半には、戦後のベビーブーム世代が大挙して大学へ進学した。そのことは、受験競争の過熱とともに、大学設備と教員数の不足を招いた。また、大学生数の急増にともない、旧制高校や帝国大学のような、予備知識を持つ少数の学生を相手にしたゼミナール形式の授業は成立しにくくなり、大教室で教官が一方的に講義をするだけの平板なマスプロ授業が主流になった。

もっとも、大学側も手をこまねいていたわけではなく、校舎や設備の拡張をはかろうとしたが、そのことは結果的に授業料の値上げを導いた。

卒業後に得られる仕事も平凡なものへと変化した。かつてであれば、大卒者は少数のエリート層であっただけに、組織の幹部候補として迎えられることが多かった。だが、大卒学歴がありふれたものとなると、こうした扱いは消え失せ、あくまで一般社員・職員として雇用されるようになった。彼らの前に開けていたのは、下位の職位に長期間とどまったのち、徐々に昇進していくサラリーマンとしての姿でしかなかった。

東大闘争（1968年）

彼らは、天下国家を担うエリート予備軍としての学生像を抱き、厳しい受験戦争を潜り抜けて大学に入ったわけだが、その期待は裏切られた。そのフラストレーションが、六〇年代後半の大学紛争の続発につながった。当初は、各大学の「学費値上げ反対闘争」「処分撤回闘争」などからスタートしたものが多かったが、その延長で「ベトナム戦争反対」「日米安保条約反対」「沖縄無条件返還」などの政治的なスローガンも掲げられるようになった。

学生たちはそこで、大学知識人たちをさかんに吊るしあげ、彼らの存在意義や戦後社会のありようを執拗に問いただした。東京大学法学部教授の丸山眞男も、一九六九年二月、教室に向かう途中で、全共闘派の学生ら約四〇人に拉致され、二時間ほど軟禁状態にされた。「そろそろなぐっちゃおうか」「ヘン、ベートーヴェンなんかききながら、学問をしやがって！」と罵声を浴びせる学生たちに対し、丸山は「軍国主義者もしなかった。ナチもしなかった。そんな暴挙だ」と非難した[36]。そこには、知識人や教養に対する若者たちの怨恨を見ることができよう。

もっとも、それは当時の大学生たちが、知的エリートへの憧れや自負を有していたことの裏返しでもある。知識人や教養への強い憧れを抱いて大学へ入ったがゆえに、その期待が裏切られたときの反発も大きなものとなるのであって、期待や自負がなければ、そもそも裏切られたことへの憎悪は起こりようもない。知識人を糾弾しながら知のあり方を問い、ひいては戦後体制のあり方を問いただそうとしたことにも、彼らのエリートとしての自負を読み取ることができよう。大学進学率も上昇したとはいえ、東大闘争[★6]や日大闘争[★7]が高揚した一九六八年でも二三・一パーセントであり、今日に比べれば半分以下の数字である。「エリート的な使命感」と「エリートとしての地位を失いつつある不安感」の両方を併せ持っていたのが、当時の学生たちであった。丸山眞男も、学生たちの行動について、「その憎悪はむろん「期待」に基くもたれかかりが、つきはなされたところに発している」［強調は原文どおり］と当時の雑記に書きつけていた。[37]

だが、これらの心性が大学や教養への憤りを増幅させた結果、「古典の読書を通じた人格陶冶」の規範も衰退の兆しを見せるようになった［竹内洋『教養主義の没落』］。『未成年』や『ニッポン無責任時代』が製作されたのは、大学紛争が続発するより前の時期であり、したがって、そ

★6　**東大闘争**　一九六八年に東大医学部学生自治会が、無賃労働に等しい登録医制度に反対して無期限ストに入ったことをきっかけに、全学的に広がった。六九年一月には、安田講堂に立てこもった学生と機動隊のあいだで、激しい攻防戦が行われた。

★7　**日大闘争**　日本大学における大学紛争。二二億円以上にのぼる使途不明金発覚をきっかけに、大学経営者に対する学生の不満が爆発して広がりを見せた。学生は一万人規模の総決起集会を開いたが、大学当局が日本刀やチェーンなどを手にした暴力団員、体育会学生、学生課員に学生を襲撃させ、機動隊出動も要請したことから、学生の憤りがさらに掻き立てられ、紛争は大規模化・長期化した。

の当時において、教養主義の没落が顕著であったわけではない。しかし、大学生数が増加しつつあるなか、徐々に大学生はエリートであることを保証されなくなっていた。いわば、これらの映画は、大学の威信低下を、時代を先取りして提示するものであった。

一九六〇年代後半以降の人生雑誌の衰退にも、こうした背景が絡んでいた。実利を超越した「生き方」や人文科学分野の読書の規範は、学歴エリートへの鬱屈と憧れを抱き、ときに彼らに優位しようとする勤労青年たちの思いに根ざしていた。しかし、最高学府である大学の価値は低下し、教養の輝きも霞んでいく。こうした状況にあって、「生き方」や「読書」を求める人生雑誌から人々が離れていったとしても不思議ではない。

ちなみに、当時の『人生手帖』は、「大学なみの教養」を身に着けられることをたびたび強調していた。一九六五年一月号に掲載された論説「独学でも努力によって学問は身につく」（菅野肇）でも、「社会科学の勉強は『人生手帖』をよく読んで、執筆される諸先生の本をよく勉強すれば、大学卒業程度の学力は必ずつきます」と書かれている［八四頁］。だが、当時の勤労青年たちは、大学に行かずに「大学卒業程度の学力」を習得することに、はたしてどれほどの魅力を感じていたのか。古今東西の人文社会科学の知識人の名を自らの手記に散りばめ、知的に「背伸び」をしようとする読者投稿が皆無に近くなったことを考えれば、大学や教養への憧れは、人生雑誌の周辺でも衰退していたと見るべきだろう。

それに伴い、大衆教養主義を突き動かしてきた反知性主義的知性主義も、後景に退くようになった。学歴への憧れは相対的にうすれ、また、進学できないことへの鬱屈も社会的に目立たなくなりつつあった。だとすれば、知識人への反感に根差した知への憧憬、つまり、反知性主義的知性主義は成立しにくい。

さらに言えば、「想像の読者共同体」もまた、さほど必要とされなくなる。かつてであれば、進学をめぐる苦悶やコンプレックスを共有するものとして、誌面に媒介された読者の共同体が模索されていた。しかし、労働環境は一定の改善がなされ、消費文化も盛り上がりを見せ、学歴への憧憬や鬱屈も縮小するなか、「想像の読者共同体」に集わねばならない切迫感は薄れていった。「査読」を通した優越感や自負の必要性も、小さくなった。「査読」を伴う人生雑誌は、掲載された読者たちに優越感や自負の感覚をもたらした。それは「進学組」に対する転覆戦略でもあった。だが、学歴への憧憬や鬱屈が後景化し、大衆教養主義の規範も萎《しぼ》んでいくなか、「想像の読者共同体」のなかで、査読を通じた優位性を争う必要性は低下する。

むろん、勤労青年たちの貧困や格差、学歴をめぐる問題は、高度成長後期のこの時代に、まったく見られなかったわけではない。だが、少なくとも、かつてに比べれば、社会的に目立ちにくくなっていた。人生雑誌の衰退は、勤労青年をめぐるこうした変化を暗示するものであった。

大学紛争への反感

だが、その一方で当時の誌面に色濃く見られたのは、学生運動への批判であった。『人生手帖』（一九六九年五月号）には、特集「働く青年のみた大学問題」が設けられたが、そこには「恵まれた環境に甘えるな」「今日でも、家が貧しいために義務教育である中学校にさえ進学できずに働き、そして夜の中学校で学んでいる十四歳、十五歳の人たちはもちろん、二四歳、六〇歳の中学生もいる」〔四二頁、四五頁〕といった記述が見られる。知識人批判を繰り広げる学生たちが、批判の対象にされている。経済的に高校に進学できなかった勤労青年たちの眼には、大学紛争は、せいぜいエリートたることが裏切られたにすぎない大学生たちの高踏遊戯にしか見えなかった。

大学紛争へのこうした反発は、何も人生雑誌の読者たちに限るものではなく、中卒で集団就職をしたような層に広く共有されていた。一九六八年から翌年にかけて連続射殺事件を引き起こした死刑囚・永山則夫は、獄中手記『無知の涙』（一九七一年）のなかで、当時の大学紛争に対して「全学連嫌いだ」「全学連ぼっちゃん育ちだ」「全学連なにが思想だ」「全学連うせろ！」と書きつけていた。[38] 全共闘と全学連の区別がつかないままの記述ではあるが、大学闘争に熱をあげる学生たちへの明らかな憎悪がうかがえる。一九四九年生まれの永山は、北海道（のちに青森）の極貧家庭に育ち、幼少期に親から遺棄されたこともあった。小中学校時代は貧困や学力不足からクラスメートたちに嘲笑され、家庭では兄たちに日常的に暴力をふるわれていた。中学を卒業すると集団就職で上京し、底辺の仕事を転々とした。殺人も、こうした境遇から脱却しようとして衝動的に犯したものだった。大学闘争でゲバ棒を振るう全共闘学生たちは、永山と同じく「団塊の世代」であったが、それだけに永山の眼には、彼らの言動が社会の最底辺からあまりに遊離し、自己中心的な高揚感に浸っているようにしか見えなかった。

犯罪を引き起こすまでには至らずとも、永山のようなライフコースは、決して特殊なものではない。同世代には、中学卒業後に下層労働に従事する無数の青年たちが存在した。彼らのなかには、大学紛争に対して同様の不快感を抱いた者が決して少なくなかった。『人生手帖』での先の記述は、彼らの思いを代弁したものでもあった。

そして、こうした議論は一面では、反知性主義的知性主義とも結びついていた。「恵まれた環境に甘えるな」と語った勤労青年は、同じ文章のなかで「私達緑の会は大学に負けないだけの知識と教養を身につけることができます」と記している〔四三頁〕。そこでは、大学生批判と「知識と教養」の希求が表裏一体のものとなっていた。寺島文夫も、「われらの大学！——緑の会の存在価値について」(『人生手帖』一九六九年三月号)のなかで、大学紛争を念頭に置きながら、「高い入学金と授業料を払って、興味のない講義をきく大学において学ぶことのできないなにかを学び、友情をうることができるのが、われらの緑の会である」と記していた〔一二三頁〕。折しも、東大・安田講堂攻防戦(一九六九年一月)が鎮圧されて間もない時期に書かれたものであった。

とはいえ、繰り返しになるが、誌面から「大学に負けないだけの知識と教養」「大学において学ぶことのできないなにか」を見出すことは、かつてに比べれば、難しくなっていた。たとえ学歴がなくても、職業技術を身につけ、「前向き」に生きていこうとする。そういう勤労青年たちの「明るさ」は手記に多くあらわれていたが、それは見ようによっては、「大学でなくても学べるもの」であった。少なくとも、彼らの境遇を抽象化して社会構造の歪みを析出したり、十分に咀嚼《そしやく》できずとも、古今東西の思想家を繙《ひもと》きながら「生」や「真理」を追究しようとする文章は、一九五〇年代に比べて、明らかに少なくなっていた。

人生雑誌の反知性主義的知性主義は、「大学解体」を叫ぶ学生たちの欲望や立ち位置への無自覚を炙《あぶ》り出すものではあった。だが、彼らに代わって自らが知を模索しようとする思いは、かつてほど掘り下げられることはなかった。勤労青年の教養文化の変質を、ここにも見ることができる。

第4章

「健康」への傾斜と人生雑誌の終焉——ポスト高度成長の時代

1　経済成長の歪みと「健康」志向

誌面の「豊かさ」

一九七〇年代に入ると、『人生手帖』の誌面は以前にも増して、「明るさ」が目立つようになってきた。一九七二年には「タレント・インタビュー」のコーナーが設けられ、前田吟（五月号）、渥美清（六月号）、吉永小百合（八月号）、岩下志麻（一一月号）ら、名立たる映画俳優が登場した。芸能人への取材記事はこれにとどまらず、同年の「ヤング'72」欄では、土居まさる（六月号）、はしだのりひこ（八月号）、萩本欽一（九月号）ら、テレビ・タレントや歌手が多く取り上げられた。もっとも、そこでの主題は「日本人の誇り」「雄大さと素朴さをたいせつにしたい」など、「生き方」の主題から大きく外れないものではあったが、大衆文化をつよく意識した誌面構成がうかがえる。

消費への関心も、徐々につよく見られるようになった。一九七二年には沖縄返還（五月一五日）を受け、編集部と緑の会本部は「沖縄のみどりの仲間との交流と観光の旅」を企画した。二泊三日で五万二〇〇〇円（羽田発）と、大卒初任給並みの費用ではあったが、当時としては「破格料金」であったらしい〔一九七二年一〇月号、六六－六七頁〕。この企画は、以後、通例化していったが、その行程は一般の観光旅行と大差なかった。

一九七四年の「沖縄ハイビーサンシャインツアー大募集」の広告では、「戦火の跡を自分の足でたしかめながら、風物誌をじっくり味わ」う「南部サイクリングコース」を除けば、「珊瑚礁にむらがる熱帯魚が目の前を泳ぎ、沖縄でただ一カ所生きた珊瑚礁が楽しめるところ」「島に楽器を持ち込み、どんなに騒いでもかまわないから思いっきり楽しむこともできる」「ホテルよりバスで米軍基地、万座毛、インブビーチ、パイナップル園、海洋博現場などを観光」といったことが強調されている〔一九七四年七月号、四六－四七頁〕。戦跡観光が組み込まれていることを加味しても、当時の一般的な沖縄観光と特段の相違はなく、『人生手帖』や緑の会があえてこれを企画する理由は判然としない。だが裏を返せば、人生雑誌ですら、消費文化の影響を色濃く受けるようになった時代状況が透けて見える。

一九七二年八月号からは、「SLシリーズふるさとへのゆめ」の連載が写真入りでスタートし、また同年一二月号には、テレビ番組とも提携して、俳優・渡辺文雄が地方を旅する連載企画「遠くへ行きたい」が始まった。当時は、経済成長に伴う都市部の人口集中により、地方の過疎化が社会問題化していたが、こうした地方をノスタルジックに旅の対象として眺め、「ふるさと」を愉しむだけの「豊かさ」が、『人生手帖』の誌面にも色濃くあらわれていた。

せり上がる「健康」志向

だが、こうした動きとはまた別に、高度成長期の後半あたりから、『人生手帖』の誌面には新たな変化が見られるようになっていた。それは、「健康」をテーマにした記事の急増である。

すでに一九六〇年代半ばには、「健康と食物の関係」(一九六五年一月号)や「玄米食は有害か」(一九六六年一月号)といった記事が散見されるが、六〇年代末にもなると、「現代の医学・薬学・栄養学への疑問」(一九六七年八月号)や「慢性腎臓病ははたして不治か?」(一九六九年二月号)など、健康関連の特集が頻繁に誌面に見られるようになる。

『人生手帖』が健康のテーマを初めて大きく扱ったのは、一九六四年二月号の特集「健康へのすすめ」である。そこには「医学の病気か政治の病気か」(中川雅嗣《まさつぐ》)や「中川先生の〝健康哲学〟とその意義について」(寺島文夫)といった論説が収められている。以後、「健康へのすすめ」欄は継続的に連載された。それ以外にも健康関連の記事は徐々に増加し、六七年八月号では全体の約二四パーセント、七四年九月号になると半分近くを占めるに至った。

執筆者は医学や栄養学の専門家が多かったが、そればかりではなく、「体質改善で眼病が治った」(一九六七年九月号)や「生活記録　自然食で救われた難病」「死の絶望から生の希望へ――それは断食と自然食によってであった!」(一九六六年一二月号)など、読者の手記も多く掲載された。

『人生手帖』（一九六九年一月号）には、座談会記事「玄米自然食の体験」が収められているほか、翌月号には「支部活動に「健康グループ」を結成」と題した読者からの投稿も紹介された。その手記には、「念願だった「健康グループ」も、やっとできあが」ったことに加えて、「毎月一回、玄米・自然食をかこみ、「自分の身体は自分の手から」と頑張っております」「まだまだこれから、病に苦しんでいる人達を、健康な身体に導く任務が残っているのです」と綴られている〔田中照雄、一二三頁〕。そこには、「健康」をめぐる使命感のようなものも感じられる。一見すると、人生雑誌と「健康」にはつよい結びつきは想像しがたいが、ここでは両者が並存可能であったことがうかがえる。

「夏バテと自然食」を扱った『人生手帖』表紙（1969年9月号）

これらの動きは、編集部が後押しするものでもあった。その手記の末尾には、「会の中に「健康グループ」を作ったという報告を受けたのは、はじめてです」「いまや健康のことは、青年層にとっても重大な問題になっています」〔一二三頁〕という編集部のコメントが付されていた。

「公害」のインパクト

それにしても、「生き方」「人生」といった内省的な主題を扱うはずの『人生手帖』が、なぜ「健康」を取り上げるようになったのか。直接的な理由は、

四日市ぜんそく（1967年）

寺島文夫とその三女が、玄米食や断食療法によって、長年にわたって悩まされてきた体調不良を完治できたということにあった。[1]だが、それだけではない。むしろ、公害をめぐる当時の社会状況が、大きく関わっていた。

　経済成長の負の帰結として、水俣病、イタイイタイ病、四日市ぜんそくなど、さまざまな公害病が引き起こされた。住民は対策を講じるよう行政に訴えたが、産業育成の立場に立つ官庁・自治体は、この問題に積極的に取り組もうとはしなかった。それへの反発も相俟《あいま》って、一九六〇年代後半から、各地で多くの住民運動が展開されるようになり、革新系の首長の誕生も相次いだ。メディアでの公害批判も盛り上がりを見せ、七一年には鶴見俊輔や日高六郎ら思想の科学同人が中心になって、雑誌『市民』（勁草書房）が創刊された。公害問題を背景に活発化した住民運動を後押ししようとする意図が、そこには込められていた。

　左派的な色彩を帯びていた『人生手帖』でも、公害批判はたびたび扱われてきた。一九六七年七月号では、編集部による「社会のあり方と人間尊重――阿賀野川事件の教えるもの」が掲載され、水俣病や第二水俣病★1の問題が批判的に論じられていた［九〇頁］。

一九六九年九月号には、「企業優先がもたらす公害殺人」と題した読者の論説が収められているほか、七〇年一二月号では特集「公害日本」が設けられた。その特集では、「現在、日本をゆるがしている公害問題にスポットをあて、いくつかの実情を示すとともに、「公害日本」をもたらした原因をみたい」［一六頁］という編集方針のもと、「現地報告・カドミウムの村――公害の地・安中に住む市民として」「若者こそ公害追放の先頭に！」などの読者投稿が掲載されていた。

なかでも多く扱われたのは、食品公害や薬害の問題であった。一九六四年三月号の「健康案内――私たちの幸福と健康」は、硼酸《ほうさん》入りカマボコ、デヒドロ酢酸が入った餅など、有害食品の問題を取り上げていた［八六頁］。六九年五月号では、「食品公害」と題した解説記事が四ページにわたって掲載され、カネミ油症事件をはじめとする各紙の公害報道を整理・紹介していた。さらに七二年五月号では、一〇本もの論説を集めた「健康特集　食品添加物王国ニッポン」において、添加物の危険性が論じられていた。医薬品の副作用の問題も、たびたび取り上げられている。編集部による論説「健康な人生」（一九六四年八月号）でも、「われわれの健康を守り、病気を治す

★1　**第二水俣病**（阿賀野川水銀事件）　一九六四年八月から約一年間、新潟県の阿賀野川下流沿岸で発生した有機水銀中毒事件。昭和電工鹿瀬《かのせ》工場（当時）から阿賀野川に排出されたメチル水銀が原因であった。水俣病と同じく、水銀が蓄積された川魚の摂取を通して、脳がおかされ、視野狭窄や運動失調などの症状が生じた。被害者は一九六七年に昭和電工に対し訴訟を起こし、七一年九月に勝訴判決を得た。

厚生省担当官に詰め寄るカネミ油症被害関係者（1972年6月7日）

ための薬にしても、どんなに副作用が恐ろしいものであるか」について、指摘がなされていた〔九〇頁〕。

折しも、食品公害問題に関心が集まっていた時代だった。『毎日新聞』（一九六四年一二月八日）には社説「有害食品を取り締まれ」が掲載され、発ガン性などの危険性を帯びた添加物の一掃が主張されていた。一九六八年には、ポリ塩化ビフェニル（ＰＣＢ）やＰＣＤＦ（ダイオキシン類の一種）が混入した米ぬか油が出回ったことから、それを摂取した人々に深刻な被害をもたらしたカネミ油症事件が起きた。七〇年九月には、チクロ（催奇形性や発ガン性の危険性から製造販売が禁止されていた人工甘味料）を含んだ粉末ジュースを販売したとして、製造元社長が逮捕され、話題になった〔『朝日新聞』一九七〇年九月五日〕。

その意味で、『人生手帖』におけるこれらの記事は、明らかに「社会批判」の対象として、公害の問題を扱おうとするものであった。人生雑誌は以前から、労働問題や再軍備問題、原水禁運動、沖縄問題など、その時々の政治や社会の問題を多く取り上げてきた。そのことを考えれば、公害という同時代の社会問題を繰り返し扱ったことは、決して不思議ではない。

「食」への関心

だが、それは、公的な社会問題としての公害批判にとどまらなかった。むしろ、そこで重きが置かれたのは、公害を私的な問題として捉え、自分自身を公害から守ろうとする姿勢である。

先の論説「食品公害」においても、『人生手帖』編集部は「〝厚生省がわるいものを許可するはずがない〟などと人のいいことをいっていたら、とんでもないことになる」「われわれとしても「食品公害」「薬品公害」を、読者の皆さんの健康を守るために大いに強調するわけです」〔一九六九年五月号、八三頁〕と記している。公的な社会批判の一環として公害の問題を捉える延長で、「自らの身をどう守るのか」という私的な問題系が導かれている。奇しくも、その論説記事の副題は、「それからわが身を守るためにどうしたらよいか」というものであった。「健康」という主題は、こうしたなかから見出されたものであった。

それもあって、「健康」関連記事のなかで多く扱われたのは、「食」に関するテーマであった。なかでも、玄米食や自然食は頻繁に取り上げられた。編集部が取りまとめた「健康になるための玄米食」(一九六四年四月号)や「玄米食は有害か」(一九六六年一月号)では、白米や白パン、白砂糖の摂取を控え、野菜や海藻とともに玄米を重点的に食することでガンその他の病が治癒する事例が紹介されている〔七五頁〕。先の座談会「玄米自然食の体験」(一九六九年一月号)も、文字通り、玄米食の効用を語り合うものであった。

断食療法への言及も多かった。『人生手帖』(一九六六年八月号)には、医学博士・今村基雄による「現代医学と断食療法」が掲載され、「医者や病院で治らぬ病気が断食で治る」ことや、断食療法の進め方が記されていた〔七〇頁〕。一九六六年一一月号では「断食の治病効果」と題した論説が編集部によってまとめられており、「ガンも自然食と断食療法で治療ができるのではないかと推測されます」「肉食、白米食、菓子の多食が原因だと思って、みんな自然食にし、万一病気になったら断食療法で、自分を守りましょう」と書かれていた〔八九頁〕。

自然食にせよ断食療法にせよ、「自らの食をいかに制御すべきか」という関心に根差していた。それはすなわち、食品公害から「わが身を守るためにどうしたらよいか」〔一九六九年五月号、八〇頁〕という問題意識の延長上にあるものであった。『人生手帖』(一九六六年一一月号)に掲載された寺島文夫「「自然食」のやり方」には、「「薬」だと思って玄米食にしてみなさい」という記述とともに、「ソース、マヨネーズ、化学調味料は加工品につき一切使わない」「ハム、ソーセージ等の加工品は用いない(着色剤、防腐剤の害をさけるため)」といった助言が綴られている〔八九-九〇頁〕。食品公害への懸念から、「食」や「健康」への関心が導かれていることがうかがえる。

さらに『人生手帖』は、健康食品や関連調理器具の通信販売も手掛けるようになった。『人生手帖』(一九六九年一月号)には、「文理書院健康食品事業部・早稲田自然食品センターのご案内」と銘打った見開き広告が掲載されている。そこでは、「平和圧力鍋と玄米釜」「万能鍋」「クロレラ錠」などが紹介されており、早稲田自然食品センターが注文を受け付けていた〔一四〇-一四一頁］。早稲田自然食品センターは、文理書院が一九六七年に立ち上げた店販部門である。先の座談会「玄米自然食の体験」が行われたのも、早稲田自然食品センターの一室であった。六九年二月号には、文理書院の社員募集広告が掲載されているが、そこでは、「業務拡張にともな」い、「自然食健康法に興味のある方」が求められている［一三九頁］。健康食品販売に傾斜していることを物語るものである。

健康食品広告ページ（『人生手帖』1969年1月号）

2 教養の後景化と健康雑誌への転換

「家中喜んで読める雑誌」

「健康」関連の記事は、総じて読者に好意的に受け止められていた。『人生手帖』（一九六六年二月号）で紹介された定時制高校生の手紙には、「中でも健康のページは何度も読みました」と記されていた〔健康問題研究係「胃腸病と玄米食」八八頁〕。一九六六年五月号の読者投稿欄でも、「おいしい玄米飯」「結果は良好――玄米食を実行して」など、誌面での助言の通りに玄米食を試みた感想が好意的に記述されていた〔一二四－一二五頁〕。

一九六八年九月の読者アンケートにおいても、「真実の記」（長文の生活記録欄）や各種特集に次いで、「健康の頁」が多く読まれているという結果が出ていた。もっとも、中には「健康記事が多すぎる」という意見もあったが、他方で「健康記事をもっと詳しく多くせよ」という回答も多く見られたという。ちなみに、「哲学講座」は一〇位と低迷し、かつてのような教養志向が読者のなかで薄れていることが、ここからもうかがえる〔「読者の意見と要望」一九六八年一一月号、九六－九七頁〕。

「健康」への比重の高まりは、読者の年齢層の変化にもつながった。『人生手帖』（一九六九年六月号）には「病気を治した食生活改善」という手記が掲載されているが、投稿者は六三歳であった。『人生手帖』（一九六九年一月号）には、「五六歳になる主婦」の投稿が収められていたが、そこでは「健康のページに大いに感じ入りました」「今後とも、ぜひ健康のページはお続け下さいませ」と記されている〔一二九頁〕。かつて人生雑誌はおもに勤労青年が読む雑誌であり、『人生手帖』の表紙には「若き世代の新しき歩みのために」という副題が添えられていた。だが、一九七〇年近くにもなると、中高年層のなかにも、自ら投稿するほど熱心な読者があらわれるようになった。それに合わせるかのように、『人生手帖』表紙の副題も、一九六九年五月号以降、「健康な心と体を作る」「身体とこころを美しくすこやかに！」といったものへと変化した。

ちなみに、「ぜひ健康のページはお続け下さいませ」と綴った先の投書のタイトルは、「家中喜んで読める雑誌」であった。『人生手帖』が「健康」に重きを置くようになったことで、青年層に限らず、「家中喜んで読める雑誌」へと変容していることがうかがえる。

刻苦勉励と「健康」の親和性

もっとも、「健康」という主題は、人生雑誌の従来からのありようを考えれば、実はさほど異質なものでもなかった。前述のように、人生雑誌は刻苦勉励のエートスと分かちがたく結びついていたが、「健康」もまさに刻苦勉励に根ざすものであった。

編集部による論説「断食の治病効果」（『人生手帖』一九六六年一一月号）では、「肉食、白米食、菓子の多食」はガンをはじめとする大病の原因であるとされ、その治癒もしくは症状の緩和のためには、断食療法や自然食が必要であることが強調されていた［八九頁］。美味な食を一切断ち、玄米などの自然食に限定するか、あるいは食事そのものを一定期間、途絶させるほどの禁欲が、そこでは課せられている。

手軽な食のあり方も、つよく戒められた。一九七二年五月号のインタビュー記事「自然食一家訪問記——公害時代を生き抜くために!!」では「外食は体を狂わす」ことが強調されているほか

［一〇二頁］、六七年六月号では、インスタント食品や加工食品を摂取することで、「加工過程で使われた食品添加物、たとえば色素剤、調味剤、防腐剤および漂白剤などが、知らず知らずわれわれの体の中にはいり、体をむしばむ」むことが特筆されていた［八〇頁］。ちなみに、この論説のタイトルは、「あなたは毒を食べている！」という毒々しいものであった。食の「手軽さ」に対するこうした嫌悪感は、ある意味では、従来の人生雑誌における「刻苦」の価値規範とも重なり合っていた。

他方で自然食は、「勉励」を求めるものであった。一九六八年七月号に掲載された一七歳の女性の手記には、「私と姉と弟が、玄米を食べてみたりしているのですが、めんどうくさいことと、なかなかうまく炊けないことで、つづきませんでした」「父が玄米をきらっているため、本格的な玄米自然食にきりかえたいと思っても、できないでいる」と書かれていた［加藤美江子「父も母も姉も私も弟も――一家が病弱、どうしたらよいか」三九頁］。これに対し寺島文夫は、「病気で苦しむよりも、少しめんどうくさいぐらいなんでもないと考えることができませんか」「あなたのお父さんにそういうもの［玄米食で病が治癒した読者の手記集］をよませて納得させ、薬だと思って玄米食をやるようにすすめてみなさい」と応えていた［「あなたは矛盾している」四〇‐四一頁］。「めんどうくささ」を乗り越え、一七歳の若者に父親の説得すら強いるほどに、自然食は「刻苦」と「勉励」を要請するものであった。

こうした姿勢は、病院や薬への距離感を生んでいた。寺島文夫「「自力更生」の法則」（『人生手帖』一九六五年三月号）では、「医者や薬（という外力！）をたよりにせず、断食（古いやり方をやめる）と正しい食事のし方（新しいやり方をやる）で健康になる」ことの必要性が主張されていた［八五頁］。「医者や薬（という外力）」に頼ることは、刻苦勉励を旨とする人生雑誌の言説空間では、安直さを意味するものでしかない。「健康」はあくまで、贅沢な食事に溺れない禁欲と、「医者や薬」に頼らぬ地道な「勉励」の先に、導かれるものであった。

制度知への屈折した憧れ

こうしたことからも推測されるように、『人生手帖』の「健康」言説は、あきらかに現代医学に批判的だった。当時の『人生手帖』で「健康」関連の論説の常連執筆者であった中川雅嗣《まさつぐ》（養生健康学園道場長）も、「「医学の迷信」を裁く事実」（一九六六年五月号）のなかで、以下のように述べている。

現代の医学の「診断」はたしかに進歩しており信頼できますが、治療法として、薬と手術と放射線にだけたよっていて、生きた身体の自然に病気をなおす（自然療能）をかえりみない治療法は、健康保険の点数制度には好都合であっても、病人こそ災難です。［七四頁］

同様の議論は、他の号にも少なからず見られた。『人生手帖』（一九七四年五月号）の「健康相談」欄では、「恐ろしい薬の連続投用」の問題が指摘されている［九八頁］。同号の「医学荒廃の原因と対策」（編集部）でも、「私たちは、医者が病気を治してくれるものと信じているのですが、現代医学は、細菌性の病気の予防と一時的な応急処置の点ではかなり信頼できるが、慢性化し、悪化した病気に対しては、治療の方法がまちがっているために治らないことが多いので、その点にこそ〝現代医学の荒廃〟の原因があるのです」と記されていた［九六頁］。

第2章でもふれたように、『人生手帖』をはじめとした人生雑誌は、総じて、大学における制度的な知への憧憬がつよく、そのゆえに新興宗教などとは距離をとっていた。そのことを考えれば、制度化された現代医学から距離をとることは、いささか異様にも見える。

だが、こうした現代医学批判においても、制度的な知への憧憬は見え隠れしていた。先の中川雅嗣が『人生手帖』に論考を発表する際には、その肩書は「養生健康学園道場長」に加えて「特許・医学、理学博士」と記載されており、医学や理学の制度的な学問経験を積んでいることが示唆されていた。また、玄米食の有用性について多く寄稿した森下敬一にしても、その身分表記は「医学博士・東京都赤十字血液センター技術部長」となっていた。森下の論説「よい血液をつくる玄米」（一九六六年五月号）における以下の記述は、『人生手帖』の「健康」言説が制度的な知に則ることへの安心感を、読者にもたらしたはずである。

私は十数年間、大学の研究室で、血液の研究をつづけてきた。その間、研究を手伝ってくれた研究員やドクターたちに対して、ただ一つだけ注文をつけた。それは、「玄米食をするように……」ということであった。玄米食でない人には、安心して私の研究を分担してもらう気がしなかったからである。実際、白米・肉・砂糖を好み、腹が出張っているような人の実験にはミス（まちがい）が多く、また玄米をよく嚙んで食べる人たちの仕事には信頼がおけた。それゆえ、私たちの新しい血液理論（千島・森下学説）は玄米食の産物であるといえよう。〔七五頁〕

さらに言えば、これらの「健康」言説は、支配的な制度知を批判しながら、それとは別の新たな学知を提示しようとするものでもあった。その姿勢は、知識人批判を内包しながら知への憧憬を語った人生雑誌の反知性主義的知性主義とも、どことなく通じるものがある。この論説に付された編集部の注記でも、「いままでの、骨髄造血説をくつがえす革命的な理論」「学界では少数意見だが、合理的なこの学説」と書かれている〔七六頁〕。既存の学問世界では「少数意見」のような存在でしかなくとも、別の新たな知を模索しようとする志向が、そこに見え隠れしている。そして、繰り返しになるが、こうした心性も、制度的な知への憧憬に根ざしたものであった。

左派と有機農法

『人生手帖』が「健康」「自然食」に行き着くプロセスは、新左翼学生運動の関係者たちが有機農法に接近する過程にも重なっていた。

「農薬公害の追放と安全な農産物の安定供給」をめざして、一九七五年に「大地を守る会」（現・株式会社大地を守る会）が設立されたが、その創設メンバーは、藤本敏夫や加藤保明、藤田和芳ら、一九六〇年代末の学生運動の経験者たちであった。六三年に同志社大学に入学した藤本は、六八年に反帝全学連委員長となり、全国の大学闘争を指導した。歌手の加藤登紀子と獄中結婚したことでも知られる。加藤保明は法政大学入学後、ベ平連（ベトナムに平和を！市民連合）などで活動し、藤田も上智大学闘争に深く関わっていた。彼らが有機農産物を売り始めると、「かつての活動家がゲバ棒の代わりにダイコンを手にしている」と揶揄されたが、彼らがこうした活動にのめり込んでいく背景には、公害を生み出すような戦後社会への疑念があった。[2] それは、大学闘争のなかで「戦後体制」「戦後民主主義」を執拗に問うた彼らの問題関心の延長上にあるものだった。藤田和芳（一九八二年より同会会長や社長を歴任）は、その経緯について、以下のように述べている。

一九六〇年代から七〇年代にかけて日本は高度経済成長の時代がつづいた。労働力としての若者が、農村漁村から都市へと大量に移動し、都市は肥大化していった。日本農業は、食料増産を目標に農薬と化学肥料を使い、少ない労働力でも効率よく生産できる「近代的な農業」に転換していった。しかし、経済が急激に成長していく裏では多くの問題が生じていた。

水俣病、カネミ油症、光化学スモッグ、農薬公害、食品公害などが起こっていた。

ひるがえってみれば、日本における学生運動の爆発は、日本経済の拡大志向、高度経済成長が引き起こす矛盾、歪みへの潜在的な反発であったという見方もできる。大量生産、大量消費という消費文明が謳歌される時代のなかで、学生たちは、若者特有の直観力でそのマイナス面に対する反省や批判を内在化させていた。[3]

社会は人間不信・人間疎外が広がり、弱肉強食の法則が支配することになってしまった。それは欲望の社会であり、自然破壊や環境破壊を起こしてしまう社会へとつながる。大地を守る会という組織をつくってみて、私たちは改めて生命の価値ということに気づいた。農業に触れることは生命過程に触れることでもあった。[4]

ここにうかがえるのは、左派的な問題意識が、公害への反感、ひいては戦後社会や消費文明への批判に通じ、その延長上に、農薬や化学肥料を用いない有機農業への関心が導かれていたことである。「大地を守る会」には、左翼学生運動と「自然」「環境」「有機農業」の連続性が明らかに浮かび上がっていた。

これは、『人生手帖』が公害批判から自然食への関心に移行したことと重なるものである。さらに言えば、『人生手帖』の「健康」「自然食」へのこだわりも、戦後社会のあり方そのものを問うことにつながっていた。『人生手帖』（一九六四年八月号）には、編集部による論説「健康な人生」が掲載されているが、そこでは「われわれ国民の健康よりも、経営、金もうけの方が優先するいまの社会のあり方」が批判されていた［九〇頁］。一九七四年一一月号の桜木健古「自然食運動は「世直し」運動」でも、「自然食運動は、ハッキリ言って〝反体制〟の運動である。反資本主義と言ってもよい」「〝反体制〟という言葉が左翼的でよろしくない、というのなら、〝世直し〟運動であると言ってもよい。世の中全般を直さなくてはならないのであり、その一環として、あるいは出発点として、自然食運動がありうるのである。その世直しの究極は、政治・経済体制そのものにメスを入れることでなくてはなるまい」と綴られている［八九－九〇頁］。その点でも『人生手帖』は、公害のみならず「日本経済の拡大志向、高度経済成長が引き起こす矛盾、歪み」を問おうとした「大地を守る会」に通じるものがあった。

左派色を帯びていた人生雑誌が、一九六〇年代後半以降になって「健康」「自然食」にのめり込んでいくのは、決して不思議なことではない。同様のことは、六〇年代末の学生運動のその後の姿にも、少なからず見られた。人生雑誌の「健康」志向は、左派的な思潮や運動が、消費文明批判や環境、有機農業に関心を向けていく流れと、同一平面上にあったのである。

健康雑誌への転換

こうしたなか、『人生手帖』編集部（緑の会本部事務局）は、全国の緑の会会員にむけて、ひとつの提案を行った。それは、「緑のちかい」に玄米自然食に関する一項目を追加することである。「緑のちかい」とは、緑の会創設時に設けられた会員の行動規範である。これは、「人間としての道理に合うことか合わないことかを考え方と生き方の基本にしよう」「うぬぼれてえらそうなことを言ったり、ひがんで無口にならず、素直な自信をもって生きよう」「ひとりで悩んだり苦しんだりしないで、みんなと話し合い、考え合ってよりよく生きる道をみつけよう」など五項目から成っていた。これに対し、『人生手帖』（一九七二年八月号）では「仲間への提案」として、「危険な食品公害・医薬品公害から生命と健康を守るために、玄米自然食を実行しよう！」という項目の追加が提起された［緑の会本部事務局「ひとつの重要な提案」一六七頁］。

それまでであれば、玄米食・自然食は、「健康」に資するものとして、読者に推奨されるに留まっていた。だが、ここでは緑の会会員をはじめとする読者たちの行動規範として、「玄米自然食の実行」が掲げられている。この提案文書のなかでも、

緑のちかい

一、人間としての道理に合うことか合わないことかを考え方と生き方の基本にしよう。

二、正しいことも、実行しなければ意味がないのだから、言行一致＝理論と実践の統一を生活の信条にしよう。

三、うぬぼれてえらそうなことを言ったり、ひがんで無口にならず、素直な自信をもって生きよう。

四、ひとりで悩んだり苦しんだりしないで、みんなと話し合い、考え合ってよりよく生きる道をみつけよう。

五、働くことにほこりをもち、働きがいのある社会をつくるために、みんなで、協力してゆこう。

「緑のちかい」（『人生手帖』1966年3月号）

「健康と生命を守る運動をすすめるためには、まず自分から玄米自然食を実践し、そういう作物をつくる農業を発展させること、それをさまたげるような政治・経済のまちがったあり方を正すという、大きな問題についても取り組まざるをえなくなる」「私たちが玄米自然食を実行することは、きわめて個人的なことでありながら、現代においては、大きな社会的、政治的、経済的、思想的意義のあることを、緑の会のみなさんに知っていただきたい」と書かれている［一六七－一六八頁］。「玄米自然食の実行」が読者の行動原理として位置づけられていることがうかがえる。

だが、この提起が実現することはなかった。各支部や緑の会員から出された意見のなかには、賛成の声も多かったが、反対論も決して少なくなかった。反対論の骨子は、「趣旨には賛成だが、そうすると玄米自然食をやらない人は会員になれない、会員の資格がないということになるから、それではかえって会の発展に役立たないのではないか」というものであった。[5]

緑の会を主宰しているのは寺島文夫なので、自身の判断で、「緑のちかい」への項目追加を決定することも不可能ではなかっただろう。だが、寺島はそれを強行することはせず、「いろいろな事情で「玄米食を」実行できない人は、小麦胚芽、玄米胚芽などを用いることで、最少限度の健康を防衛するだけの賢さをもつことを希望し、〝緑のちかい〟は従来の通りとします」という判断を下した。[6]

とはいえ、寺島には「健康」というテーマにいっそう注力したいという思いが強かったのだろう。『人生手帖』はついに、一九七四年一二月号より『健康ファミリー』へと誌名が変更され、健康専門誌へと転じることとなった。その意図は、「日本の全家庭に、すべての人に〝健康な人生〟を実現するために、いままでの『人生手帖』の果たしてきた役割を一層充実する」というものであった。[7]

こうした方針に対して、好意的な反応は少なくなかった。「健康ファミリーになること大賛成。今までの人生手帖は中途半端だから、このような社会にあってぜひ発展してほしい」という読者の声も多く見られたという。『人生手帖』としては最終号にあたる一九七四年一一月号の「編集後記」には、「約七十％の読者が、『健康ファミリー』になっても継続して読む」と回答していたことが記されている〔一四四頁〕。

だが、反対意見もなかったわけではない。「人生手帖や緑の会の歴史的な評価が大きいのだから、ぜひ続けてほしい」「私は人生手帖で成長したようなもの、残念だ」という意見も寄せられ

『人生手帖』1974年10月号

『健康ファミリー』創刊号
（1974年12月）

た〔同、一四四頁〕。誌名変更を明らかにする前にも、一部の読者から「もっと本来の人生手帖らしい若者の記事を多くせよという批判」もあったという〔一九七四年一〇月号、四〇頁〕。だが、それでも編集部は、人生雑誌から健康雑誌へと舵を切ることに踏み切った。

緑の会本部の解散

これに伴い、緑の会本部事務局の業務も、停止されることになった。本部事務局は『人生手帖』編集部に併設されており[8]、各支部の情報管理や入会希望者への支部紹介、各支部（サークル）への講師派遣、全国レベルのイベントの主催・共催などを行っていた。各支部そのものは、独立したサークルとして運営されていたが、あくまで『人生手帖』の読者会であっただけに、その拠り所となる存在が、雑誌本体と緑の会本部であった。その本部事務局が突然、業務停止を決定したことに対する全国一六七支部（当時）の会員の驚きは、想像に難くない。

だが、本部事務局はその解散を、緑の会全体にとっても望ましいものとして、位置づけようとしていた。このことを告知した緑の会本部事務局「緑の会の今後の発展のために」（『人生手帖』一九七四年一一月号）には、「たしかに緑の会の活動機能に少なからぬ影響と心理的な衝撃はありますが、それは緑の会の存続を否定するほどのものではありません。いや、そうあってはならないのです。今まで以上に、自主的な判断と民主的な運営を実践することによってのみ、緑の会の発展はあるのです」と書かれている〔一二九頁〕。本部の関与がなくなることで、各サークルの

「自主的な判断と民主的な運営」がよりいっそう可能になることが強調されていた。

だがそれは、『人生手帖』や本部がこれまで行ってきた支部への関与を、自ら否定するものでもあった。同じ文章のなかでは、「緑の会の発足の経過から、文理書院内に本部事務局をもうけてきたわけですが、二十四年の長きにわたって、一企業にその任務をゆだねてきたこと自体、問題があったのではないかと思うのです」と記されている〔一二九頁〕。前にも述べたように、『人生手帖』と緑の会本部は、各サークルに雑誌の熟読を繰り返し訴え、また、政治主義から一定の距離をとるよう、つよく求めてきた。一九五〇年代から六〇年代にかけて頻繁に見られたこうした関与そのものが、ここでは否認されていた。

前言撤回にも見える議論は、これにとどまらなかった。同じ告知文のなかでは、地域横断的なサークル間ネットワークの構築を推奨すべく、「個々のサークルが、自らのサークルの発展のために、経験を交流し合う地域・都道府県単位の連絡協議会をつくり、それを地方単位連協・全国連協に発展させ」ることの必要性が説かれている。だが、かつてであれば、こうしたネットワーク形成こそ、『人生手帖』が否定していたものであった。一九六六年六月号に掲載された「緑の会員としての自覚を高めるために」（緑の会本部事務局）は、「支部と支部のつきあいはほどほどにすること」という注意を喚起しながら、次のように記している。

「会の発展のため」という大義名分をかかげて、県内のあちこちの支部との交流をひんぱんにやっていることが問題であることがわかりました。春は花見、夏は海だキャンプだ、秋は紅葉、冬はスキーと、近隣の支部とよび合ってはしきりに交流しているので、顔なじみになった古い会員は面白いかもしれないが、人生手帖をよんで、緑の会のあり方に期待して入ってきた新しい会員は、費用と時間ばかりかかって、さっぱり親しみもわかず、話し合いもない会のあり方に失望してこなくなるのです。〔一三二頁〕

一九六八年七月号の「人生手帖読者のつどい・緑の会のサークル活動欄」でも、山形県・米沢緑の会の会員が、「考えなければならないのは、県外のサークルとの交流です。この場合、出席できない会員もいるし、お金もかかります。やはり、地域のサークルとの交流を中心にすべきではないでしょうか」と訴えていた〔一三六頁〕。過重な費用や時間、労力を要する広域のサークル間交流が、地域読者会内部の深い交流を妨げてしまう。こうした問題が、かつてであれば重視されていた。

さらに言えば、個々の読者会が政治主義に染まることへの懸念もあっただろう。緑の会本部は「声明書　緑の旗を守り前進しよう」(『人生手帖』一九六四年一二月号)のなかで、「「緑の会全国協議会」と称している一部少数分子」が個々の緑の会支部を「乗っ取ろうと策動」し、「どの党派かの系列に加えよう」としていることに、つよい懸念を示していた〔一三〇頁〕。

こうした点からも、従来の『人生手帖』は、読者会が広い地域にわたって形成されることに否定的だった。誌名変更や本部解散のタイミングで「地域・都道府県単位の連絡協議会」の結成を推奨するようになったことは、従来の方針からの逸脱にほかならなかった。逆に言えば、それほどまでに緑の会や『人生手帖』のしがらみを振り切って、「健康」にシフトしようとしていたのである。

「人生雑誌の時代」の終焉

かくして『人生手帖』は終刊し、読者会の全国組織も解散するに至った。寺島文夫は一九七二年に『自然食のすすめ』(実業之日本社)を著しているが、そのなかで次のように記している。

> 私はもともと、精神的、哲学的な意味の〝人生いかに生きるべきか〟を長いあいだ考え、書くことを仕事にしてきた人間ですが、いまの私は、そういうことも、〝なにを食べるべきか〟ということから考えないとほんとうのものにならぬと考えるようになりました。〔四頁〕

「生き方」から「食」「健康」への関心の移行は、ひとり寺島自身の問題ではなく、「人生雑誌の時代」の終焉をも意味するものであった。かつてであれば、人生雑誌は「生き方」「読書」「社会批判」を追究し、実利を超越した教養主義の色彩を色濃くまとっていた。しかし、一九七〇年代も半ばになると、「健康」という実利を追求する雑誌へと転じていった。

それは、形而上的なものから形而下のものへと、関心が変化していることを映し出す。『人生手帖』の最終号（一九七四年一一月号）の編集後記には、以下の一節がある。

今まで『人生手帖』でつらぬいてきた精神を失わずに、社会が悪ければ個人としてなおさらしっかりしなければ、という考えで、読者の皆さまと一緒になって歩んでまいりたいと思います。［一四四頁］

かつてのように「悪い社会」に挑み、社会改良を目指すのではなく、「個人として」何らかの防御をはかろうとしていることがうかがえる。『人生手帖』が『健康ファミリー』へと転じていくプロセスは、関心の対象が公的・形而上的なものから、私的で実利的なものへと変質したことを示していた。

むろん、末期の『人生手帖』でも食品公害批判といった社会問題について、少なからず論じられはしたが、自然食の体験記や健康食品の紹介に見られるように、私的な実利の問題として「健康」が扱われることが圧倒的に多かった。「実利を超越した真実・生き方の模索」という大衆教養主義はここに潰え、人生雑誌というメディアは、その幕を閉じることとなった。

かつて勤労青年たちは、雑誌を通じて、見えない読者たちと同じ苦悩を語り合い、共有することができた。それは、彼らの孤独感や疎外感を和らげるものであった。その「想像の読者共同体」は同時に、彼らの「教養」を語り合い、競い合う場でもあった。人生雑誌を手にとり、寄稿することは、実利のための勉学に齷齪《あくせく》する「進学組」とは異なり、「真実の知」を希求していることを自らに証し立てた。人生雑誌の終焉は、「想像の読者共同体」を介して「教養」を語り合う勤労青年たちの文化の途絶を、如実に示していた。

とはいえ、人生雑誌が、その後の時代に何らかの影響や痕跡を残さなかったわけではない。この点について、最後に見ておくことにしたい。

3　人生雑誌の余燼

『ＰＨＰ』の隆盛と大衆教養主義の後景化

「生き方」を扱う雑誌は、その後も見られなかったわけではない。『ＰＨＰ』（一九四七年創刊）はその代表的なものであろう。同誌の書店販売は一九六五年に始まるが、もともと松下電器を母体とするＰＨＰ研究所が発行していることもあり、従来から企業直販も行われてきた。それもあって、六六年一月には一〇万部、六八年末には一〇〇万部を突破し、今日も刊行され続けている。

だが、本書で取り上げた人生雑誌とは、かなり異質なものである。たとえば、同誌一九六九年九月号には「特集　こんなはずでは」「特集　心をひらく言葉」などが収められているが、形而上的な「人生」「真実」を模索するというより、円滑な人間関係を築くための処世訓が中心であり、文学や哲学への言及は見られない。

ちなみに、このころの同誌の副題は「あなたの未来をひらく繁栄誌」である。「未来」の「繁栄」を志向する『ＰＨＰ』と、実利を超越した「真理」「生き方」を模索する『葦』『人生手帖』との相違は明らかであろう。

『PHP』1969年9月号

このことは、かつての人生雑誌の読者も感じ取っていた。『人生手帖』（一九七〇年一〇月号）の座談会「仕事とサークルと生きがい」では、編集部が「最近、『ＰＨＰ』という松下幸之助氏が出している雑誌が、静かなブームをよんでいます。これでもよく〝生きがい〟についていっていますが、これが私たちの生きがいとしてピンとくるものかどうかお聞きしたい」と質問を投げかけている。

見るからに、『ＰＨＰ』の「生きがい」が「ピンとこない」という回答を誘うかのような問いではあるが、座談会に参加していた上野・文京緑の会の会員たちも、「『ＰＨＰ』というのは、一口にいえば、給料を三万しかもらっていなくても、その中で満足してやっていけ、その中で「生きがい」を見出せ、という感じなんだ」「やはり、自分と同じ境遇にいて、みんなが平等で人間らしい生活をしたいという僕たちの気持とは、はっきりちがう」「松下〔幸之助〕さんは、今の政治に対して素直であれ、と要求している。僕たちは、働くものの立場でものを考えていかねばならない」と口々に違和感を語っていた〔一九頁〕。人生雑誌において教養の規範が薄れつつあったとはいえ、その読者たちにとって、『PHP』の「生きがい」は、彼らの「社会批判」や「生き方」への関心とは相容れないものであった。

往時の人生雑誌の担い手たち

だが、高度成長も終焉した一九七〇年代半ば以降に、かつての人生雑誌の余燼《よじん》のようなものが見られなかったわけではない。

『葦』を立ち上げた山本茂實は、同誌廃刊後は作家として活動し、『松本連隊の最後』(一九六六年)や『喜作新道』(一九七一年)などの作品を著した。なかでも広く知られているのは、『あゝ野麦峠』(一九六八年)であろう。山本はこの作品のなかで、富国強兵を支えた明治期の製糸業において、女工たちがいかに苛酷な労働や暴力にさらされていたのかを、克明に描き出した。生糸の輸出によって獲得された外貨は、明治政府が軍艦や兵器を購入し、ひいては対外的な拡張政策を推し進めることを可能にしたが、そのことは、女工たちへの搾取や暴力を正当化した。こうした末端労働者の苦悶や背後にある社会的な歪《ひず》みへの関心は、『葦』にも通じるものであった。

朝日新聞社から出されたこの著作は、刊行後三年あまりで三五回も重版されるほどのベストセラーとなった。[10] 一九七九年には山本薩夫監督によって映画化され、日本アカデミー賞優秀作品賞・監督賞・脚本賞などを受賞したほか、年間配給収入も日本映画第二位の大ヒットとなった。

早乙女勝元の著作・活動の影響力も、社会的に大きなものがあった。先にも述べたように、早乙女勝元は『葦』編集部を辞めたのち、いくつかの工場勤務を経て、作家活動に専念した。すでに『下街の故郷』（一九五二年）や『ハモニカ工場』（一九五六年）などの作品で知られていたが、一九七〇年代以降の活動として重要なのは、「東京空襲を記録する会」など空襲記録運動の推進である。

東京空襲をはじめとする各地の空襲の記録は、それまでほとんど整理されていなかったが、早乙女は作家・有馬《ありま》頼義《よりちか》や評論家・松浦総三《まつうらそうぞう》らとともに、「東京空襲を記録する会」を一九七〇年

山本茂実『あゝ野麦峠』朝日新聞社、1968年

映画『あゝ野麦峠』ポスター（1979年）

早乙女勝元『東京大空襲』（岩波新書、1971年）

『東京大空襲・戦災誌』全5巻（東京空襲を記録する会、1973–1974年）

に創設し、戦災記録の収集に努めた。その成果は、膨大な数の手記類を収めた『東京大空襲・戦災誌』（全五巻、東京空襲を記録する会、一九七三－一九七四年）に結晶した。その分量は、計五〇〇〇ページ以上にものぼる。早乙女自身も、自らの体験をふまえながら、『東京大空襲』（岩波新書、一九七一年）や『東京が燃えた日』（岩波ジュニア新書、一九七九年）を著した。こうした活動は、「空襲・戦災を記録する会全国連絡会議」の発足を促し、一九八〇年から八一年にかけて、北海道から沖縄までの空襲記録を収めた『日本の空襲』（全一〇巻、三省堂）が刊行された。二〇〇二年には東京大空襲・戦災資料センターが創設され、早乙女はその館長に就いている。

言うなれば、空襲記録を収集し保存する戦後の活動の多くは、人生雑誌が生み出した作家によって担われていた。そもそも、東京空襲で被害が最も大きかったのは、木造家屋や零細工場が密集する旧本所区、深川区、城東区、浅草区の一帯であり、被害は明らかに、そこに暮らす下層の人々に集中していた。その意味で、空襲体験を問うことは、人生雑誌を手に取るような経済的に恵まれない階層の戦争体験を問うことでもあった。初期の人生雑誌の編集者であった早乙女が空襲記録運動を牽引したことは、その意味でも、必然的なものであった。

出版界と人生雑誌の残影

人生雑誌の元編集者たちは、その後の出版界にも一定の影響をもたらしていた。先にふれたように、『葦』編集部で営業を担った小澤和一は、一九五五年に青春出版社を創業した。当初は教養叢書や実用書が中心だったが、今日の一定以上の年代の読者には、「シケ単」と通称された森一郎『試験にでる英単語』（一九六七年）の印象がつよいだろう。「実利のための勉強」の典型とでも言うべき書籍ではあるが、その序文には、「テレビのコマーシャルで見るように、夏の海辺でガール・フレンドとたわむれるのも青春の一こまであろうが、ひとり部屋に閉じこもって黙々と勉学するのもまた尊い青春の姿である。諸君のこれからの長い人生にとって、どちらが真の意味においてカッコいい青春であるのか？」という記述がある。[11] 消費文化から距離を置いた「刻苦勉励」や「尊い青春の姿」は、往年の『葦』を彷彿とさせる。

　だが、人生雑誌のその後を考えるうえで重要なのは、青春出版社が一九八〇年に創刊した雑誌『BIG tomorrow』であろう。「人間情報誌」を謳ったこの雑誌は、小澤和一の肝煎りで立ち上げられた。昨今では「出世」「金儲け」といった実利的な主題が前面に掲げられ、一見したところ、人生雑誌とはまるで異質なものにしか見えない。しかし、創刊当初には、「この処世術を心得なければばきみはとり残される」「株式投資　こんな面白いゲームを知ったらもう眠れない」といったテーマに加えて、「間違っていないか、あなたの生き方。自分が大事か国家が大事か」（一九八一年四月号）や扇谷正造「本との出会いには至福の人生が待っている」（一九八二年一二月号）など、いくらか内省的なエッセイも見られないではなかった。かろうじて残っていた人生雑誌の余燼とでも言うべきものであろう。もっとも、ほどなく、こうした文章は見られなくなったが、それは、すでに形而上的な内省や社会批判を受け入れる読者層が縮小し、人生雑誌が成り立たなくなったがゆえの帰結でもあった。

大和《おおわ》岩雄が創業した大和書房にも、『葦』『人生手帖』『青春の手帖』の残像が見え隠れしていた。大和書房は、西村洋子『女性のための新しいマナー』（一九七八年）や池上和明『こんな上手い逆発想法』（一九七九年）といった実用書を多く刊行するかたわら、『亀井勝一郎人生論集』（全八巻、別巻二、一九六五－六七年）、『志賀直哉対話集』（一九六九年）など、哲学・文学方面の年長知識人の著作も多く手がけた。一九七〇年代末以降になると、吉本隆明の著作も刊行されるようになる。一九七八年の『戦後詩史論』に続き、八五年には評論集『重層的な非決定へ』が出され、さらに翌年から八八年にかけて『吉本隆明全集撰』（全七巻、別巻一）が発刊された。思想・文学といった知的なものへの関心は、『葦』や『人生手帖』から持続するものであった。

だが、人生雑誌のメディア史を考えるうえでより重要なのは、心理学者・加藤諦三《かとうたいぞう》による一連の「人生論」の刊行であろう。当時、東京大学の大学院生であった加藤の持ち込み原稿を書籍化した『俺には俺の生き方がある』（一九六五年）はベストセラーとなり、以後、一九六九年までに『生きる』『もういちど生きなおそう』など七点が大和書房から刊行された。七五年には「加藤諦三文庫」を立ち上げ、八一年までに二六点が出された。加藤の著作群は、亀井勝一郎にならぶロングセラーの代表的なシリーズとなった。

そこには、「生き方」「教養」というテーマを捨て去ろうとはしない大和書房の姿が浮かび上がる。人生雑誌の痕跡は、七〇年代や八〇年代になっても、大和書房の出版活動のなかにうかがうことができた。

とはいえ、それが書籍というメディアでのみ成立していた点も見落とすべきではない。雑誌メディアは「想像の読者共同体」の成立を可能にし、また、そこでの「査読」は、読者にある種の優越感をもたらした。それに対し、書籍メディアは基本的に、著者から読者への一方向のコミュニケーションを可能にするものでしかない。しかも、雑誌のように定期的に刊行されるわけでもない。そこでは、読者たちの「想像の共同体」は成立せず、見知らぬ読者どうしが誌面を通じて交流することは、求められていなかった。「人生論」を扱う点では往時の人生雑誌との連続性を見ることもできるが、「想像の読者共同体」や「査読」が成立しないことを考えれば、「人生」を語る磁場がかつてと決定的に異なることは、明らかであった。

戦後後期に滲む「知への憧れ」

人生雑誌が「知的なもの」を希求していたことの後年への余波も、見落とすべきではない。早乙女勝元の空襲記録運動や大和書房による吉本隆明の著作刊行にも、それを見て取ることができるが、それればかりではない。大和書房の経営のかたわら、古代史研究の著作を量産した大和岩雄の仕事も、同じ系譜のなかに位置づけることができる。

若い頃から古代史に深い関心を有していた大和は、一九七四年に季刊誌『東アジアの古代文化』を自社より創刊する。折しも、市民レベルでの古代史ブームが盛り上がりを見せるなか、江上波夫や谷川健一、森浩一ら、錚々たる研究者の対談・論考を収めた創刊号は、初版一万部を刷っても増刷するほどの売れ行きを見せた[12]。これを機に、大和書房は「日本古代文化叢書」の刊行を始めたが、大和岩雄自身も古代史研究の著書を数多く発表していくようになる。一九七四年の『日本古代試論』（大和書房）を皮切りに、『古事記成立考』（大和書房、一九七五年）、『神社と古代王権祭祀』（白水社、一九八九年）、『鬼と天皇』（白水社、一九九二年）など、主たる単著だけでも二五点を超える。『新版 古事記成立考』（大和書房、二〇〇九年）に至っては六〇〇ページを上回る大著である。

これらの古代史研究には、人生雑誌に通じる問題意識が見え隠れしていた。大和は『古事記成立考』（一九七五年）のなかで、記紀の訓注表記や古代文献での言及を跡付けながら、「『日本書

大和岩雄『古事記成立考』（大和書房、1975年）

紀』と同じように『古事記』を勅撰書とみる従来の通説」に疑問を呈している。大和によれば、現存する『古事記』は平安初期までのあいだに「勅撰書らしく「邦家の経緯、王化の鴻基」風に作り変えられ」たが、それによって「民衆が伝えた「数限りない古事記」」が存在していた事実が掻き消されてしまった［三八三－三八四頁］。こうした研究関心には、支配的なエリート層によって知や文化が収奪されることへの嫌悪を見て取ることもできよう。

ちなみに、同書の結論部において、大和は「細部においては素人の論証であるから、学者からの批判を受けねばならないことは多々あろう。しかし、ささいな一面をあげて現存『古事記』は和銅五年に成立したと反論されてはかなわない。私説全体の論旨の反論でなくては困るし、まして素人の意見として黙殺されてはなお更困る」と記している［三八〇頁］。知識人への反感と知（および知識人）への憧憬が絡み合いながら議論を紡ぎ出そうとする反知性主義的知性主義を、ここにもうかがうことができる。

研究者としての学歴・経歴がないにもかかわらず古代史研究を量産した作家としては、松本清張が思い起こされよう。松本清張は『点と線』『ゼロの焦点』などの社会派推理小説や『日本の黒い霧』『昭和史発掘』など近現代史ノンフィクションを多く手がける一方、『古代史疑』（一九六八年、中央公論社）や『遊古疑考』（一九七三年、新潮社）、『私説古風土記』（一九七七年、平凡社）といった古代史方面の著作も少なくなかった。

清張は、大和の研究にも関心を抱いていた。大和は『古事記成立考』（一九七五年）刊行後、清張に献本していたが、それを読んだ清張は、「更に研究・勉強をして、「続古事記成立考」を出すべきだ」「自社で出すと自費出版になってしまうから、私が有力出版社を紹介する」と語っていたという。[13]これを機に、大和は清張と交流を重ねたが、そこには、清張の生い立ちへの共感も色濃く見られた。

一九〇九年生まれの清張は、小学校時代には中等学校進学への希望を抱いていたが、家計困難のため、その望みは叶えられなかった。それに対する清張の鬱屈は大きかった。清張は『半生の記』（一九六六年）のなかで、中学に通う小学校時代の同級生を目にすると、隠れるように身をひそめた経験を綴っている。一方で、早稲田大学から出されている講義録を取り寄せたり、夜間の英語学校に通うなど、勉学への憧れもつよかったが、電機会社の給仕の仕事に追われるなかで、それらを持続させることは困難であった。結果的に、読書だけが知的な欲求を満たしてくれる拠り所となった。[14]

松本清張はのちに、朝日新聞社西部本社で広告図案作成の仕事に携わるが、その頃のことを回顧して、「彼ら〔おもに大学卒の幹部社員〕の優越意識には鼻持ちならぬものがあった」「どんなに有能でも、〔たとえ清張より学歴が高くとも〕中学卒の現地採用者である限り、社内で望みを達することが不可能」と書き記している。[15]上級学校への憧れがつよかっただけに、清張は、高学歴者による蔑視や差別を敏感に感じとっていた。

同様の過去を持つ大和は、学歴や知識人への屈折した思いを抱えつつ、在野の研究者として古代史学に精力的に取り組む松本の姿勢に、深い共感を抱いた。大和はそのことを、のちに次のように綴っている。

松本さんは「中学校に入った小学校の同級生と、道で合うのが一番つらくかなしかった」と「半生の記」で書いている。向学心がありながら、ただ家が貧しいために小学校の高等科に残り、就職しなければならない境遇が、子供心につらく、かなしかったのである。私も松本さんと同じに中学校に行けず、名古屋の三菱重工業発動機製作所の旋盤工に、十五歳でなる予定であった。しかし小学校高等科の担任の教師から、授業料がいらず、国から給費まで出る師範学校を受けたらどうだと、とすすめられ、長野師範学校を受験し、師範学校の予科（本科は中学五年卒で入る）に入学したから、私は松本さんと違って、いささかの学歴はあるが、専門の研究者・学者でない私の日本古代史・考古学・上代文学などに関する著書に、松本さんは関心をもってくださった。

松本さんは、大学教授という肩書に畏敬の目と反発の心をもっていた。そのことは、私に語った話題からもいえるし、在野の考古学者の森本六爾を主人公にした初期の小説からもうかがえる。森本六爾の縄文農耕論は今では通説化しているが、松本さんが私の古事記研究を応援してくださり、有力出版社からの出版の労をとるとおっしゃったのも、私が専門の学者でなかったからである。

大和が松本清張に見ていたのは、明らかに「就職組的発想」であった。大和自身がかつて抱いた「ただ家が貧しいからというそれだけの理由で分けられ、差別されたくやしい思い」を、「大学教授という肩書に畏敬の目と反発の心」を持ちながら在野で研究を進める清張の姿に見出していたのである。

その思いは、大和が古代研究に取り組む根底にあるものでもあった。大和は先に引用した文章を、『新版 古事記成立考』(二〇〇九年)の「はじめに」のなかで記している[二頁]。「あとがき」の日付として「八一歳の誕生日」が記載されているこの著書は、三四年前の『古事記成立考』に寄せられた批判への反批判も多く収めている。それを考えれば、大和の古代史研究のひとつの集大成とも言えるだろうが、その序文に先の文章が収められていることは、大和自身が「就職組的発想」を内面に抱きながら、古代史研究に向き合ってきたことを暗示する。

それは言うまでもなく、かつて大和を人生雑誌の編集へと駆り立ててきたものでもあった。その情念は、人生雑誌が潰えた時代になっても、学問的な知の模索へと大和を突き動かした。これらはいずれも、「大学教授という肩書に畏敬の目と反発の心」があったがゆえに生み出された営みであった。

人生雑誌は一九六〇年代半ばには衰退の兆しを見せ、七〇年代前半に終わりを迎えた。それは、反知性主義的知性主義に裏打ちされた大衆教養主義の終焉であり、「想像の読者共同体」の消失をも意味していた。だが、人生雑誌史の残像は、その後もさまざまな場で見え隠れしていた。製糸女工の労働史や空襲記録の掘り起こしを通じた社会批判、中堅出版社における教養書・啓蒙書刊行、さらには在野の古代史研究は、大衆教養主義の余燼に、少なからず突き動かされてきた。それは、人生雑誌の存在すら忘れられた戦後後期の時代に対する「就職組的発想」のかすかな抗いであったのかもしれない。

終章

人生雑誌に映る戦後——エリート教養文化への憧憬と憎悪

これまで見てきた人生雑誌の戦後史は、大衆教養主義の盛衰を物語るものであった。そこには、学歴エリートたちの教養文化との複雑な関係性が浮かび上がる。両者の間には、調和ばかりではなく、さまざまな捻《ね》じれも見られた。終章では、大衆教養主義とエリート教養文化との異同を整理しつつ、人生雑誌の盛衰をめぐる社会的な力学を捉え返してみたい。

1　大衆教養主義の磁場

「就職組」と教養メディア

人生雑誌に色濃く見られたのは、教養主義的な価値規範であった。「読書を通じた人格陶冶」という教養主義の規範は、かつて旧制高校・大学キャンパスに広く行きわたっていたが、それは、必ずしも学歴エリート層に限るものではなく、庶民レベルでも少なからず見られた。生活記録や思索・哲学的な論説を読むことを通して、「ほんとうの生き方」「真実」を内省的に模索しようとする態度は、思想書・哲学書・文学書を味読することで人格を高めようとする大学キャンパスの教養文化と明らかな親和性があった。

むろん、そこで読まれるものには相違があった。旧制高校生・大学生たちは、カントやヘーゲル、西田幾多郎など、古今東西の古典を手にとり、ときには原書でそれに向き合ったわけだが、多くが勤労青年であった人生雑誌の読者たちにとって、こうした読書は容易ではなかった。

とはいえ、彼らは古典的な思想書・歴史書と無縁なわけでもなかった。人生雑誌には、柳田謙十郎や真下信一、小田切秀雄らによる哲学・文学の論説が、毎号のように掲載されていた。のみならず、哲学・文学の古典やその解説本が、読書案内欄で紹介されることも珍しくなかった。

マルクス主義への関心や社会改良への志向も、両者に重なるものであった。昭和初期の旧制高校生・大学生のあいだでは、マルクス主義や社会民主主義の文献を読み解きながら、人格陶冶の規範と社会改良志向を結びつける動きが見られた。それは戦後も、大学生の反戦運動や六〇年安保闘争へのコミットメントという形で持続した。人生雑誌もその点で重なるところが少なくなかった。マルクス主義に関する読書案内や論説がしばしば掲載された一方、読者たちの職場生活に根ざした労働の問題はむろんのこと、戦争批判や沖縄土地闘争も多く扱われた。

「進学組」への憧憬と反感

その意味で、内省と読書、社会批判が混然と一体化した人生雑誌の大衆教養主義は、学歴エリートや知識人への憧れに根ざすものであった。義務教育を終えただけの勤労学生が主要読者層であったにもかかわらず、人文系の知識人による論説や読書案内が織り込まれているところには、明らかに、学歴エリートたちの教養文化に対する憧憬を見ることができる。

折しも人生雑誌が盛り上がりを見せた一九五〇年代後半は、大学での教養主義が隆盛していた時代でもあった。当時の大学新聞の読書アンケートでも、『善の研究』『若きウェルテルの悩み』『三太郎の日記』などの教養書・哲学書が上位に入っており[1]、雑誌『世界』も大学生のあいだで広く読まれていた。六〇年安保闘争では、大学知識人と大学生がともに行動し、そのなかで、進歩派知識人の威信が増した。丸山眞男『現代政治の思想と行動』（上下、一九五六・五七年）が多く読まれ、丸山が戦後思想界の旗手となっていくのも、この時期である。人生雑誌の大衆教養主義は、大学での教養主義文化が高揚するなか、それへの憧れを伴いながら、盛り上がりを見せていた。

　刻苦勉励のスタイルも、エリート的な教養主義に通じるものがあった。人生雑誌には、勤労で疲れ切った体を押して、わずかな余暇に勉学・読書し、文章を綴ろうとする規範が色濃く浮かび上がっていた。言うなれば、人生雑誌の教養主義は、身体的・精神的な負荷を前提にしたものであった。こうした禁欲的なスタイルは、旧制高校や大学での教養文化にも見られた。そもそも、古典や原書に接して、「教養人」としての自負を得ようとする営みは、難解さや読みぬく困苦に耐えることを前提とするものであり、それは、都市文化的な「スマートさ」や「軽やかさ」とは明らかに異質だった。人生雑誌に透けて見える刻苦勉励のエートスは、そもそも教養主義の身体感覚に根ざしていた。

　だが、人生雑誌に見られたのは、学歴エリートへの憧憬や親和性ばかりではない。むしろ、その憧憬のゆえに屈折した反感を生むこともあった。すでに述べてきたように、彼らは試験のための勉強や立身出世のための進学への違和感を、しばしば口にした。人生雑誌の読者たちとて、社会的地位の上昇を願わなかったわけではないことは、通信講座を扱う広告欄の多さからもうかがえる。それを覆い隠してまで、試験や就職のためだけの勉強を批判するところに、「進学組」に対する「就職組」の屈折した思いが浮き彫りにされていた。

人生雑誌が、実利を超越した「真実の生き方」を過剰に語ったのも、そのゆえであった。それ自体は、内省や人格陶冶に重きを置くエリート的な教養主義と重なり合う一方、学歴や社会的地位に固執する「進学組」とは異なり、自分たちが「純粋」に内省を志向していることを強調する意図が込められていた。そこには、「進学組」への憧れとともに、彼らの劣位から脱却したいという「就職組」の心性が垣間見える。人生雑誌における内省の強調の根底には、多分に学歴エリートへの憧憬とそのゆえに導かれる鬱屈があったのである。

高度成長の明るさと「就職組」の鬱屈

人生雑誌が一九五〇年代後半から六〇年代初頭にかけて盛り上がりを見せたことも、これに密接に関わる。人生雑誌は五六年頃にいったんのピークを迎え、その後、「伸び悩み」が言われないわけでもなかったが、[2]『青春の手帖』が六〇年代初頭に一定の隆盛を見たことを考え合わせれば、高度経済成長前期の時代が、人生雑誌の高揚期であったと言える。

この時期は、「就職組」の鬱屈が可視化されやすい時代であった。高校進学率は、一九五四年に五割を超え、六〇年には六割に迫ろうとしていた。かつてであれば、学業優秀であっても中等教育に進めないことは珍しくなかった。だが、過半数が上級学校に進学するようになると、一定以上の学力がありながら、家計困難のゆえに進学できない層は、根深い鬱屈ややるせなさを抱くようになる。こうした思いが駆動因となって、人生雑誌は高揚を迎えたのである。

見方を変えれば、当時の人生雑誌は、高度成長初期における格差の問題を映し出すものでもあった。都市近郊の工業化の進展と農村の過剰人口を背景に、中学を出たばかりの多くの青年たちが、集団就職で農村から都市部に流れ込んだ。彼らの多くは劣悪な労働環境と孤独に苛まれ、定時制進学というせめてもの希望すら、叶わないことが多かった。彼らは制服を着た高校生につよい劣等感を抱きつつ、人生雑誌を手に取り、知や「真実」に接近しようとしている自らの姿に、かすかな自負を見出そうとした。言うなれば、高度成長の明るさとは裏腹な貧困や格差の存在が、人生雑誌を隆盛の方向へと突き動かしていたのである。

大和岩雄は、人生雑誌を手掛けた当時を回想して、「進学組と就職組に、ただ家が貧しいからというそれだけの理由で分けられ、差別されたくやしい思いを、進学組の連中にはわからないだろうが、わかる連中にぶちまけた」と語っていた。その思いが社会的に広く共有され、また、共感を生んでいたのが、この時代であった。

「まなざしの地獄」からの逃避

こうした勤労青年たちの心性を考えるうえで、見田宗介「まなざしの地獄」（一九七三年）は示唆深い。見田は、中卒後に集団就職で上京し、最底辺の仕事を渡り歩いた挙句に連続射殺事件を引き起こした永山則夫の手記を読み解きながら、地方出身の勤労青年たちに注がれる「都市のまなざし」の暴力を指摘している。

勤労青年たちは、当然ながら都市部の人々と何らかの関係を取り結ばなければならなかったが、そのなかで、自らの生い立ちをめぐる軽侮や排除にしばしば直面した。身振りの「貧乏くささ」は嘲笑と侮蔑を招き、低い学歴は転職の幅を著しく狭めた。網走市呼人《よびと》番外地に本籍があった永山は、その地が「網走番外地」で知られる網走刑務所を連想させることから、「戸籍謄本や履歴書を通して「犯罪者の子ども」というレッテルを貼られることを怖れた。そのゆえに、永山は離転職を繰り返し、「戸籍謄本や履歴書の要らない仕事」を探さざるを得なかった。勤労青年たちは、彼らの「内実」ではなく、身なりや学歴といった「表相性」によって差別され、「社会的差別、自己の社会的アイデンティティの否定性、あるいは存在の飢えとでもいうべきもの」［強調は原文どおり］に晒されなければならなかった。見田は、こうした状況について、「彼らを不意にのぞきこみ、分類し、レッテルを貼って、彼ら自身ではない、まるで別の存在に、彼ら自身を仕立てあげ変身させてしまう、あのまなざしの地獄」と形容している。[3]

都市が彼らを「表相」によって規定・差別する以上、彼らもまた「表相」によって、それに抗おうとする。その戦略の一つは「おしゃれ」に気を配ることであり、もう一つは学歴などの「肩書き」を獲得することである。だが、地方から集団就職で上京してきた彼らにとって、いずれも成功の見込みは乏しかった。

身なりや持ち物にいかに腐心したところで、「野暮ったさ」を隠し通すことは難しい。永山則夫は休日には「パリッとした背広」にネクタイを締め、ポール・モール（外国タバコ）を持ち歩いたが、裕福な子息は、セーターにジャンパーなどを無造作に引っ掛けて、銀座を歩く。「貧乏くささ」や「わざとらしさ」が際立つのは、前者である。

映画『未成年』のなかでも、ジュンの同僚で都会の派手な遊興に浸るユリ子が、川口在住のリスに「秋田県から出て来たんじゃ働かなきゃね」と「田舎くささ」を指摘され、激しくいきり立つ場面がある。それも、身なりや趣味を都会に合わせようとしつつ、どうしても綻びが出るさまを示すものである。

かといって、「肩書き」を得ることも容易ではなかった。少なからぬ勤労青年たちが、せめて高卒学歴だけでも獲得すべく、定時制に通おうとしたが、それを許可する職場も限られ、よしんば通学できたとしても、勤務と勉学の両立は、肉体的にも精神的にも容易なものではなかった。永山自身も明治学院大学の偽造学生証を所持し、また、それ以前には定時制高校にも在籍するなど、「肩書き」への憧れはうかがえたが、実際に高校・大学の学歴を手に入れることは困難であった。映画『未成年』で、ジュンが学歴に幻滅を抱き、定時制高校を中途退学したことも、勤労青年層にとって「肩書き」が遠い存在であることを物語っている。
「おしゃれ」も「肩書き」も獲得できないなか、一部の勤労青年たちが人生雑誌を手にしようとしたのは、不思議なことではない。彼らに残された唯一の選択肢は、実利を超えた教養や「生き方」を模索することだったのではないだろうか。それは、「おしゃれ」や「肩書き」ほど可視的な「表相」ではない。だが、少なくとも人生雑誌を手にすることで、「ガリ勉」とは異質な教養や「生き方」を追求することへの自負を感じ取ることができた。

彼らが人生雑誌に「希望」や「勇気」を感じ取ったのもそのゆえであった。ある読者は、人生雑誌を手にして「一言一句、行を追う毎に今までに感じられなかつた希望と勇気」を抱いた。別の読者も「人生手帖の各位のお言葉が私達の傷つけられ、そしてともすればその苦しい生活に打ち沈んでしまおうとする生活に、満ち〳〵た憩ともつと積極的な確信を与え、新しい人生観の第一歩を感じさせて呉《く》れ」たことを記している。[4] 人生雑誌は、否定的な「表相」ばかりがつきまとう都市のまなざしを掻い潜りながら、かろうじて自負を見出すことを可能にするメディアであった。

「想像の読者共同体」と戦争の記憶

それもあって読者たちは、人生雑誌の誌面の先に「想像の読者共同体」を見出していた。人生雑誌には、読者たちの手記が多く掲載され、また、それに対する別の読者の共感や批判も多く取り上げられた。学歴をめぐる鬱屈や劣悪な労働環境、あるいは「生き方」の模索がそこでは語られ、読者間の共感やコミュニケーションが生み出された。読者たちが面と向き合うものではなかったが、同じような境遇の見知らぬ読者と誌面を介してふれあうことで、彼らの孤独感や煩悶は多少なりとも和らげられた。実際に投稿するかどうかにかかわらず、読者たちは、同じような鬱屈を抱える者どうしの「想像の共同体」をそこに見出し、参加の感覚を抱くことができた。

だが、それは、彼らの私的な悩みを吐露し合うだけの場だったわけではない。貧困や労働など、彼らの境遇を規定している社会問題や、「生き方」をめぐる内省的な主題が多く取り上げられた。再軍備問題や原水禁運動など、「戦争」をめぐるテーマも、頻繁に特集された。「想像の読者共同体」は、読者たちの実利を超越した公的・形而上的な論点について討議する場であった。

これは、人生雑誌創刊の背景に由来するものでもあった。戦後五年前後に創刊された『葦』『人生手帖』では、上級学校に進学できない鬱屈や貧困を生み出す社会への批判とともに、戦場体験者の自省も多く語られた。それは、戦時の自己を批判的に問い直し、戦後の「生き方」を模索するものであり、かつて社会のあり方に疑いを抱けなかったことへの自責の念が、人文科学や社会科学方面の関心を促した。戦前期・戦時期をめぐる悔恨は、読者のみならず、山本茂實や早乙女勝元、寺島文夫ら、雑誌を立ち上げた編集者たちにも共有されていた。

もっとも、読者層が戦場体験を持たない世代に変化するに伴い、「戦争をめぐる悔恨や自省」

は後景に退いた。しかし、その後も人生雑誌の「想像の読者共同体」では、公的・形而上的な主題について、討議がなされた。自らの体験から公的・形而上的な問題関心に行き着く回路は、編集者・読者の戦争体験に端を発するものでもあった。

「査読」と転覆戦略

こうした議論が維持されるうえでは、「査読」が果たす機能は大きかった。人生雑誌には読者からの手記が多く収められたが、それは無条件に掲載されたわけではない。市販の商業誌である以上、相応の質を担保する必要があり、したがって、編集部の選別・査読を経なければ、掲載されなかった。倍率が一〇倍を超えることも珍しくなかった。

そのことは、読者たちに一定水準以上の文章を書かなければならないという規範を植え付け、そのために必要な読書や思考を促した。私的に閉じた関心をまとまらぬままに書き連ねるのではなく、雑誌の誌面や読者共同体という公的な場で議論するに足るだけものを、いかに秩序立てて、論理的に書き記すのか。査読の存在は、これらを読者に意識づけるものであった。

それは、「知的なもの」を吸収しようとする読者の姿勢にもつながった。読者アンケートでは、時事問題の解説欄や柳田謙十郎ら知識人の論考の人気もうかがえたが、それらは読者たちからすれば、「書く」うえでの基礎的な知識や思考スタイルの吸収を可能にするものでもあった。

裏を返せば、雑誌に文章が掲載されることは、ある種の優越感を醸し出すものであった。誌面に載ることは、査読をくぐり抜け、編集部や選者に一定以上の力量が認められたことを意味する。それは、上級学校に進学できなかった悔しさを、多少なりとも和らげるものであっただろう。実利を超えた教養や「生き方」を扱うメディアに自らの文章が取り上げられることは、就職や試験といった実利の勉強に齷齪《あくせく》するばかりの「進学組」に対し、優越感を醸し出す。言わば、「進学組」との関係性を転覆させ得るのが、人生雑誌の査読であった。

さらに言えば、人生雑誌への投稿を経て、その後、文筆で名をなした者もいないわけではなかった。作家の早乙女勝元や俳人の望月たけしは、その代表的な存在であった。義務教育までの学歴しかなくとも、知的な文筆の道に進み得る可能性を、人生雑誌は読者にむけて指し示していた。もっとも、人生雑誌への掲載は、決して容易なことではなかった。投稿に踏み切らなかった読者も、少なくはなかっただろう。だが、雑誌を手にとり、誌面の先に読者共同体の存在を感知するなかで、教養や「生き方」をめぐる討議の場への参加感覚を抱いただろうし、いずれは投稿するかもしれないという思いもあっただろう。そのことが、知的なものに近づくことへの自負を掻き立て、いくらかなりとも「進学組」を超えようとする思いにつながっていたことは、想像に難くない。査読は「想像の読者共同体」の存在とも絡み合いながら、勤労青年の読者たちを大衆教養主義へと誘っていたのである。

反知性主義的知性主義と教養文化

だが、教養への憧憬が語られる一方で、人生雑誌には知識人批判も多く見られた。そして、この両者は決して矛盾するものではなかった。

学歴ある知識人が難解な言語でもって知を占有するかのような姿勢は、勤労青年たちにしてみれば、彼らを教養から排除する振る舞いに見えた。人生雑誌には、しばしば、こうしたインテリへの不快感が綴られていた。だが、それは、知や知識人への反感・軽侮に基づくものではない。逆に、知や知識人への強烈な憧憬があるがゆえに、勤労青年たちを締め出すかのような動きへの憤りが生み出されていたのである。

勤労青年たちの「反知性主義」（知識人批判）が彼らの「知性主義」（知や知識人への憧憬）を正当化し、その「知性主義」が彼らの「反知性主義」を後押しする。人生雑誌の大衆教養主義は、こうした「反知性主義」と「知性主義」の緊密な相互作用に支えられていたのである。

そこにも、学歴や「進学組」に対する憧れと反発が絡んでいた。もともと進学への憧れをつよく抱いていた勤労青年の読者たちは、その思いが裏切られたがゆえに、「進学組」に対し、憧憬と反感が入り混じった複雑な感情を抱いた。そうした彼らにとって、実利を超越した教養に接近することは、知的な関心において、試験や就職に齷齪《あくせく》する「進学組」に勝るとも劣らないという自負を、かろうじて成立せしめるものであった。それだけに、難解な言葉づかいでもってノン・エリートの知的世界への参入を阻むかのような知識人の振る舞いは、「進学組」に対する劣等感から抜け出ようとする勤労青年の願望を否認するものでしかなかった。

さらに言えば、学歴のみならず知的世界での権威をも有する知識人は、究極の「進学組」でもあった。勤労青年たちの眼には、知識人によるノン・エリートの排除は、「就職組」に対する「進学組」の蔑視を露骨に物語るものとして映った。人生雑誌の「反知性主義」には、こうした「進学組」へのコンプレックスが結びついていた。だが、繰り返しになるが、そのことが逆説的に、勤労青年の知への憧れを突き動かしていた。学歴への憧憬と憎悪は、反知性主義的知性主義とも複雑に絡まりながら、勤労青年たちの大衆教養主義を紡ぎ出していたのである。

左派的な色彩と階級の再生産

人生雑誌の知・教養への関心は、左派的なスタンスにも結びついていた。竹内洋の指摘にもあるように、戦後の大学では、長らく「左派でなければ、知的ではない」という空気が支配的だった。戦争体験をめぐる悔恨や戦時ファシズム（の再来）への反感も相俟って、左派的な体制批判に共感を抱く「革新幻想」は、大学知識人や学生たちのあいだで広く共有されていた。学歴への鬱屈を抱きながらも、その先に教養への憧れが色濃く見られた人生雑誌で、「革新幻想」が際立っていたことは、半ば必然であった。

それは同時に、読者たちが置かれた状況を投影するものでもあった。読者たちの進学希望が叶わなかった背景には、明らかに貧困の問題があった。また、彼らが働く零細工場・商店の労働環境は劣悪であり、労働法が順守されないことも少なくなかった。こうした状況への憤りが、マルクス主義的な社会批判につながっていた。

当然ながら雇用主は、勤労青年たちが労働運動に走ることを懸念して、しばしば、人生雑誌の購読や読者サークルへの参加を抑え込もうとした。ことに、住み込みや寄宿舎居住の場合、読書傾向も含めて私生活が監視されがちだっただけに、読者たちはたびたび雇用主による叱責や抑圧にさらされた。職場の同僚からも「アカ」扱いされることは少なくなかった。それは必然的に、職場での昇進を阻み、ときには解雇される状況さえ招いた。

その意味で、人生雑誌を手にすることは、しばしば社会的な階層上昇を困難にし、階級の再生産やさらなる下降を促すものであった。もっとも人生雑誌は、実利を超越した「真実」「生き方」を志向していただけに、社会的地位の向上のための勉学や学歴取得には、そもそも否定的だった。人生雑誌は、実利とは別の次元で「進学組」への優位を導くものであったが、その帰結として、実利の面における彼らのさらなる劣位を生み出していたのである。

「マルクスみかん水」の戦略

とはいえ、人生雑誌が左派的な政治主義から微妙な距離を保とうとしていたことも事実である。人生雑誌は、「生き方」や教養に重きを置いていただけに、先鋭的な政治主義とは相容れないところがあったが、何よりそこで警戒されたのは、共産党をはじめとする左翼政党に、雑誌や読者サークル（地域の葦会や緑の会）が乗っ取られることであった。実際、これらの政治団体から選挙協力を求められたり、関係者が読者サークルを政治主義に導こうとする動きは、少なからず見られた。そうした動きから、雑誌や読者サークルを守るべく、人生雑誌では、しばしば左派政党への批判が語られていた。「マルクスみかん水」と揶揄されたゆえんである。

このような姿勢は、反知性主義的知性主義の表れでもあった。人生雑誌における左派政党批判は、難解な用語を振り回す活動家への反感にも結びついていた。学歴があり、マルクス主義関連の文献を多く読みこなしている者が、知を占有し、勤労青年たちを排除する。寺島文夫ら人生雑誌の編集者の眼には、左翼活動家の言動はそのように映った。それは、人生雑誌における知識人批判と同じロジックであった。「マルクスみかん水」というスタンスは、反知性主義的知性主義の延長上に導かれたものでもあったのである。

さらに言えば、左派的な政治主義から距離を置くことは、読者への配慮のあらわれでもあった。雑誌の左翼色が際立つのであれば、住み込みや寄宿舎の勤労読者が職場での抑圧や解雇にさらされる状況を、ますます加速しかねない。人生雑誌の「マルクスみかん水」の傾向は、こうした懸念を考慮して導かれたものでもあった。

2　人生雑誌と大衆教養主義の終焉

経済成長と消費文化の進展

とはいえ、勤労青年と教養の蜜月も、さほど長くは続かなかった。一九六〇年代前半にもなると、多くの人生雑誌が休刊・廃刊となり、もはやかつての勢いは失われていた。

その要因には、さまざまなものがあった。ひとつには、「マルクスみかん水」のスタンスが「政治の季節」とは相容れなかったことがあげられる。六〇年安保闘争や三井三池争議、日韓基本条約問題、ベトナム反戦運動、大学紛争など、六〇年代は政治的な主題が国民的な関心を呼び、社会運動が高揚した時代であった。これらに深い関心を抱く勤労青年たちからすれば、「生き方」と教養に重きを置く人生雑誌は、いかにも微温的なものに感じられた。

だが、他方でこの時期は、高度経済成長が中期・後期に差し掛かる時期でもあった。経済成長のさらなる加速は、消費文化やレジャーの普及を促した。

労働環境にも、改善の傾向が見えつつあった。人手不足が深刻化するなか、大手企業はもとより中小企業も、賃金や休日、福利厚生の面で、処遇の改善をはからなければならなくなった。そもそも、高校進学率の高まりにより、単純労働を担う中卒労働者の希少価値は増し、彼らの待遇もいくぶん向上した。かつてに比べれば、定時制高校にも通いやすくなるなど、勤労青年たちの「満たされなさ」は、多少なりとも緩和されるようになっていた。

必然的に、人生雑誌の「想像の読者共同体」に悩みを打ち明け、語り合おうとする切迫感は、相対的に小さくなった。

高校進学の一般化と「教養への憧れ」の衰退

ただ、何より人生雑誌の衰退を決定づけたのは、高校進学率の上昇であった。一九六五年には七〇パーセントを超え、七〇年には八割を上回るなど、高校進学率は急速に高まった。高度成長による家計所得の上昇は、子弟の高校進学を促し、多少厳しい家計状況であっても、進学をつよく勧める家庭が多くなった。かりに全日制高校への進学が困難であったとしても、働きながら定時制高校に通うことは、かなりの程度可能になっていた。産業界の技術革新の進展により、高卒以上の学歴が求められるようになったことも、こうした状況を後押しした。

そのことは、進学できない理由が、総じて家計の問題から学力の問題へと移行しつつあることを意味していた。むろん、実際には経済的な理由で中学卒業を迫られる層もいたわけだが、圧倒的大多数が高校に進学するなか、この問題は社会的に見えにくくなっていった。高校全入運動の盛り上がりも、このことを物語るものであった。

だとすれば、進学できない鬱屈に根差した人生雑誌を人々が手にしなくなるのは、当然のことであった。そもそも、こうした状況では、実利を超越した教養や「生き方」の模索を通して、「進学組」への優位を求めようとする切迫感や焦燥は起こりえない。

「想像の読者共同体」や反知性主義的知性主義の必要性も、社会的に低下した。ほぼ全員が高校以上に進学する状況において、「就職組」の鬱屈を吐露し、それを誌面を通して分かち合うことは、若者たちにとって、とくに必要とされるものではない。

大学や知識人への憧憬も、薄れつつあった。大学進学率の高まりは、大学生や大卒学歴をありふれたものにした。また、六〇年代後半に大学紛争が頻発するなか、大学知識人の威信も低下した。必然的に、知識人や教養に対する勤労青年の憧れは相対的に小さなものとなり、したがって、知識人に知を占有されることへの憤りも、目立たなくなった。高度成長の中・後期は、人生雑誌の大衆教養主義を支えた「想像の読者共同体」や反知性主義的知性主義が成立し難い状況にあった。

人生雑誌は創刊以来、労働環境や貧困、進学の困難といった問題を、繰り返し批判的に取り上げてきた。だが、高度成長の中・後期は、それらがかなりの程度、改善された時代であった。それまで人生雑誌が批判してきたものが急速に消え失せる(ように見える)なか、人生雑誌は存在意義を失い、衰退の一途を辿ることとなった。勤労青年たちにとっての「幸福」は、人生雑誌にとっての「不幸」であった。

「形而下」の主題への移行

大衆教養主義の衰退は、人生雑誌の誌面にもうかがうことができた。かつてであれば、古今東西の文学者や思想家を引きながら、「生き方」や社会のありようについて悶々と綴る勤労青年の手記は多く見られた。だが、六〇年代前半以降になると、この種の手記は急速に少なくなり、代わって、現在の環境で努力し、成功をつかみ取ろうとする「前向きさ」や「明るさ」が際立つようになった。それらは、実利の追求を露骨に語るものではないものの、以前のような公的・形而上的な関心はあまり見られなくなった。

そもそも、「前向きさ」や「明るさ」の強調は、苦難を乗り越えるかどうかを、個人の努力や心情の問題として位置づけるものでもある。そこでは、勤労青年たちを取り巻く困苦は、社会的・公的な問題として論じられるのではなく、あくまで、それを克服しようとする意志のつよさやひたむきさに焦点が当てられる。だとすれば、社会批判の議論が誌面から後景化するのは、当然であった。

『人生手帖』が健康雑誌化していったことも、公的・形而上的な関心の喪失を如実に物語っていた。『人生手帖』は一九六四年頃から健康関連の記事が目に見えて増加し、それと軌を一にするように、版元の文理書院も自然食品や健康器具の販売を手掛けるようになった。

健康への着目は、一面では、公害問題への批判的な関心に根差すものであった。だが、玄米食や断食療法の有効性を読者に繰り返し訴える誌面に浮かび上がるのは、社会改良につながる公的な関心ではなく、「自分の健康は自分で守る」という私的で実利的な関心であった。形而上的な教養や「生き方」の模索が後退し、いわば形而下の主題がせり上がっていたのである。

もっとも、そこに、従来の人生雑誌との連続性が見られなかったわけではない。玄米食や断食療法による「健康」が禁欲と努力を要することを考えれば、「刻苦勉励」に満ちた往時の人生雑誌に通じるものを、そこに読み取ることもできる。だが、その一方で、私的で実利的な「健康」への関心が、公的・形而上的な主題を誌面から掻き消していったことも、また明らかであった。

そして、『人生手帖』は一九七四年に、『健康ファミリー』へと衣替えした。人生雑誌と大衆教養主義は、ここに終焉を迎えた。折しも、同年には高校進学率が九割を超えるに至った。勤労青年の教養への渇望、ひいては人生雑誌を支えた「就職組の鬱屈」は、社会的な議題にすら上らない時代になっていた。

3　戦後史の歪みの照射

エリート的な教養の安逸

このような人生雑誌の変容過程やその背景を眺めてみると、大衆教養主義とエリート的な教養主義との親和性ばかりではなく、両者の隔絶をも読み取ることができよう。

人生雑誌の読者たちは、雑誌を媒介にする形で、自分たちの苦境を理解し合う「想像の共同体」を作り上げていたわけだが、この種のものはエリート的な教養文化の中ではさほど必要とされなかった。

　学歴エリートたちは、想像の読者共同体に頼るまでもなく、日常的に通う大学キャンパスや周辺の下宿で議論しあうことができた。それに対し、勤労青年は日常のなかで「真実」や「理想」を語り合うことはおろか、読書さえ自由にできる環境にはなかった。勉学や読書、社会批判につよい関心を示す層も、低学歴層の多い職場では限られがちであり、住み込みであれば読書傾向を雇用主に調べ上げられることも珍しくなかった。彼らにとって、同じような問題意識を持つ者との交流は、雑誌によって媒介されるしかなかった。

　むろん、読者サークルのように、読者たちが実際に出会う場もないわけではなかった。だが、それとて、雇用主によって出入りを止められることが少なくなかった。「想像の読者共同体」であれ、読者サークルであれ、それはあくまで、鬱屈や抑圧に満ちた日常から抜け出したいという思いに根ざしていた。

　それに対し、大学キャンパスでは、マルクスであれカントであれ、何の制約もなく自由に読むことができ、政治的な問題についても、大学教授や他の学生たちとのびやかに意見を交わすことができた。人生雑誌が読まれる場が、大学と同じく教養主義的な価値観に根差していたとはいえ、議論を取り巻く環境は、大学とは比較にならぬほど窮屈なものであった。

　そもそも、大学生たちが人文系の知に浸れたこと自体、エリートとしての将来が見通せることに支えられていた。一九五〇年代後半でも大学進学率は一割を上回ることがなかっただけに、企業や官庁は学生たちを希少な幹部予備軍として受け入れた。加えて、大学に入ってしまえば卒業は比較的容易であり、就職や試験のために齷齪《あくせく》する必要はあまりなかった。彼らが実利に遠い人文系の知を楽しみ、そのことをもって教養人としての自負を抱き得たのも、そうした「余裕」のゆえであった。

内省や哲学・文学への関心という点では一定の共通性があったとはいえ、教養や読書に駆り立てられる背景は、人生雑誌の読者たちと学歴エリートとでは、大きく異なっていた。大衆教養主義が盛り上がる社会背景をつぶさに見てみると、そこには学歴エリートと勤労青年の親和性と言うより、むしろ両者の溝や格差が露骨に浮かび上がっていた。

「大学解体の欲望」の照射

学歴エリートと勤労青年の隔絶は、大学紛争をめぐる姿勢にも見ることができる。

六〇年代後半には、戦後ベビーブーム世代（団塊の世代）が大挙して大学入学を目指し、受験競争が激化した。だが、苦労して入学した大学の教育設備はあまりに不十分であり、学生数の急増に追いつかなかった。授業も多くが、平板で無味乾燥なマスプロ講義であり、学生たちを幻滅させた。にもかかわらず授業料値上げが相次いだことで、学生たちの反対運動が頻発した。

また、高度経済成長に伴う大学進学率の上昇は、大学生をありふれた存在にし、企業・官庁における大卒者の希少価値は失われつつあった。こうしたなか、学生たちは大学や知識人、ひいては戦後社会に裏切られたという思いを強くした。彼らは大学闘争のなかで、さかんに教授たちを吊し上げ、「大学解体」を叫んだ。教養主義の没落は、かくして一気に加速した。

だが、勤労青年からすれば、大学生は明らかに恵まれた存在であった。学歴を持たない勤労青年は、大学生が期待していた勉学の場やエリートとしての将来像など、望むことさえできなかった。大学生が知識人や社会に「裏切られた」と思えること自体、勤労青年たちにしてみれば、彼らの特権的な地位の自明視を物語っているように思われた。

当然ながら、勤労青年たちは大学闘争に熱を上げる学生たちに対して批判的だった。当時の『人生手帖』に「恵まれた環境に甘えるな」「今日でも、家が貧しいために義務教育である中学校にさえ進学できずに働き、そして夜の中学校で学んでいる十四歳、十五歳の人たちはもちろん、二四歳、六〇歳の中学生もいる」という記述が見られたのも、そのゆえである。彼らの大学紛争への冷淡さは、政治的な姿勢の相違というより、学歴や教養をめぐる格差や鬱屈に根ざしていた。見方を変えれば、人生雑誌は、当時の社会の見えにくい歪《ひず》みを照らし出すものでもあった。義務教育の先に大多数の人々が進むなかで、教育機会をめぐる社会階層間の格差は、あまり問題視されないようになった。苅谷剛彦の指摘によれば、一九五〇年代までの教育学では、貧困や階級差が学歴取得をどう規定しているのかについて、多くの議論がなされていた。ところが、高校進学率が急上昇を見せる一九六〇年代・七〇年代にもなると、こうした問題関心は希薄になった[6]。学歴社会批判はその後も多く展開されたが、それはもっぱら学歴取得後の不平等（就職・昇進など）の問題を扱うものであって、学歴取得以前にどのような不平等（貧困・格差など）が入り込んでいるのかに関心を払うものではなかった。

だが、同時期の人生雑誌を繙《ひもと》いてみると、家計困難のゆえに高校にさえ進学できない勤労青年の声が、多少なりとも見られた。むろん、一九五〇年代に比べれば、こうした記述は明らかに少なくなった。しかし、「教育と貧困」という主題が教育学の世界においてさえ後景に霞みつつあったなか、人生雑誌は、彼らの煩悶や憤りを、わずかながらも社会にむけて可視化させていた。大学紛争に対する批判は、その表れであった。高度経済成長の末期になっても「就職組」の手記を掲載した人生雑誌は、社会が「豊かさ」を獲得していくなかで見えにくくされた問題を、提起しようとしていたのである。

「つながりのメディア」の過去と現在——人生雑誌とＳＮＳ

では、これまでに見てきた人生雑誌の戦後史は、現代を考えるうえで、いかなる示唆を有するのか。最後にこの点について、思うところを記しておきたい。

人生雑誌は、「想像の読者共同体」を生み出していた点において、「つながりのメディア」でもあったと言える。今日であれば、ＳＮＳ（Social Networking Service）が思い起こされるのではないだろうか。地理的な制約を越えてさまざまな人々が議論し、交流することを可能にする点で、人生雑誌とＳＮＳには、明らかに共通するものがある。

だが、両者には本質的な相違もあった。それは「査読」の存在である。人生雑誌には、手記であれ短文の投稿であれ、掲載に値するかどうかの選別（査読）があった。そのことは、公的な議論の場において、一定水準以上の質を担保しなければならないという規範を、読者に植え付けた。さらに言えば、査読の存在は、公的な討議に必要なだけの知や教養の獲得をも促した。人生雑誌のなかで、知識人の論考や時事問題解説が広く読まれたことは、これを示唆するものである。

それに対し、SNSは査読を経ることなしに、書き手が自由に思うところを綴り、読み手もまた、自由に感想を書き込むことができるメディアである。だが、その制約のなさは、公的な議論に資する質の高い討議を後押しするものではない。たしかに、原発問題や安保法制など、その時々の争点をめぐる多様な意見の公開を可能にするものではあるだろうが、同時に、論理性や根拠を欠いた思い込みのような議論も、広く流通させる。ヘイトスピーチの類や史実への目配りを欠いた歴史認識が、しばしばSNS上に多く出回っていることは、その証左である。

かつ、そうした議論は、SNS上に留まるものではない。新聞やテレビなどのマス・メディアがこれを取り上げることで、世論に一定の影響をもたらす。それが議論を活性化させることも皆無ではないだろうが、誹謗やバッシングがネット上にあふれかえることを懸念して、マス・メディアが当たり障りのない「中立」に重きを置く状況も見られないわけではない。ネット上の査読を欠いた「自由」（かつ「多様」）な議論が、ときにマス・メディア言説に「制約」をもたらす。

こうした逆説が、今日のメディア空間には散見されるように思う。

もっとも、人生雑誌に査読があったからと言って、それだけで、すべてがうまく機能したわけではない。思想家や文学者が多く引かれていながら、文章全体の意図が判然としない手記もなかったわけではない。掲載された生活記録や人生記録には、似通った内容が多かったことも否めない。だが、そこでは少なくとも、査読をクリアすべく、根拠の提示や論理性、説得性といったものが意識され、「独りよがり」にならないように努めようとする規範が存在した。

読者の誰もが投稿可能でありながら、査読が介在していた人生雑誌は、査読を欠いた議論が流布する今日のメディア状況の問題を、批判的に照らし返すものでもある。

反知性主義的知性主義の可能性

ＳＮＳの普及により、多くの人々の意見表出が可能になったことを考えれば、ノン・エリート層と知・教養の関わりも、重要な論点になるだろう。なかでも、人生雑誌に色濃く見られた反知性主義的知性主義は、現代の状況を問い直すうえで示唆深い。

繰り返し述べてきたように、反知性主義的知性主義は、知や知識人への憧憬と、知識人への反感が表裏一体に結びついたものであった。人生雑誌の読者たちは、教養や「知的なもの」を求めようとするがゆえに、知識人に一定の憧れを抱きつつ、知を独占しようとするかのような知識人の姿勢には激しい反発を抱いた。

今日でも、テレビやネット空間では、知識人への侮蔑がしばしば語られ、「本を読んでいるだけで役に立たない学者」といったレッテルが貼られることは珍しくない。だが、その批判の先に、新たな知や思考の枠組みを模索し、掘り下げようとするスタンスが色濃く見られるのかと言うと、そうではないだろう。

もっとも、それを「反知性主義」と名指し、知識人の高みから指弾したところで、さして生産的ではない。それは、大衆と知識人のいずれを無謬の位置に置くかの違いでしかなく、それぞれが抱えがちな政治性や暴力に無自覚な点で、等価なものである。[7] 先の「学者」批判が、ときに排外主義やレイシズムにも接合しがちだとすれば、従来の知識人の議論のなかに、「無知な大衆」への蔑視や教養主義の暴力がしばしば見え隠れしていたことも否めない。

ただ、ここで顧みるべきは、人生雑誌の読者たちが、知識人のあり方を相対化しつつ、自らの思考の幅を広げ、あるいはその深化をはかるべく、何らかの知を自ら求めようとしてきたことである。

むろん、彼らの反知性主義的知性主義が、知識人を凌駕する思想的インパクトを社会にもたらしたわけではない。だが、彼らの姿勢は少なくとも、現時点の思考にとどまることをよしとせず、自己のありようをつねに問い直し、更新しようとするものであった。それは、知識人のあり方も、そして勤労青年としての自己のあり方も、ともに相対化しながら、既存の知の蓄積を少しでも取り入れ、自らを研磨し続けようとする営みであった。

ここで重要なのは、思考の「中身」ではない。現時点の自己の思惟への安住を避けようとする思考の「型」には、いまもなお、意義深いものがあるように思う。
このことを考えるうえで、旧制高校の教養主義に関する竹内洋の指摘は示唆に富む。竹内は「「ひけらかす」教養と「じゃまをする」教養」（二〇〇一年）において、旧制一高・東京帝大を出て官吏・政治家となり、閣僚も務めた前尾繁三郎の教養体験にふれながら、以下のように記している。

エリートはまわりからちやほやされる。驕慢というエリート病に罹患《りかん》しやすい。だからエリートになによりも必要なものは現実をこえる超越の精神や畏怖する感性である。前尾にとって、現実の政治や官吏としての仕事を超越するまなざしが学問や文化だったのである。それにエリートはいつも光栄だけにつつまれているわけではない。失意や挫折が形影相伴っている。失意や挫折のときに、泰然として耐えていける力も重要な資質である。教養は、その大きな糧になる。すくなくとも前尾にとって教養とはそうしたものだった。[8]

勤労青年たちが政治家や高級官僚のように「ちやほやされる」ことはなかっただろうが、「現実をこえる超越の精神や畏怖する感性」を模索しようとする姿勢は、勤労青年たちの反知性主義的知性主義（に根差した大衆教養主義）にも、いくらかなりとも、うかがえたのではないだろうか。

彼らはインテリ層でもなければ、典型的な大衆層とも言い難い。階層的には総じて低い地位にあったが、日常生活に埋没し、実利や遊興のみに浸るのではなく、何らかの知や教養を吸収し、「生き方」や社会を問おうとしていた。言わば、「知識人」と「大衆」のはざまで揺れ動き、幾多の煩悶を抱えつつ、それが知的なものを希求し、公的・形而上的なものの思考を目指すことにつながっていた。そして、人生雑誌は、彼らの思考を媒介し、討議の場を創出するものであった。今や、人生雑誌は忘れられたメディアでしかない。しかし、戦後のひところまでは、その誌面を通してこうした営みが繰り広げられていたことは、思い返されてもよいように思う。

もっとも、人生雑誌や大衆教養主義が潰えて久しい今日、同様の心性や価値規範が社会的に広がりを見せることは、期待できそうにない。だが、そうだとしても、往時のノン・エリート層の教養文化との対比を通して、今日の世論やメディアのありようを問い直すこともできるのではないだろうか。勤労青年の鬱屈が生み出した大衆教養主義は、戦後のさまざまな歪みや格差を浮き彫りにするのと同時に、現代の世論のありようをも、批判的に照らし返している。

エピローグ

『葦』『人生手帖』といった人生雑誌は、今となっては忘れられたメディアであろう。私がその存在を知ったのも、半ば偶然によるものである。かつて『「戦争体験」の戦後史』（中公新書、二〇〇九年）をまとめるにあたって、資料に乏しい初期の日本戦没学生記念会（第一次わだつみ会）について、関係者にインタビューする機会があった。二〇〇六年ごろのことである。そのなかに、高校生のころに第一次わだつみ会（高校支部）で活動していた方がいた。その方がわだつみ会に関心を持った契機として挙げたのが、『人生手帖』や『葦』だった。両誌に多く執筆していた柳田謙十郎への共感から、柳田が理事長を務めていたわだつみ会への関心に行き着いたという。

これをきっかけに、『人生手帖』や『葦』をはじめとした人生雑誌の戦後史に分け入ることになった。バックナンバーをめくってみると、驚かされることが多くあった。主たる読者は新制中学を卒業後に就職した層であるにもかかわらず、読者投稿には古今東西の哲学者・文学者の名前や著作が少なからずちりばめられている。同時代の知識人の論説や文献案内も多く見られ、マルクス主義的な観点から政治や経済に言及するものも珍しくない。

しかも、これらの雑誌は、『あ、野麦峠』の山本茂實や空襲記録運動の早乙女勝元、青春出版社を立ち上げた小澤和一《わいち》や大和書房を創業した大和《おおわ》岩雄など、戦後のメディア史・文化史において重要な人物を輩出していた。加えて、大和岩雄は古代史家としても、名を成していた。民俗学者・谷川健一と共同で進めた仕事も多く、シリーズ「民衆史の遺産」（全一〇巻、二〇一二年－二〇一六年）はその代表的なものである。『葦』から総合誌『潮』や文芸誌『小説葦』が生み出され、『人生手帖』がのちに健康雑誌に転じ、かつ同誌を刊行していた文理書院が健康食品販売にシフトしていったことにも、驚きを禁じ得なかった。

こうした誌面のありように、彼らを取り巻く貧困や格差、学歴の問題がどう投影されていたのか。そこに、戦後社会のいかなる歪《ひず》みが浮かび上がっているのか。それらへの関心から、人生雑誌の戦後史を通して大衆教養主義の盛衰を描いてみたいと思うようになった。先の『「戦争体験」の戦後史』は知識人層の教養主義と戦争体験論の関わりを論じたものだが、それとは異質な大衆レベルの教養文化に焦点を当てたのが、本書である。

ただ、今にして思えば、これらの雑誌を研究対象にしようと思った背後には、二〇代の頃の出版社勤務の経験もあったように思う。本書であげたような人生雑誌ではないが、当時の私の勤務先でも「生き方」に関する雑誌を刊行していた。私自身は、ビジネス実務専門書の編集担当だったので、そうした雑誌の仕事に携わったことはない。しかし、雑誌編集部が同じフロアにあったこともあり、「生き方」を扱う雑誌について考えるところもないではなかった。

同誌のページをめくってみると、読者手記などに共感することもあった一方で、どことなく冷めた既視感を覚えたこともしばしばだった。考えてみれば、この種の雑誌は熱心な愛読者がいる一方で、距離を置こうとする人々も少なくない。それなりの読者であっても、電車など人目につくところで読むことには抵抗を覚える人もいるだろう。そうしたことから、いかなる読者が、なぜこれらの雑誌を手に取り、あるいは逆に距離を置こうとするのか、漠然と考えることもあった。

他方で、私が担当していたビジネス専門書は、基本的に「実利」に特化するものであった。生産工学から会計、法人税、福利厚生制度など、さまざまな分野の書籍を手掛けたが、いずれも実学的な内容のものであり、文化や社会をメタ・レベルで捉え返すものではなかった。本づくりや著者折衝にはそれなりに楽しさを覚えたものの、私自身は、もともと人文系の関心がつよかったこともあり、実学的な主題にはあまりのめり込めなかった。そのことが、のちに社会学や歴史学を学び直すことにつながったわけだが、その分、本書で扱った人生雑誌の読者たちが、実利を超えた知や教養を模索した姿勢には、いくらか往時の自分自身を重ねるところもあった。

＊

『葦』『人生手帖』『青春の手帖』などを通読していると、大衆レベルの教養主義もさることながら、戦後の貧困や格差、労働、教育といった問題系について考えないわけにはいかなかった。その点については、優れた先行研究も多く、本書もそれに負うところは大きい。

ただ、そのうえで、本書に一抹の意義があるとすれば、ひとつには大衆レベルの教養主義を素描したことと、もうひとつは、格差の問題をメディア史研究として扱ったことになるだろうか。

人生雑誌に浮かび上がる読書や「生き方」への関心は、これまでさほど顧みられることはなかった。古今東西の思想家のような深みがあるわけでもなければ、「大衆性」「抵抗の契機」をつよく感じさせるものでもなかったのだろう。誌面を蔽《おお》う「まじめ」で「前向き」な市井道徳や、左派志向の微温さ、学歴への鬱屈に、研究者が食傷を覚えたであろうことは想像に難くない。だが、戦後社会は、少なくともひところまでは、こうした層によって支えられてきたのではないか。社会を底辺で支えてきたのは、「順調なコースを歩む若者」でも「マンボにうつつをぬかす連中」でもなく、さまざまな鬱屈や困苦を抱えながら「生き方」を必死に模索しようとした「第三の若者」たちだった。人生雑誌を手にした読者の数には限りがあったかもしれないが、その社会的な裾野は広がりを見せていた。大衆教養主義を問うことは、こうした「第三の若者」の思考に向き合うことでもある。

また、メディア(史)研究のなかで格差の問題が扱われることも、これまで少なかったように思う。マス・メディアは広範な情報伝達を可能にするものであるだけに、階層横断的なナショナリティやジェンダー、コロニアリズムについて多くの研究が蓄積された。インテリ層をターゲットにした教養メディアについても、良質な研究は少なくない。だが、戦後の格差社会からいかなるメディアが生み出され、また、そのメディアが格差や貧困に喘ぐ層に、いかに機能したのか。こうした問題関心は、あまり見られなかった。

もっとも、私自身は格差や労働の専門研究者ではない。たまたま人生雑誌史を扱うなかで、その問題系がいくらか視野に入ったに過ぎない。だが、労働社会学や教育社会学に学びつつも、メディア史研究の視角から、これらの主題に向き合うこともできるように思う。

こうしたテーマを扱うなかで、私なりに、現代の格差の問題に思いを巡らせることも少なくなかった。ことに何度も思い起こしたのは、二〇〇八年六月の秋葉原事件である。非正規雇用や学歴をめぐる鬱屈、格差への絶望感が、都心での無差別殺人につながったわけだが、同様の社会問題は、往時の人生雑誌にも色濃く見ることができた。だが、人生雑誌の読者たちには、自らに降りかかる格差や貧困を社会の問題として位置づけ直す回路があったが、秋葉原事件の場合、社会の問題として捉え返すには至らず、無関係な人々を殺傷することに帰結した。

最下層で喘《あえ》ぐ当事者が自らの置かれた状況を突き放して捉え直し、そうした歪みが生み出される社会的な力学を把握することは、おそらく容易なことではないだろう。しかし、人生雑誌はそれをいくらかなりとも可能にするメディアだった。これらを深く多角的に読み解くことには限りがあったにせよ、少なくとも、勤労青年たちをそのような思考に導こうとした。それは、見ようによっては、秋葉原事件のような自暴自棄に走る行動を抑制するものでもあった。

かつて東北地方から集団就職で上京し、『人生手帖』に自作の詩が掲載されたある読者は、その半世紀後に大和岩雄に宛てた手紙の中で、次のように綴っている。

お便りを書こうと思ったとき頭をよぎったことは『人生手帖』でどれだけの人たちが人間らしくというか、まともな考え、生き方をしてきたか計り知れないと思いました。中学卒で住み込みで働き、緑の会に入ったら、やめさせられて仲間の紹介で仕事を六五歳までやりとげることができました。[1]

そこには、読者サークル（緑の会）に入会したがゆえに解雇されたことが記されているのと同時に、『人生手帖』の購読や読者サークルでの人的ネットワークが、絶望や自暴自棄に陥ることを抑制し、さらには再就職の機会につながったことが綴られている。ちなみに、この読者は定年退職の前年に定時制高校に入学し、四年間を無遅刻無欠席で通したという。知や勉学への思い入れが、人生雑誌を手にしていた頃から持続していることがうかがえる。彼女は、「私の生き方は、人生手帖がなかったら考えられないことでした」[2]とも述べているが、こうした思いはおそらく彼女に特殊なものではなかっただろう。人生雑誌は、住み込みの読者が職を失う状況をしばしば生んだ一方、誌面を通じて自らが置かれた状況を相対化し、また、読者サークルなり「想像の読者共同体」を通して、苦悶を分かち合う場を提供するものであった。

＊

考えてみれば、こうした問題関心を持ちながら資料を集めるようになって、かれこれ一〇年近い歳月が経つ。この間、戦争体験論史に関する研究が主であったこともあり、特段の発表のあてもなく人生雑誌の関連資料を漁っていたというのが、正直なところである。
そもそも、基礎資料となる雑誌のバックナンバーを集めること自体、さほど容易ではなかった。『人生手帖』は全号が所蔵されている国会図書館に足繁く通って通読したが、『葦』はごく一部が国書刊行会から復刻されてはいるものの（一九八五年）、全一〇〇号のなかの二〇号分にすぎず[3]、それ以外については、葦会（葦出版社）刊の他誌（『雑草』『潮』『小説葦』）も合わせて、国会図書館と東京都立多摩図書館にたびたび出向き、頻繁に古書サイトでチェックしては現物入手を繰り返した。『青春の手帖』に至っては、大学図書館や公立図書館での所蔵が見当たらず、大和書房・大和岩雄氏のご厚意で、お手元のバックナンバーを閲覧させていただいた。

こうした作業のなか、『世界思想』（世界思想社、二〇一四年春号）に「人生雑誌に映る戦後」と題した小論を書く機会を得た。さらに、佐藤卓己先生主宰の「青年雑誌文化研究会」に加えていただき、論集（佐藤卓己編『青年と雑誌の黄金時代』岩波書店、二〇一五年）に「『葦』『人生手帖』――勤労青年が渇望した教養と人生雑誌」をまとめることができた。研究会の場では、佐藤先生をはじめ、出席の方々に貴重なご助言をいただくことができ、本書の構想を考えるうえでも、得たものは大きかった。

ただ、これらの論考の執筆後に改めて資料を見直すなかで、初めて気づいたことも少なくない。知識人批判の延長上に知への憧憬が語られ、反知性主義的知性主義が大衆教養主義を下支えする。「マルクスみかん水」の色彩は、読者サークルが政治主義に飲み込まれることへの抵抗であり、また反知性主義的知性主義のあらわれでもあった。一見、平板で似通った内容が多いように見えながら、議論の背景を読み解いていくと、複雑な力学が少しずつ浮かび上がり、人生雑誌史研究の奥深さを改めて実感した。本書は、先の論考を起点にしつつ、改めて書き下ろしたものである。

もっとも、かつて読者であった方々には、また違った人生雑誌像があるのかもしれない。読者サークルに熱心に参加した人とそうでない人のあいだにも、見え方の違いがあるだろう。だが、時系列的な変容過程をまずは整理し、個々の時代をそのなかに位置づけることは、議論の出発点として不可欠であるように思う。限られた時間や空間から全体像を推し測ることには、やはり限りもあるものである。本書の議論がいわば「叩き台」となり、事実に基づく批判や検討が積み重ねられることで、人生雑誌史や大衆教養主義の歴史がさらに精緻化されるのであれば、筆者としては望外の喜びである。

本書をまとめるうえでは、多くの方々のお世話になった。早乙女勝元氏には、『葦』編集部に在籍されていた頃の部内の様子や、その後の関係者との人的ネットワークなどについて、多くのご教示をいただいた。大和書房の会長・大和岩雄氏、副会長・南暁氏、制作部長・佐野和恵氏には、『青春の手帖』をはじめとする貴重な資料を閲覧させていただくうえで、多大なご尽力を賜った。

二〇一五年秋には、寺田寛治氏や塚田久氏、大里富夫氏、高橋栄子氏のお取り計らいにより、かつて足立緑の会に集っておられた方々にインタビューする場を設けていただいた。当時の活動拠点に近い北千住の喫茶店で、長時間にわたりサークルの様子や『人生手帖』との関わりなどについて、密度の濃いお話をうかがうことができた。加えて、その後に厚かましくも、近所の居酒屋での「同窓会」にも同席させていただいた。往時から半世紀を経ても、お互いにニックネームで呼び合い、機関誌づくりや読書会、例会の思い出を和やかに語っておられる姿に触れながら、人生雑誌や読者サークルを介した「読者共同体」が当時の勤労青年たちにとってどれほど大きな存在だったのか、感じるところがあった。さらに、寺田氏・塚田氏は会の歴史に関し、数ページにわたる詳細なメモを作成してくださった。大里氏には、機関誌『みどりの仲間』や当時の活動記録など、入手困難な資料を多く見せていただいた。

人生雑誌のメディア史に焦点を当てた本書では、紙幅の都合もあり、地域の緑の会の活動についてはあまり扱えなかったが、上記の場で学んだり感じ取ったりしたことは、本書の記述の端々に滲《にじ》み出ているかもしれない。むろん、当時の状況についての理解不足や誤認もあるかもしれないが、それはあくまで筆者の責に帰するものである。

筑摩書房・石島裕之さんには、『二・二六事件の幻影』（二〇一三年）に続いて、たいへんお世話になった。前著の打ち合せの折にも、何度か人生雑誌史について話したことがあったが、石島さんにはこれに興味をお持ちいただき、前著『「戦跡」の戦後史』（岩波現代全書、二〇一五年八月）の刊行と同時に、具体的な執筆の話をいただいた。私としてはここ数年、ずっと温めてきたテーマではあったものの、従来の仕事からして「戦争（研究）の人」というイメージも小さくないだろうし、はたして興味を持ってくれる出版社があるのだろうか、という不安もあった。石島さんには折よく声をかけていただいたうえに、部分的に原稿をお送りしたときにも、ていねいな感想をいただいた。もっとも、前著の刊行から一年余しか経ない時期に締め切りが設定されたときには、さすがにプレッシャーは大きかったが、結果的にそのおかげで、二〇一六年の夏休み期間に集中的に執筆に取り組むことができた。

最後に私事を一言。このテーマに関心を持ち始めたころは、まだ長男・次男も幼く、親子ともども、よく虫採りに興じていた。それから一〇年ほどが経過し、気がつけば、人生雑誌の読者たちの年齢にも近くなった。最近ではさすがに、私と遊んでくれることは少なく、やや淋しい思いもないではないが、いずれ彼らが本書を手にとり、「生き方」「読書」「社会」といったものを相対化しつつ、いくらかなりとも考えることでもあれば、うれしく思う。

自宅で執筆に専念できたのは、何より妻のおかげである。追い込みの時期には、家族によれば、どうも重い雰囲気を醸し出しているらしい。本人としては、いたって和やかな表情に努めたつもりではあるが、家族にはそうは映らなかったのかもしれない。刊行後には償いもかねて、人生雑誌の関係者を多く育んだ信州にでも家族旅行に行ければ、と思っている。

二〇一六年一一月

福間良明

註

序章

1――城島明彦「青春出版『ビッグ・トゥモロウ』はなぜ売れたか――「泥臭さ」で大衆を掴んだ苦労人社長」『プレジデント』一九八五年三月号、二一九頁。

2――『出版年鑑 一九五五年版』出版ニュース社、一九五五年、一六三八頁。竹内洋「『中央公論』――誌運の法則」竹内洋・佐藤卓己・稲垣恭子編『日本の論壇雑誌――教養メディアの盛衰』創元社、二〇一四年。佐藤卓己「『世界』――戦後平和主義のメートル原器」竹内洋・佐藤卓己・稲垣恭子編『日本の論壇雑誌――教養メディアの盛衰』（前掲）。

3――本書では、「ノン・エリート層を主たる読者対象とし、かつ内省と人文社会科学の読書に重きを置き、実利を超えた形而上的な「生き方」の模索と人格陶冶を志向する雑誌」を、人生雑誌として位置づける。その代表的なものとして、これらの雑誌のなかでは発行部数が群を抜いて多かった『葦』『人生手帖』をおもに扱う。

4――代表的なものとして、橋本健二『増補新版「格差」の戦後史』（河出ブックス、二〇一三年）、吉川洋『高度成長』（中公文庫、二〇一二年）、武田晴人『高度成長』（岩波新書、二〇〇八年）、猪木武徳『日本の近代7 経済成長の果実』（中央公論新社、二〇〇〇年）のほか、荒川章二『全集日本の歴史16 豊かさへの渇望』（小学館、二〇〇九年）など。集団就職の実態を考察したものとして、小川利夫・高沢武司編『集団就職――その追跡研究』（明治図書出版、一九六七年）、加瀬和俊『集団就職の時代』（青木書店、一九九七年）および山口覚『集団就職とは何であったか』（ミネルヴァ書房、二〇一六年）など。

5――「生き方」を扱う雑誌としては、『PHP』（PHP研究所、一九四七年創刊）もあげられよう。だが、人文社会科学の知への言及が見られない点で、本書で扱う『葦』『人生手帖』などの人生雑誌とは異質である。この点については第4章参照。

6――その他、戦前・戦後の教養主義を扱ったものとして、竹内洋『日本の近代12 学歴貴族の栄光と挫折』（中央公論新社、一九九九年）、筒井清忠『日本型「教養」の運命』（岩波書店、一九九五年）など。教養主義を支えたメディアに着目した代表的な研究として、佐藤卓己『物語岩波書店百年史2 「教育」の時代』（岩波書店、二〇一三年）・『「図書」のメディア史』（岩波書店、二〇一五年）、竹内洋・佐藤卓己・稲垣恭子編『日本の論壇雑誌――教養メディアの盛衰』（創元社、二〇一四年）があげられる。

7――竹内洋『教養主義の没落』（中公新書、二〇〇三年）は、ブルデューの文化資本論も参照しつつ、学歴エリートに成り上がろうとする農村出身者と、高い文化資本を有する都市エリート層との間の、趣味や慣習（ハビトゥス）の葛藤を指摘している。また、佐藤卓己『言論統制』（中公新書、二〇〇四年）は、農村出身で苦学を重ねたインテリ軍人である鈴木庫三《くらぞう》（内閣情報部情報官）と正系学歴を経た大学知識人との軋轢を論じている。その他、大衆層と教養の関わりを考察したものとしては、テレビ・メディアを教養文化史として読み解いた佐藤卓己『テレビ的教養』（NTT出版、二〇〇八年）、労働者の音楽文化と教養主義の接点について考察した長崎励朗『「つながり」の戦後文化誌――労音、そして宝塚、万博』（河出書房新社、二〇一三年）など。本書はこれらの議論を参照したうえで、勤労青年のようなノン・エリート層がインテリへの憧憬と屈折を抱きつつ、いかなる教養文化やメディア文化が生成されてきたのかを考察する。

8――小椋郁枝「私の生きてきた中から」『人生手帖』一九五五年一月号、三一頁。

9――本書のなかでは、「読者（たち）の「想像の共同体」」のほか、文脈に応じて「想像の読者共同体」という表現を用いているが、意図するところは同じものとご理解いただきたい。雑誌メディアが生み出す「想像の読者共同体」については、福間良明「『葦』『人生手帖』――勤労青年が渇望した教養と人生雑誌」（佐藤卓己編『青年と雑誌の黄金時代』岩波書店、二〇一五年）のなかで論じているほか、河崎吉紀「想像の読者共同体」（『図書』二〇一六年二月号）、佐藤彰宣「野球雑誌をめぐる啓蒙と娯楽の拮抗――戦後初期における『ベースボール・マガジン』の変容」（『ソシオロジ』六一号、二〇一六年）でも扱われている。

10――サークル史研究としては、思想の科学研究会編『共同研究 集団』（平凡社、一九七六年）を嚆矢として、天野正子『「つきあい」の戦後史』（吉川弘文館、二〇〇五年）、新木安利『サークル村の磁場』（海鳥社、二〇一一年）、水溜真由美『「サークル村」と森崎和江』（ナカニシヤ出版、二〇一三年）、道場親信『下丸子文化集団とその時代――一九五〇年代サークル文化運動の光芒』（みすず書房、二〇一六年）、宇野田尚哉ほか編『「サークルの時代」を読む――戦後文化運動研究への招待』（影書房、二〇一六年）などがあげられる。いずれも、各地の労働者・大衆の文化活動や文筆実践の歴史を緻密に掘り起こしている。だが、総じて「インテリとは異質な大衆」が前提視されており、知的なものへの憧憬を抱えた人々の鬱屈や葛藤に関心が払われているわけではない。本書では、従来、顧みられなかった人生雑誌史を掘り起こし、そこでの査読の機能も念頭に置きながら、「インテリと大衆のはざま」におけるメディアの力学を検証する。

11――山本茂實「知識人の特権意識と庶民社会への反省」『葦』一九五一年早春号、一〇一頁。

12――鶴野忠一「怠慢を糊塗するな」『葦』一九五一年一月号、七一頁。

13――『葦』に関する主要先行研究としては、大串潤児「山本茂実と地域「葦会」」(『年報日本現代史』第八号、二〇〇二年)・「青年団・葦会、そして〈山脈〉」(『「思想の科学」50年の回想』出版ニュース社、二〇〇六年)があげられる。大串によるこれらの研究は、地域の社会運動史資料を掘り起こしながら、信州で『葦』が生み出される文化的・社会的な背景や地域の読者サークル(松本葦会)の動きについて詳述している。また、大串らの手によって、松本葦会機関誌『たんぽゝ』の復刻もなされている(松本葦会・信州大学人文学部大串潤児研究室編・発行『松本葦会機関誌 復刻「たんぽゝ」「たんぽゝニュース」』全三分冊、二〇〇九年)。

その他、天野正子『「つきあい」の戦後史』(前掲)、鳥羽耕史『1950年代――「記録」の時代』(河出ブックス、二〇一〇年)、北河賢三『戦後史のなかの生活記録運動』(岩波書店、二〇一四年)、竹村民郎「戦後日本における文化運動と歴史意識――職場の歴史・個人の歴史をつくる運動に関連して」(『現代社会研究』第二号、京都女子大学現代社会学部、二〇〇一年)などでも、部分的に『葦』『人生手帖』が扱われている。

ただし、これらは総じて、メディアとしての人生雑誌の戦後史を広く見渡すものではない。生活記録運動との関わりで、読者サークル(地域の葦会・緑の会)の実践に焦点が当てられる一方、誌面における人文社会系の論説・文献紹介の存在はあまり着目されず、人生雑誌の教養メディアとしての側面、さらには、勤労青年と教養や知識人との葛藤を見据えたものではない。本書は、上記の研究に学びつつも、人生雑誌のメディアとしての機能(「想像の読者共同体」「査読」など)に注目し、「インテリと大衆のはざま」で紡がれる人生雑誌の戦後史と大衆教養主義の盛衰を描く。そのうえで、そこに浮かび上がる大衆教養主義文化が、大学におけるエリート的な教養文化と何が重なり、何が相違するのかを考察したい(おもに終章)。

なお、勤労青年たちのサークルである「若い根っこの会」(代表・加藤日出男、一九五三年創設)については、阪本博志「戦後日本における「勤労青年」文化――「若い根っこの会」会員手記に見る人生観の変容」(『京都社会学年報』八号、二〇〇〇年)に詳しいほか、同じ著者による『「平凡」の時代――1950年代の大衆娯楽雑誌と若者たち』(昭和堂、二〇〇八年)でもふれられている。「若い根っこの会」は、一九七二年の時点で三万二〇〇〇名の会員を獲得するなど、規模も大きく、新聞等でも少なからず取り上げられてきた。ただし、教養主義や左派的な色彩は薄く、民社党との近さもしばしば指摘された（加納明弘・加納建太『お前の1960年代を、死ぬ前にしゃべっとけ！』ポット出版、二〇一〇年）。『前衛』（一九七二年七月号）でも、「自民党保守反動政府と独占資本の若年労働者対策に協力」していると批判されていた。本書は、あくまで勤労青年の大衆教養主義を考察するものであり、したがって、「若い根っこの会」にはとくに言及しない。

第1章

1――山本和加子『「あ、野麦峠」と山本茂実』角川学芸出版、二〇一〇年、五六頁。山本和加子は、山本茂實の妻である。

2――山本茂實『救われざるの記』葦会、一九五二年、四〇頁。

3――同、四一頁。

4――山本和加子『「あ、野麦峠」と山本茂実』（前掲）、六〇―六二頁。

5――同、五九頁。

6――八本木浄『戦争末期の青年学校』日本図書センター、一九九六年。

7――山本和加子『「あ、野麦峠」と山本茂実』（前掲）、七〇頁。山本茂實「来し方の記13　奇妙な学校だった青訓」『信濃毎日新聞』一九八六年六月一三日、夕刊。

8――山本和加子『「あ、野麦峠」と山本茂実』（前掲）、七八頁。近衛兵の選抜基準については、兵役法施行規則に記載されている。近衛師団に士官として勤務した村上稔夫と村上兵衛による『花の近衛兵よもやま物語』（光人社、一九八六年）でも、近衛兵選抜のプロセスに言及されている。

9――同、八〇頁。

10――山本茂實『生き抜く悩み』葦会、一九五二年、一二〇頁。初刊は一九四七年（廣文堂刊）。

11――山本和加子『「あ、野麦峠」と山本茂実』（前掲）、九五―九六頁。

12――山本茂實『生き抜く悩み』（前掲）、一二〇―一二一頁。初出は、山本茂實「水草と浮草」（『信濃毎日新聞』一九四二年七月一三日）。

13――山本和加子『「あ、野麦峠」と山本茂実』（前掲）、一一〇頁。

14――座談会「『葦』創刊頃の思い出を語る」『葦』別冊特集号、一九五二年二月、二一頁。
15――多田道太郎『複製芸術論』勁草書房、一九六二年、三〇三頁。初出は、書評「野間宏『真空地帯』」(『岩波講座 文学の創造と鑑賞1』岩波書店、一九五四年)。
16――座談会「「葦」創刊頃の思い出を語る」(前掲)、二一頁。
17――山本茂實「神田塾と深志学院」深志学院記録作成委員会編・発行『全国一の学校と――深志学院の記録』一九九二年。山本和加子『「あ、野麦峠」と山本茂実』(前掲)、一三一―一三八頁。大串潤児「山本茂実と地域「葦会」」(前掲)。
18――大串潤児「山本茂実と地域「葦会」」『年報日本現代史』第八号、二〇〇二年。
19――座談会「『葦』創刊頃の思い出を語る」(前掲)、二〇頁。
20――山本茂實『生き抜く悩み』(前掲)の「あとがき」、奥付、および山本茂實『嵐の中の人生論』(第一二版、葦会、一九五六年、初版は一九五三年)の広告より。なお、『生き抜く悩み』は、一九四九年以降は、山本茂實が創業した葦会より発行されている。『葦』の創刊(一九四九年一月)とともに発足した同会は当初は、早稲田葦会と称し、その後、葦会(一九四九年七月ごろ)、葦出版社(一九五四年九月ごろ)へと改称している。葦出版社は当初は有限会社だったが、一九五八年ごろには株式会社になった。ただ、時期ごとに組織名称を厳密に記載することは、読者にとっても煩瑣なため、本書ではこの出版組織を指す際には、基本的に「葦会」もしくは「葦会(葦出版社)」と表記する。なお、地方の読者会も葦会という名称であり、出版組織との混同が生じやすい。それについて本書で記載する場合には、「地域の葦会」などと表記する。
21――『潮』創刊号(一九五二年六月)の『生き抜く悩み』の広告欄[三三頁]に記載。柳田の書評の初出は不明。
22――とえだ・てつを「『葦』創刊のころを語る(1)」『葦』一九五五年四月、一〇一頁。
23――同。
24――城島明彦「『葦』が生んだ出版界の巨人」『葦』復刻記念臨時増刊号(国書刊行会)、一九八五年七月、一五頁。なお、「編集同人」には、早稲田大学生の戸枝徹男や東京文理科大学の田中邦雄など、大学の在籍者や卒業生も名を連ねていた(田中邦雄は古生物学の研究者で、一九四九年より信州大学助教授、のちに教授)。ただし、大和岩雄が葦編集部に入った当時を振り返って「編集者は[当初は]僕一人」「早乙女勝元氏が編集部へ入って二人になった」[大和岩雄『明日の記念に』私家版、一九七〇年、八九―九〇頁]と回想しているように、編集者としての業務は、山本や大和、早乙女勝元らによって担われていたものと思われる。
25――早乙女勝元『生きることと学ぶこと』岩波ジュニア新書、一九九七年、三五-三六頁。
26――大和書房編・発行『大和書房三十年のあゆみ』一九九一年、五〇-五一頁。また、大和岩雄は、しばしば「なんだ人生雑誌か」という軽侮が語られることにふれながら、「それは、サラリーマンが、「なんだパチンコ屋の店員か」、本工が「なんだ臨時工か」、全日制の高校生が「なんだ定時制高校生か」といういい方に似ている」ことを記している〔大和岩雄『明日の記念に』私家版、一九六九年、八四-八五頁〕。人生雑誌の編集が「就職組」を取り巻く格差の問題に根差していることが、ここからもうかがえる。なお、大和は『葦』の誌面（座談会、編集後記、奥付など）では、「池上岩男」の名前を用いることが多かった。
27――「かわず」欄、『葦』一九五五年一一月、八九頁。
28――「編集後記」『葦』一九四九年初夏号、七六頁。
29――「『葦』創刊頃の思い出を語る」『葦』別冊特集号、一九五二年二月、二五頁、二八頁。『サンデー毎日』一九五五年四月一〇日号。大和岩雄『明日の記念に』（前掲）、一七頁。
30――岡田茂「試写会中、泣きどおしだった五島慶太翁」東映編・発行『クロニクル東映1947―1991 Ⅰ』一九九二年、一九頁。映画『きけ、わだつみの声』（東横、一九五〇年）の社会的な受容状況については、福間良明『「反戦」のメディア史』（世界思想社、二〇〇六年）参照。
31――リチャード・ホーフスタッター『アメリカの反知性主義』田村哲夫訳、みすず書房、二〇〇三年、六頁。
32――森本あんりも、アメリカ・キリスト教史におけるピューリタリズムの極端な知性主義とリバイバリズムの拮抗をたどりながら、反知性主義には「知性が知らぬ間に越権行為を働いていないか」「自分の権威を不当に拡大使用していないか」を監視しようとする側面もあったことを指摘している。言うなれば、反知性主義は「知性と権力の固定的な結びつきに対する反感」「知的な特権階級が存在することに対する反感」であり、平たく言えば「特定大学そのものへの反感ではなく、その出身者が固定的に国家などの権力構造を左右する立場にあり続けることに対する反感」である。森本あんり『反知性主義――アメリカが生んだ「熱病」の正体』新潮選書、二〇一五年、二六一-二六二頁。
33――山本茂實「潮の発刊について」『葦』一九五二年初夏号、一一八頁。
34――『きけわだつみのこえ』を論じた同号所収の論説は、柳田謙十郎「わだつみの声と平和の問題」、山本茂實

「民衆の侮蔑とインテリゲンチァの怠慢」、椎名麟三「二重に理不尽なもの」。
35――山本茂實『生き抜く悩み』（前掲）所収、五二頁。
36――同、五四頁。
37――上木敏郎『土田杏村と自由大学運動』誠文堂新光社、一九八二年、七一頁。
38――同、一八五頁。
39――長野県青年団運動史編集委員会編『長野県青年団運動史』長野県連合青年団、一九八五年、三三頁。上木敏郎『土田杏村と自由大学運動』（前掲）、一五五頁。青年団官制化の背景については、宮坂広作『近代日本社会教育政策史』（国土社、一九六六年、一八九頁）参照。
40――長野県青年団運動史編集委員会編『長野県青年団運動史』（前掲）、三三頁。長野県下伊那郡青年団史編纂委員会編『下伊那青年運動史』国土社、一九六〇年。

第2章

1――寺島文夫『人生はわが学校』文理書院、一九五七年、一四八頁。
2――緑の会本部事務局「緑の会の今後の発展のために」『人生手帖』一九七四年一一月号、一二七頁。
3――寺島文夫『人生はわが学校』（前掲）、一四九頁。
4――同、一五〇頁。寺島文夫「私の人生論――主張とその実践」『人生手帖』一九六九年一月号、五〇頁。
5――木村健司「生きる道を求めて」『人生手帖』創刊号（一九五一年一月）、一二三―一二五頁。
6――「九月号アンケートにみる読者の意見と要望」『人生手帖』一九六八年一一月号、九六頁。
7――山本和加子『「あ、野麦峠」と山本茂実』（前掲）、一八四頁。
8――『葦』一九四九年夏号や一九五〇年秋号の奥付では、山本茂實とともに池上岩男（大和岩雄）が編集人として記載されている。
9――『大和書房三十年のあゆみ』大和書房、一九九一年、二一頁。
10――寺島文夫『学歴なし』青春出版社、一九五六年、一八頁。
11――『葦』編集部「全国の読者に訴える」『葦』一九五四年九月号、三四―三七頁。
12――『葦』編集部「抗議に応えて」『知性』一九五四年一〇月号、五〇頁。

13――『葦』編集部「全国の読者に訴える」（前掲）、三四－三六頁。東京葦読者会「全国の仲間の人たちに」『葦』一九五四年九月、三九－四二頁。
14――「青年雑誌屋さんほくほく帖」『サンデー毎日』一九五五年四月一〇日号、二一頁。手塚哲「『葦』のころ」『葦』復刻記念臨時増刊号、一九八五年、七二頁。
15――山本茂實「怒りについて」『葦』一九五一年春号、八四－八五頁。「教え子の一人として」『葦』一九五四年九月号、八一頁。
16――松田治一郎「葦と山本茂実君」『葦』一九五八年一二月号、一三二頁。
17――「よびかけ」『人生手帖』一九五三年一月号。緑の会本部事務局「緑の会の今後の発展のために」『人生手帖』一九七四年一一月号、一二八頁。
18――「大はやりの人生雑誌」『西日本新聞』一九五五年一一月二五日。
19――広告「新綜合雑誌 潮《うしお》」『葦』一九五二年初夏号、表四。
20――「葦読者へ急告!!」『葦』一九五三年六月号、一九七頁。なお、『葦』（一九五三年八月号）に『雑草』八月創刊号の広告が掲載されている［表四］。
21――有吉佐和子は『小説葦』一九五五年晩秋号に作品（「仲居おげん」）を発表しているほか、一九五六年春号にも、白根あぐりの筆名での文芸座談会が収められている。ただし、『小説葦』一九五五年晩秋号については、『葦』一九五五年一一月号の同誌告で確認できるものの、この現物は確認できていない。石垣りんは「貧乏」と題した詩を『小説葦』一九五六年春号に発表している。
22――「「人生雑誌」の秘密――若者の求めているものは何か?」『週刊朝日』一九五五年七月一七日、四頁。「大はやりの人生雑誌」『西日本新聞』一九五五年一一月二五日。
23――石垣綾子・小田切秀雄（対談）「十代のひとびと」『葦』一九五五年五月号、七五頁。
24――池田壽子「悲しみを超えて」『人生手帖』一九五三年四月号、二五頁。
25――「「人生雑誌」の秘密――若者の求めているものは何か?」『週刊朝日』一九五五年七月一七日、四頁。
26――旧制中学への進学率は、一九四〇年時点で約七パーセント、高等女学校や実業学校等を含めても約二五パーセントでしかなかった（中央教育審議会「初等中等教育と高等教育との接続の改善について（中間報告）」一九九九年一一月一日［文部科学省ホームページ］）。

27――寺島文夫『学歴なし』青春出版社、一九五六年、一九頁。
28――橋本健二『増補新版「格差」の戦後史』河出ブックス、二〇一三年、一一〇頁。
29――加瀬和俊『集団就職の時代』(前掲)、一一―一二頁。
30――橋本健二『はじまりの戦後日本』(前掲)、一三九頁。
31――近藤康男「農村の二三男問題について」『世界』一九五四年一二月号。
32――『毎日新聞』一九五四年一〇月六日。なお、『朝日新聞』(一九五四年一二月二四日)は「防衛庁が少年自衛隊員として先月から募集していた三等陸、海、空士(満十五歳から十七歳未満)は去る二十日締切ったが、採用数三百十人に対し当局の予想をはるかに上回る約三五・五倍の一万九百九十五人が応募、同庁首脳部も注目している」と報じている。これに関し、評論家・安田武はその著書『少年自衛隊』(東書房、一九五六年)のなかで、少年自衛隊員に応募する農村少年の多さの背景を分析している。そこでは「お金のかからねあどさえって、勉強しでやくて……」という当事者の言葉を引きながら、「成績が優秀で、当人が進学の希望に燃えている」層が、少年自衛隊に応募しており、それは「『就職問題』ではなくて、『進学問題』というべきであろう」と記している〔四二頁、四八頁〕。単なる職の獲得ではなく、高校進学に代わる「何かを学ぶ機会」として、(少年)自衛隊という進路が選び取られているという指摘である。安田の戦争体験論に関する後年の著作に比べれば、最初の著書であるこの『少年自衛隊』は、昨今の研究で言及されることは少なく、むしろ忘れられた感さえあるが、一九五〇年代半ばにおける自衛隊志願者の多さの背景を考えるうえでは、重要な記録である。
33――丸山眞男『増補版 現代政治の思想と行動』未來社、一九六四年、一二五―一二六頁。
34――加瀬和俊『集団就職の時代』(前掲)、三八頁。
35――氏原正治郎・高梨昌『日本労働市場分析(上)』東京大学出版会、一九七一年、八一頁。
36――加瀬和俊『集団就職の時代』(前掲)、一〇一―一〇三頁。
37――同、一〇二―一〇三頁。
38――同、一四五頁。なお、「集団就職」の形態について、戦前期にさかのぼって、その系譜を洗い出した研究として、山口覚『集団就職とは何であったか』(ミネルヴァ書房、二〇一六年)があげられる。中卒就職者の背後にある社会構造を分析したものとしては、苅谷剛彦・菅山真次・石田浩編『学校・職安と労働市場』(東京大学出版会、二〇〇〇年)がある。

39――吉川洋『高度成長』中公文庫、二〇一二年、一〇五頁。梅澤正「集団就職」『戦後史大事典　増補新版』三省堂、二〇〇五年、四一五頁。
40――新井巌「本年度学卒者の就職予想」『職業指導』一九六〇年一二月号、三八頁。
41――労働省婦人少年局編・発行『雨にも風にも――働く年少者の生活記録』一九六一年版、六七頁。
42――労働省婦人少年局編・発行『年少労働の現状』一九六五年版、九頁。
43――『人生手帖』(一九六六年六月号)に寄せられた手記でも、四年ほど前の住み込み労働のことを回想しながら、「寄宿舎が、寝室は別にして、居間が六畳に二十余名という配分で、身動きのできない状態」であったことを記している[久保テイ子「未成年だが強く生きる」四三頁]。
44――加瀬和俊『集団就職の時代』(前掲)、一七二頁。
45――なお、一九六〇年代初頭にもなると、中規模の企業においては、定時制通学を認める動きが広がるようになった。『労働行政要覧昭和三七年』(労働省編、一九六二年)には、定時制高校に通う従業員に対し「中企業では早退を認める等の便宜をあたえている」ことが指摘されている。ただし、大企業の場合は、研修施設が事業所内に設置されていたこともあり、従業員の定時制通学に消極的であった[二〇〇頁]。当時、人手不足が深刻化していており、中堅以下の企業は大企業以上に人材難に直面していた。その対応として、零細企業に比べれば、まだしも余力がある中堅規模の企業が、定時制通学を認め始めたものと考えられる。
46――横倉貴司「定時制高校にもっと理解を!」『人生手帖』一九六五年一〇月号、一七頁。
47――早乙女勝元『生きることと学ぶこと』岩波ジュニア新書、一九九七年、七八―八〇頁。
48――江角清美子「『人生手帖』は悪い雑誌か?」『人生手帖』一九六八年九月号、一二八頁。引用部の出来事は、一九六三年ごろのものと記載されている。なお、『人生手帖』(一九六三年七月号)の座談会「働く青年男女の生活と意見」でも、二〇歳の旋盤工は雇用主が緑の会への参加に快く思っていないことにふれながら、「やっぱり外部の人たちにふれることをいやがりますね。やめるっていう気をおこすんじゃないかって思うらしいんです」と語っていた[四五頁]。熟練の従業員が離職するきっかけになることへの懸念も、雇用主にとっては大きかった。
49――武田晴人『高度成長』岩波新書、九五頁。
50――日本戦没学生記念会の変遷については、福間良明『「戦争体験」の戦後史』(中公新書、二〇〇九年)参照。
51――福間良明「社会通信教育の変容と「改善の知」の系譜」(佐藤卓己・井上義和編『ラーニング・アロン』新曜

社、二〇〇八年）参照。
52――『人生手帖』一九六一年九月号（一四三頁）や一九六一年一〇月号（巻頭）の広告など。
53――脚本は『キネマ旬報』一九六二年二月下旬号（シナリオ「キューポラのある街」）などに収められているが、当然ながら映画での台詞と若干の相違があるため、同映画DVD（日活、二〇〇二年）を参照している。
54――寺島文夫「私の人生論――主張とその実践」（前掲）、五二頁。
55――『葦』一九五〇年秋号、六四頁。『葦』一九五四年二月号、一〇六頁。
56――太田聖「社会の実際を学ぶことのできる本」『人生手帖』一九六二年四月号、一三三頁。菅原好男「努力と協力で得た喜び」『人生手帖』一九六七年一〇月号、六九頁。
57――『人生手帖』（一九六四年二月号）の「緑の会のサークル活動欄」では、各地域の緑の会（支部）の機関誌に言及しながら、「現在どこでも悩んでいることはなんといっても原稿不足。これはどこの支部でも同じ。そのほか、書く人がきまってくるということ」という問題点が挙げられている［一三〇頁］。
58――「中野緑の会」史出版実行委員会編・発行『中野緑の会史』一九九四年、八六頁。
59――中村真一郎『女たち』中公文庫、一九八〇年、一六頁、三七頁。
60――竹内洋『教養主義の没落』（前掲）。
61――教養主義と近代以前にさかのぼる庶民的な修養主義の結びつきについては、筒井清忠『日本型「教養」の運命』（岩波書店、一九九五年）参照。
62――和辻哲郎「教養」『和辻哲郎全集』第二〇巻、岩波書店、一九六三年、二五七-二五九頁。
63――佐藤忠男「カッパ・ブックス論」『週刊読書人』一九六二年一一月二五日。加藤一夫編『カッパの本』（光文社、一九六八年、非売品）所収。
64――早乙女勝元「戦火の中で生き残って」『人生手帖』一九六四年七月号、一三-一四頁。

第3章

1――「編集後記」『人生手帖』一九五七年四月号、一三七頁。大和岩雄『明日の記念に』（前掲）、七二-七三頁。『人生手帖』（一九五六年一一月号）の「編集手帖」には、大和の名前が記載されているので、文理書院退社は、それ以降のことと思われる。なお、同書では一九五六年五月に青春出版社を設立したと記載しているが、青春出版社の書籍は、すでに一九五五年より刊行されている（村上信彦『あたらしい幸福』、三浦つとむ『こう考えるのが正しい——弁証法を生活に役立てる』など）。青春出版社のホームページでも、一九五五年の設立と記載されている。

2——第一回のみ、タイトルは「軍艦日記」となっている。なお、『青春の手帖』の読者層は、一九六一年八月の調査によれば、「工員二八%、店員二二%、学生（主として定時制高校生）一八%、その他」となっており、「学歴は中卒が七〇%」であったという［大和岩雄『明日の記念に』（前掲）、八五頁］。

3——山本和加子『「あ、野麦峠」と山本茂実』（前掲）、一八九–一九一頁、一九六–一九八頁。同書によれば、山本の名誉棄損をめぐる訴訟は、一九五五年九月に山本の勝訴で終わった。なお同書は『日本観光新聞』（一九五五年一〇月二一日）に謝罪広告が掲載されたことを記しているが、管見の範囲では同紙にそうした記載は見当らない。

4——布川清司・野崎務・遠島満宗「人生雑誌の運動をになうもの」『思想の科学』一九六三年一一月号、一八頁。大和岩雄『明日の記念に』（前掲）、九七頁。

5——『大和書房三十年のあゆみ』（前掲）、二六頁。

6——緑の会本部事務局「緑の会の発展のために」『人生手帖』一九五九年一月号、一三八頁。

7——大和岩雄『明日の記念に』（私家版、一九六九年、九五–九六頁）より重引。『青春の手帖』（一九六三年九月号）は、大学・公立図書館や大和書房でも所蔵が見当たらない。

8——「連載インタビュー　日本的雇用慣行を築いた人達——小松廣氏にきく（2）」『日本労働協会雑誌』一九八二年三月号、六一頁。

9——加瀬和俊『集団就職の時代』（前掲）、六五頁、七二頁。

10——高校全員入学問題全国協議会編『戦後民主主義教育の思想と運動』青木書店、一九七一年、一三三頁。

11——望月明子「妹には晴着を」『人生手帖』一九六三年一月号、一六頁。坂上幸雄「私は立派な農村青年に」『人生手帖』一九六三年三月号、五六頁。

12——高校全員入学問題全国協議会編『戦後民主主義教育の思想と運動』（前掲）、一一四頁。

13——同、一〇五頁、一三九頁。

14——同、一〇五頁。文部省初等中等教育局編・発行『高等学校生徒急増対策と「高校全入運動」の可否』一九六一年四月、一八頁、二六頁。

15——高校全員入学問題全国協議会編『戦後民主主義教育の思想と運動』（前掲）、一一〇頁、一三四–一三五頁。

16――同、一一三頁、一一九頁。
17――「〝高校への全員入学〟――一七団体で協議会を結成」『読売新聞』一九六二年四月二四日、夕刊。
18――高校全員入学問題全国協議会編『戦後民主主義教育の思想と運動』（前掲）、一二六頁。
19――東京都教育庁学務部高等学校教育課編『都立定時制高校の現状と課題』東京都教育委員会、一九七七年、三一四頁。
20――『読売新聞』（都民版）一九五六年二月一二日、一九六九年二月七日、一九七二年二月二五日。
21――清水勇『定時制高校教育の現状』東日本新聞社、一九六八年、三〇頁。
22――東京都教育庁学務部高等学校教育課編『都立定時制高校の現状と課題』（前掲）、一五頁。
23――苅谷剛彦『大衆教育社会のゆくえ』中公新書、一九九五年、一〇頁。
24――この書き手は高校生ではあり、中卒学歴の勤労青年の手によるものではない。しかし、実利を超越した「真の生き方」の模索が、勤労青年層の読者を想定した雑誌で扱われていたことが、この時代の人生雑誌史の特質を浮き彫りにしている。
25――高校全員入学問題全国協議会編『戦後民主主義教育の思想と運動』（前掲）、一〇六頁。
26――田中象三「〝中卒のくせに〟といわれて」『人生手帖』一九六八年一月号、一二頁。
27――吉川洋『高度成長』（前掲）、一一四―一一五頁。
28――加瀬和俊『集団就職の時代』（前掲）、七三頁。
29――同、一五四―一五六頁。
30――東京都教育庁学務部高等学校教育課編『都立定時制高校の現状と課題』（前掲）、五頁。
31――『大和書房三十年のあゆみ』（前掲、三八頁）より重引。
32――荒川章二『全集日本の歴史16 豊かさへの渇望』小学館、二〇〇九年。
33――小川利夫・高沢武司編『集団就職――その追跡研究』明治図書出版、一九六七年、六九頁、七一頁。
34――同、七一頁。
35――苅谷剛彦『大衆教育社会のゆくえ』（前掲）、九七頁、九九頁。
36――丸山眞男『自己内対話』みすず書房、一九九八年、一三三頁、一三五頁。『毎日新聞』一九六八年一二月二四日。

37――橋本健二『増補新版「格差」の戦後史』(前掲)、一三五頁。丸山眞男『自己内対話』(前掲)、一三五頁。
38――永山則夫『無知の涙 増補新版』河出文庫、一九九〇年、六七頁。この個所の執筆日時は、一九六九年八月九日。

第4章

1――寺島文夫『自然食のすすめ――食生活こそ健康のカギだ』実業之日本社、一九七二年。
2――藤田和芳「大地を守る会」吉見俊哉編『ひとびとの精神史5 万博と沖縄返還』岩波書店、二〇一五年、二八六－二八七頁、二九三頁。
3――同、二八八頁。
4――同、二九〇頁。
5――寺島文夫「緑の会と玄米自然食について」『人生手帖』一九七二年一一月号、一五一頁。
6――同、一五一頁。
7――「誌名改題について愛読者のみなさんにお知らせとおねがい」『人生手帖』一九七四年一〇月号、四一頁。
8――緑の会本部事務局「緑の会の今後の発展のために」『人生手帖』一九七四年一一月号、一二七頁。
9――パンフレット「PHP研究所創設四〇周年記念の集い」PHP研究所創設四〇周年記念の集い実行委員会、一九八六年一一月。なお、雑誌『PHP』の史的変遷や受容動向を論じたものとして、宮地正人「資本による価値観の組織化とその歴史」(『歴史評論』第三四四号、一九七八年)および山本明「PHPと読者たち」(『別冊経済評論』第三号、一九七〇年)などがあげられる。
10――小田切秀雄「解説――時代を超えて生きる『あゝ野麦峠』」山本茂實『あゝ野麦峠』角川文庫、一九七七年、四〇〇頁。
11――森一郎『試験にでる英単語』(改訂新版)、青春出版社、一九七五年、一〇－一一頁。
12――『大和書房の五十年』(前掲)、一二一－一二二頁。
13――大和岩雄『新版古事記成立考』大和書房、二〇〇九年、一頁。
14――松本清張「半生の記」『松本清張全集34 半生の記 ハノイで見たこと エッセイより』文藝春秋、一九七四年。
15――同、四二－四三頁。

終章

1——竹内洋『日本の近代12　学歴貴族の栄光と挫折』中央公論新社、一九九九年、二九五頁。
2——「人生雑誌は変わる」『毎日新聞』一九五七年一月二一日。
3——見田宗介『まなざしの地獄』河出書房新社、二〇〇八年、五一頁、四二頁。
4——「緑の葉」欄『人生手帖』一九五二年三月号、三九頁。
5——竹内洋『革新幻想の戦後史』中央公論新社、二〇一一年。
6——苅谷剛彦『大衆教育社会のゆくえ』（前掲）、一五頁、三八頁。
7——この点については、酒井隆史「現代日本の「反・反知性主義」？」（『現代思想』二〇一五年二月号）で詳しく論じられている。
8——竹内洋「「ひけらかす」教養と「じゃまをする」教養」『世界思想』28号、二〇〇一年。引用は、竹内洋『学問の下流化』中央公論新社、二〇〇八年、二一七頁。

エピローグ

1——二〇一五年五月五日投函の私信。この元読者の私信については、ご本人と大和岩雄氏の許可を得て、引用している。
2——二〇一五年一二月二四日投函の私信。
3——『葦』復刻記念臨時増刊号（国書刊行会、一九八五年）の「雑誌『葦』総目次」では、九九号分の書影と目次（一部）が記載されているが、一九五四年早春号（東京都立多摩図書館所蔵）が漏れている。

図版出典一覧（本文に出所を記載していないもの）

【四五頁】山本和加子『「あ、野麦峠」と山本茂実』角川学芸出版、二〇一〇年
【五六頁】『葦』一九五一年夏号
【六九頁】『昭和史全記録　1926―1989』毎日新聞社、一九八九年
【八〇頁】『葦』一九五六年一〇月号グラビア
【八五頁】寺島文夫『人生はわが学校』青春出版社、一九五七年
【九〇頁】『アサヒグラフ』一九五五年九月二八日
【九三頁】『アサヒグラフ』一九五五年九月二八日
【一〇九頁】『二十四の瞳 デジタルリマスター』松竹株式会社事業部、二〇〇七年
【一〇九頁】『なつかしの日本映画ポスターコレクション』近代映画社、一九八九年
【一二四頁】田中哲男『東京慕情』東京新聞出版局、二〇〇八年
【一二六頁】読売新聞社提供
【一三三頁】『戦後史大事典　1945―2004』三省堂、二〇〇五年
【一五〇頁】立川市ホームページ（http://www.city.tachikawa.lg.jp/koho/shise/gaiyo/shokai/rekishi/1950-1970.html）
【一六五頁】『吉永小百合私のベスト20 DVDマガジン』第1号、講談社、二〇一二年
【二〇六頁】『昭和史全記録　1926―1989』毎日新聞社、一九八九年
【二二六頁】木村元『学校の戦後史』岩波新書、二〇一五年
【二三〇頁】朝日新聞社提供
【二三〇頁】『昭和二万日の全記録』第12巻、講談社、一九九〇年
【二三二頁】共同通信社提供

【二三五頁】『東宝／映画ポスターギャラリー』東宝、一九九五年
【二三八頁】VHS『未成年 続・キューポラのある街』（日活、一九九八年）カバージャケットより
【二四二頁】『昭和史全記録 1926-1989』毎日新聞社、一九八九年
【二五四頁】『昭和史全記録 1926-1989』毎日新聞社、一九八九年
【二五六頁】『昭和史全記録 1926-1989』毎日新聞社、一九八九年
【二八〇頁】『東宝／映画ポスターギャラリー』東宝、一九九五年

福間良明（ふくま・よしあき）

一九六九年、熊本市生まれ。京都大学大学院人間・環境学研究科博士課程修了。博士（人間・環境学）。香川大学経済学部准教授を経て、現在、立命館大学産業社会学部教授。専攻は歴史社会学・メディア史。主な著書に『「反戦」のメディア史――戦後日本における世論と輿論の拮抗』（世界思想社、二〇〇六年）、『「戦争体験」の戦後史――世代・教養・イデオロギー』（中公新書、二〇〇九年）、『焦土の記憶――沖縄・広島・長崎に映る戦後』（新曜社、二〇一一年）、『二・二六事件の幻影――戦後大衆文化とファシズムへの欲望』（筑摩書房、二〇一三年）、『「聖戦」の残像――知とメディアの歴史社会学』（人文書院、二〇一五年）、『「戦跡」の戦後史』（岩波現代全書、二〇一五年）など。

筑摩選書 0141

「働《はたら》く青年《せいねん》」と教養《きょうよう》の戦後史《せんごし》――「人生雑誌《じんせいざっし》」と読者《どくしゃ》のゆくえ

二〇一七年二月一五日　初版第一刷発行

著　者　福間《ふくま》良明《よしあき》

発行者　山野浩一

発行所　株式会社筑摩書房
東京都台東区蔵前二-五-三　郵便番号　一一一-八七五五
振替　〇〇一六〇-八-四一二三

装幀者　神田昇和

印刷 製本　中央精版印刷株式会社

筑摩書房サービスセンター
さいたま市北区櫛引町二-六〇四　〒三三一-八五〇七　電話　〇四八-六五一-〇〇五三
 ISBN978-4-480-01648-5 C0321

筑摩選書 0029

農村青年社事件
昭和アナキストの見た幻

保阪正康

不況にあえぐ昭和12年、突如全国で撒かれた号外新聞。そこには暴動・テロなどの見出しがあった。昭和最大規模のアナキスト弾圧事件の真相と人々の素顔に迫る。

筑摩選書 0034

反原発の思想史
冷戦からフクシマへ

絓 秀実

中ソ論争から「68年」やエコロジー、サブカルチャーを経てフクシマへ。複雑に交差する反核運動や「原子力の平和利用」などの論点から、3・11が顕在化させた現代史を描く。

筑摩選書 0054

世界正義論

井上達夫

超大国による「正義」の濫用、世界的な規模で広がりゆく貧富の格差……。こうした中にあって「グローバルな正義」の可能性を原理的に追究する政治哲学の書。

筑摩選書 0060

近代という教養
文学が背負った課題

石原千秋

日本の文学にとって近代とは何だったのか？ 文学が背負わされた重い課題を捉えなおし、現在にも生きる「教養」の源泉を、時代との格闘の跡にたどる。

筑摩選書 0067

ヨーロッパ文明の正体
何が資本主義を駆動させたか

下田 淳

なぜヨーロッパが資本主義システムを駆動させ、暴走させるに至ったのか。その歴史的必然と条件とは何か。近代を方向づけたヨーロッパ文明なるものの根幹に迫る。

筑摩選書 0070

社会心理学講義
〈閉ざされた社会〉と〈開かれた社会〉

小坂井敏晶

社会心理学とはどのような学問なのか。本書では、社会を支える「同一性と変化」の原理を軸にこの学の発想と意義を伝える。人間理解への示唆に満ちた渾身の講義。

筑摩選書 0107

日本語の科学が世界を変える

松尾義之

日本の科学・技術が卓抜した成果を上げている背景には「日本語での科学的思考」が寄与している。科学史の側面と数多の科学者の証言を手がかりに、この命題に迫る。

筑摩選書 0116

戦後日本の宗教史

天皇制・祖先崇拝・新宗教

島田裕巳

天皇制と祖先崇拝、そして新宗教という三つの柱を軸に、戦後日本の宗教の歴史をたどり、日本社会と日本人の精神がどのように変容したかを明らかにする。

筑摩選書 0117

戦後思想の「巨人」たち

「未来の他者」はどこにいるか

高澤秀次

「戦争と革命」という二〇世紀的な主題は「テロリズムとグローバリズムへの対抗運動」として再帰しつつある。「未来の他者」をキーワードに継続と変化を再考する。

筑摩選書 0127

分断社会を終わらせる

「だれもが受益者」という財政戦略

井手英策　古市将人　宮崎雅人

所得・世代・性別・地域間の対立が激化し、分断化が進む現代日本。なぜか？　どうすればいいのか？「救済」から「必要」へと政治理念の変革を訴える希望の書。

筑摩選書 0130

これからのマルクス経済学入門

松尾　匡　橋本貴彦

マルクスは資本主義経済をどう捉えていたのか？　マルクス経済学の基礎的概念を検討し、「投下労働価値」がその可能性の中心にあることを明確にした画期的な書！

筑摩選書 0133

憲法9条とわれらが日本

未来世代へ手渡す

大澤真幸

憲法九条を徹底して考え、戦後日本を鋭く問う。社会学者の編著者が、強靭な思索者たる井上達夫、加藤典洋、中島岳志の諸氏とともに、「これから」を提言する！

筑摩選書
0071

一神教の起源
旧約聖書の「神」はどこから来たのか

山我哲雄

ヤハウェのみを神とし、他の神を否定する唯一神観。この観念が、古代イスラエルにおいていかにして生じたのかを、信仰上の「革命」として鮮やかに描き出す。

筑摩選書
0072

愛国・革命・民主
日本史から世界を考える

三谷 博

近代世界に類を見ない大革命、明治維新はどうして可能だったのか。その歴史的経験から、時空を超える普遍的英知を探り、それを補助線に世界の「いま」を理解する。

筑摩選書
0076

民主主義のつくり方

宇野重規

民主主義への不信が募る現代日本。より身近で使い勝手のよいものへと転換するには何が必要なのか。〈プラグマティズム〉型民主主義に可能性を見出す希望の書！

筑摩選書
0078

紅白歌合戦と日本人

太田省一

誰もが認める国民的番組、紅白歌合戦。今なお40％台の視聴率を誇るこの番組の変遷を、興味深い逸話を交えつつ論じ、日本人とは何かを浮き彫りにする渾身作！

筑摩選書
0081

生きているとはどういうことか

池田清彦

生物はしたたかで、案外いい加減。物理時間に載らない「生きもののルール」とは何か。発生、進化、免疫、性、老化と死といった生命現象から、生物の本質に迫る。

筑摩選書
0087

自由か、さもなくば幸福か？
二一世紀の〈あり得べき社会〉を問う

大屋雄裕

二〇世紀の苦闘と幻滅を経て、私たちの社会はどこへ向かおうとしているのか？　一九世紀以降の「統制のモード」の変容を追い、可能な未来像を描出した衝撃作！